Behandelt die ganze **S5-Familie**

W0084314

Das Buch zum
Samsung
Galaxy S5

Wolfram Gieseke &
Susanne Möllendorf

Beijing · Cambridge · Farnham · Köln
Sebastopol · Tokyo

Kommentare und Fragen können Sie gerne an uns richten:
O'Reilly Verlag
Balthasarstr. 81
50670 Köln
E-Mail: kommentar@oreilly.de

Copyright:
© 2014 by O'Reilly Verlag GmbH & Co. KG
1. Auflage 2014

Bibliografische Information der Deutschen Nationalbibliothek
Die Deutsche Nationalbibliothek verzeichnet diese Publikation in der Deutschen Nationalbibliografie; detaillierte bibliografische Daten sind im Internet über *http://dnb.de* abrufbar.

Lektorat: Imke Hirschmann, Köln
Korrektorat: Sibylle Feldmann, Düsseldorf
Satz: Ulrich Borstelmann, Dortmund
Umschlaggestaltung: Michael Oreal, Köln
Produktion: Andrea Miß, Köln
Belichtung, Druck und buchbinderische Verarbeitung: Media-Print, Paderborn

ISBN 978-3-95561-746-2

Dieses Buch ist auf 100% chlorfrei gebleichtem Papier gedruckt.

Inhaltsverzeichnis

Mit dem Galaxy S5 legt Samsung sein neues Smartphone-Flagschiff vor: noch mehr Prozessorleistung, noch höhere Kameraauflösung, schnelles USB 3.0, spannende neue Funktionen wie der Fingerabdruckscanner. Aber das S5 ist auch erwachsener geworden. Der Vorgänger litt unter Featuritis und brachte zahllose neue Funktionen mit, die zwar oftmals interessant, letztlich aber wenig praxistauglich waren. Dagegen präsentiert sich der Nachfolger aufgeräumter und konzentriert sich auf wirklich sinnvolle Neuerungen, die den Alltag leichter machen.

Dieses Buch ist ein Wegweiser und -begleiter durch den Alltag mit Ihrem neuen Galaxy S5 – von der schnellen Ersteinrichtung über wichtige Einstellungen für Sicherheit und Akkulaufzeit, individuelles Gestalten der Oberfläche, Hinweise für hilfreiche Apps und tolle Fotos sowie Tipps zu sinnvollem Zubehör bis hin zum Lösen typischer Probleme.

Wenn Sie sich für weitere Informationen zu hilfreichen Apps, aktuelle Neuigkeiten zum Galaxy S5 sowie Nachträge zu diesem Buch interessieren, besuchen Sie mich online unter www.gieseke-buch.de. Hier können Sie auch direkt mit mir in Kontakt treten und Ihre Fragen und Anregungen loswerden.

Wolfram Gieseke

Für die ganze Galaxy S5-Familie

Aufgrund des großen Erfolgs der Galaxy S-Reihe hat Samsung dieses Modell mittlerweile zu einer ganzen Familie ausgebaut. So gibt es eine Outdoor-Version mit wesentlich robusterem Gehäuse. Wem das S5 zu groß ist, der greift zur Mini-Version. Diese lässt einige Funktionen des großen S5 vermissen und ist etwas weniger leistungsfähig, aber immer noch ein gutes, zeitgemäßes Smartphone. Am anderen Ende des Spektrums präsentiert sich hingegen eine Premium-Version mit besserem Bildschirm und schnellerem Prozessor im edlen Alu-Gehäuse. Welches Modell Sie auch bevorzugen, mit diesem Buch liegen Sie in jedem Fall richtig. Es kann als Anleitung für alle aktuellen S5-Modelle genutzt werden, auch wenn einzelne Funktionen bei manchen Modellen nicht verfügbar sind.

Bildquelle: samsung.com

Das Smartphone als Begleiter in allen Lebenslagen

Das ist es jedenfalls, was Samsung Besitzern des Galaxy S5 vermitteln möchte, wenn das Unternehmen das Gerät mit dem Slogan **My Life powered by** bewirbt. Dementsprechend wurde in das Gerät jede Menge innovative Technik gesteckt. So kann Ihnen das Galaxy S5 dabei helfen, fit zu werden bzw. zu bleiben, und Ihren Puls messen (**S Health**, Seite 143). Es lässt sich notfalls auch ohne Hände – etwa im Auto – per Sprache und Gesten bedienen und will der perfekte Entertainer für alle Lebenslagen sein. Dass es als persönlicher digitaler Assistent alle Ihre Termine und Kontakte »im Kopf hat«, ist da schon eine Selbstverständlichkeit.

Nur wollen diese vielfältigen Funktionen eben auch alle entdeckt und richtig bedient werden. Und dazu muss gerade am Anfang das eine oder andere Hindernis überwunden werden. Aber aufgeben gilt nicht! Denn das Samsung Galaxy S5 ist ein tolles Gerät, das mit ein wenig Übung ungeahnte Möglichkeiten offenbart. Die folgenden Kapitel werden Ihnen helfen, sich in den scheinbar unendlichen Funktionen, die Ihnen das S5 bietet, zurechtzufinden und es für sich individuell und perfekt einzurichten.

Ein Problem, viele Lösungen

Das Besondere an Android besteht darin, dass es sich um ein offenes System handelt. Daher gibt es für ein Problem immer mehrere Lösungsansätze. Ich gehe bei meinen Beschreibungen davon aus, dass es sich bei meinen Lesern nicht um Android-Experten handelt, und versuche daher, stets die einfachste Lösung zu präsentieren. Das ist vielleicht nicht immer der Weg, den Google oder Samsung Ihnen vorschlägt, dafür werden Sie mit meinen Lösungen aber weit mehr über Ihr Telefon lernen, denn die meisten meiner Ansätze lassen sich in vergleichbaren Situationen und auch in anderen Bereichen einsetzen.

Kapitel 1 | Das Galaxy S5 startklar machen

Glückwunsch, Sie halten die Verpackung Ihres Samsung Galaxy S5 in der Hand! Wenn Sie diese jetzt feierlich öffnen und Ihr neues Smartphone herausnehmen, bedeutet das aber noch lange nicht, dass Sie sofort loslegen können. Tatsächlich liegen erst einmal einige wichtige Schritte vor Ihnen. Planen Sie zwischen 10 und 30 Minuten ein, um ein funktionierendes Smartphone in der Hand zu halten.

Und noch ein Hinweis zur Verpackung: Mindestens einer der Aufkleber, die Sie am Öffnen der Verpackung hindern, ist wichtig. Der Aufkleber mit den vielen Zahlen und Barcodes enthält neben der Gerätebezeichnung auch die IMEI-Nummer, mit der Ihr Smartphone eindeutig identifiziert werden kann. Diese ist wichtig, falls das Gerät mal gestohlen wird oder verloren geht. Sie können die einzelnen Aufkleberstreifen einfach ablösen und woanders wieder aufkleben, beispielsweise auf die Rechnung, die Sie irgendwo sicher verwahren.

QR-Codes einscannen und nutzen

Mit der Rückseitenkamera können Sie die QR-Codes, die Sie an vielen Stellen im Buch finden, einscannen und auslesen. Dahinter verstecken sich immer zusätzliche Informationen zu dem jeweiligen Thema, das ich auf der Seite bespreche, die Sie auf diese Weise direkt auf Ihrem Galaxy S5 abrufen können. Wie das funktioniert und was Sie noch alles so einscannen können, erfahren Sie auf Seite 275.

Auspacken: ein Smartphone und sein Zubehör

Zum Lieferumfang des Galaxy S5 gehört neben dem eigentlichen Gerät noch einiges an Zubehör:

❶ **Samsung Galaxy S5:** Die Folie (nicht auf dem Bild zu sehen) können Sie einfach abziehen und wegwerfen.

❷ **Netzteil und Lade-/Datenkabel:** Für die schnellste Methode zum Aufladen des Geräts stecken Sie einfach das Kabel mit dem dicken Ende an den Stromadapter und diesen in eine Steckdose. Das kleine Ende des Kabels gehört unten an das Smartphone. Sie können das Kabel aber auch an einen USB-Anschluss Ihres Rechners anschließen. Ist dieser eingeschaltet, wird das Gerät ebenfalls geladen. Zusätzlich können Sie dann auf Dateien auf dem Smartphone zugreifen (mehr dazu auf Seite 105).

❸ **Headset und Ohradapter:** Das mitgelieferte Headset kann genauso wie andere Kopfhörer mit Miniklinkenanschluss benutzt werden, um Sound aus dem Gerät wiederzugeben (mehr dazu auf Seite 33). Zusätzlich können Sie mit diesem Headset aber auch unauffällig telefonieren. Im integrierten Bedienteil finden Sie Tasten für die Lautstärke und zum Annehmen bzw. Beenden von Gesprächen.

❹ **Akku:** Wie Sie den mitgelieferten Akku einlegen, erfahren Sie auf der nächsten Seite.

❺ **Unterlagen:** Darin finden Sie neben einer Kurzanleitung noch ein paar Hinweise sowie die Garantie.

USB 3.0 vs. USB 2.0

Der USB-Anschluss des Galaxy S5 verbirgt sich unter einer Schutzkappe unten am Gerät. Das S5 verfügt über einen USB-3.0-Anschluss, dennoch können Sie neben dem mitgelieferten Ladekabel auch die herkömmlichen Kabel weiterverwenden. In den rechten Teil des USB-3.0-Anschlusses (von vorne gesehen) passt ein Micro-USB-Stecker genau hinein.

Den Akku einlegen

Damit Ihr Galaxy S5 überhaupt irgendetwas tut, müssen Sie zunächst den Akku einlegen. Für unerfahrene Nutzer kann sich das schwieriger gestalten, als es klingt. Denn dafür müssen Sie die Abdeckung auf der Rückseite abnehmen, und die sitzt bombenfest. Einerseits ist das natürlich gut, denn dadurch wird die Hardware des Smartphones richtig geschützt. Andererseits ist es gerade den Nutzern, die das noch nie gemacht haben, unheimlich, denn zunächst einmal fühlt es sich an, als würde man etwas demolieren.

❶ Im Bereich der Einschalttaste (siehe Seite 33) finden Sie in der **Rückseitenabdeckung** eine kleine Lücke. Drücken Sie hier an der oberen Kante den Fingernagel hinein, bis sich die Abdeckung ein wenig löst. Jetzt können Sie den Deckel Stück für Stück vorsichtig abziehen. Am einfachsten geht das, wenn Sie mit dem Fingernagel einfach vorsichtig weiter in diese Richtung ziehen. Verwenden Sie dafür am besten kein Werkzeug, da die Hülle sonst schnell zerkratzt.

❷ Nehmen Sie den **Akku** und legen Sie ihn wie auf dem Bild gezeigt ein. Wenn der Akku in der richtigen Position ist, rastet er problemlos ein.

Ihr Galaxy S5 sollte bereits ein wenig Ladung mitbringen. Ansonsten nutzen Sie das mitgelieferte Kabel samt Adapter, wie auf der vorherigen Seite beschrieben.

Ersatzakku und Aufladegerät für unterwegs

Wenn Sie das Galaxy S5 vor allem unterwegs viel nutzen, kann es schon mal passieren, dass der Akku zum ungünstigsten Zeitpunkt leer ist. Einer der Vorteile des S5 ist, dass man den Akku einfach austauschen kann. Mit einem passenden Ersatzakku geht Ihnen der Saft also nie aus. Eine gute Alternative dazu sind Powerbanks. Das sind kleine Akkupacks, die Sie zu Hause aufladen und unterwegs einfach per Ladekabel ans S5 anstecken (mehr dazu auf Seite 291).

Die SIM-Karte und die SD-Karte einlegen

Jetzt sollten Sie die Rückseitenabdeckung aber nicht gleich wieder schließen! Es fehlt ja noch die SIM-Karte, und Sie können, sofern vorhanden, auch gleich noch eine SD-Karte einlegen. Diese erweitert den Speicherplatz auf Ihrem S5 – zum Beispiel für viele Fotos, Musiktitel, Filme oder Apps. Für beide Karten gibt es über dem Akku einen kombinierten Steckplatz. Das sieht auf den ersten Blick ein wenig abenteuerlich aus, aber Samsung hat eindeutige Hinweise eingebaut. Bevor Sie loslegen können, müssen Sie aber noch mal kurz den Akku herausnehmen, er blockiert nämlich die Kartenslots:

❶ In den unteren Steckplatz kommt die SIM-Karte hinein, und zwar mit der fehlenden Ecke oben links. Stecken Sie die Karte einfach bis zum Anschlag in den unteren der beiden Schächte, sodass der Platz für den Akku frei ist. Es handelt sich hier um einen **Micro-SIM-Kartenslot**. Sollten Sie noch eine große SIM-Karte besitzen, können Sie diese zum Beispiel mit einem entsprechenden Kartenschneider auf die richtige Größe bringen. Oder Sie fordern von Ihrem Mobilfunkanbieter für eine kleine Servicegebühr eine passende Micro-Karte an. Keine Bange, es wird keine Smartphones mehr geben, für die Sie die große Karte plötzlich wieder brauchen. Sollten Sie eine Nano-SIM (also eine zu kleine Karte) besitzen, gibt es dafür Adapter von Nano- auf Micro-SIM.

❷ Eine **Micro-SD-Karte** gehört in den oberen der beiden Schächte, und zwar mit den Kontakten nach unten. Sie rastet nicht wie bei anderen Geräte fühlbar ein, sondern muss einfach wie die SIM-Karte bis zum Anschlag eingeschoben werden.

Wollen Sie die Micro-SD-Karte entfernen, geht das ganz gut mit dem kleinen Steg am Ende, an dem man vorsichtig beispielsweise mit dem Fingernagel ziehen kann. Soll die SIM-Karte mal getauscht werden, ist Fingerspitzengefühl gefragt. Üben Sie mit einer Fingerspitze leichten Druck auf die Karte aus und ziehen Sie sie dann nach unten heraus. Nach ein paar Versuchen klappt es meist. Notfalls hilft ein kleines, spitzes Werkzeug wie etwa eine Nadel, mit der man die Karte – sehr vorsichtig – »anpieken« und nach unten ziehen kann.

1

Samsung
GALAXY

Willkommen!

Sprache auswählen

Deutsch (Deutschland)

Tippen Sie unten auf „Eingabehilfe", um
die Eingabehilfeeinstellungen zu ändern

Eingabehilfe

Starten ❯

2

WLAN

Intelligenter Netzwechsel
Automatisch zwischen WLAN und mobilen
Netzwerken umschalten, um eine stabile
Internetverbindung aufrechtzuerhalten.

WLAN-NETZWERKE   ↻ SCANNEN

simlan
Gesichert (WPS verfügbar)

➕ WLAN hinzufügen

Suchen

Weiter ❯

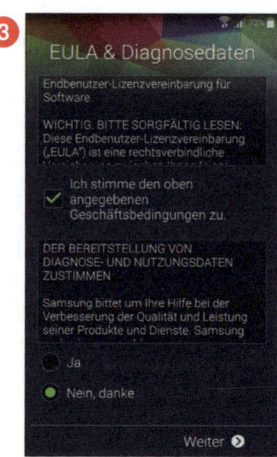

3

EULA & Diagnosedaten

Endbenutzer-Lizenzvereinbarung für
Software

WICHTIG. BITTE SORGFÄLTIG LESEN:
Diese Endbenutzer-Lizenzvereinbarung
(„EULA") ist eine rechtsverbindliche

✓ Ich stimme den oben
angegebenen
Geschäftsbedingungen zu.

DER BEREITSTELLUNG VON
DIAGNOSE- UND NUTZUNGSDATEN
ZUSTIMMEN

Samsung bittet um Ihre Hilfe bei der
Verbesserung der Qualität und Leistung
seiner Produkte und Dienste. Samsung

⚪ Ja

🟢 Nein, danke

Weiter ❯

4

Nutzen Sie schon Google?

Haben Sie ein Google-Konto?

Falls Sie Gmail oder Google Apps nutzen,
antworten Sie mit "Ja".

Ja

Nein

5

Bei Google+ anmelden

Themen, die Sie interessieren
Vernetzen Sie sich mit guten
Freunden und erkunden Sie
gemeinsame Interessen.

**Automatische Sicherung von
Fotos**
Sichern Sie Fotos gleich nach
der Aufnahme in einem
kostenlosen privaten Speicher.

Videoanrufe & Nachrichten
Tauschen Sie sich mithilfe von
Hangouts per SMS, über Fotos
und über kostenlose Video-
Gruppenanrufe aus.

Erste Schritte

Später

6

Google-Dienste

🔄 SICHERUNG &
WIEDERHERSTELLUNG

✓ Daten in Google-Konto sichern

Daten umfassen Apps, App-Einstellungen,
Systemeinstellungen sowie WLAN-Passwörter.

📍 STANDORT

✓ Apps können meinen Standort schneller
bestimmen. Anonyme Standortdaten werden
erfasst und an Google gesendet.

✓ Zur Verbesserung der Genauigkeit und für
andere Zwecke lassen Sie zu, dass auch bei
deaktiviertem WLAN nach Netzwerken gesucht
wird.

Der Standortdienst von Google nutzt WLAN und
weitere Signale, um den Standort präziser und
schneller erfassen zu können. Der Akkuverbrauch ist
dabei häufig geringer als bei der Verwendung von

◀   ▼

Gleich kann es losgehen: die Einrichtung

Bevor Sie nun alle Ihre Freunde anrufen können, um von Ihrem tollen neuen Smartphone zu erzählen, will das Gerät zuerst noch einiges über Sie wissen! Der Einrichtungsvorgang ist etwas langwieriger, und damit er Ihnen ein wenig schneller von der Hand geht, erkläre ich rasch, was es mit den einzelnen Einstellungen (die Sie übrigens jederzeit ändern können) auf sich hat.

❶ Als Erstes können Sie die **Sprache auswählen**. Nutzer mit Einschränkungen beim Hören oder Sehen können sich die **Eingabehilfen** (Seite 109) so einzustellen, dass sie bequemer durch die Einrichtung kommen.

❷ Jetzt ist es wichtig, dass Sie ein **WLAN** einrichten, denn im weiteren Verlauf benötigen Sie eine Internetverbindung. Geben Sie dazu den Namen Ihres WLAN (Seite 73) an und tippen Sie das dazugehörige Passwort ein.

❸ Der **Endbenutzer-Lizenzvereinbarung** müssen Sie notgedrungen zustimmen. Setzen Sie dafür einen Haken in der Mitte, damit Sie die Einrichtung fortsetzen können. Dem Übermitteln von Diagnose- und Nutzungsdaten können Sie aber mit *Nein, danke* widersprechen.

❹ Als Nächstes können Sie ein **Google-Konto** angeben oder einrichten. Das kann ich nur empfehlen, denn andernfalls können Sie den größten App-Store für Android-Apps nicht nutzen. Haben Sie schon ein Google-Konto von einem früheren Smartphone, tippen Sie auf *Ja* und melden dieses an. Ansonsten tippen Sie auf *Nein* und können ein Konto einrichten oder diesen Vorgang auf *Später* verschieben.

❺ **Google+** ist das soziale Netzwerk von Google, das Facebook & Co. Konkurrenz machen soll. Ob Sie dabei mitmachen möchten, können Sie aber ebenso gut *Später* entscheiden.

❻ Zu den Vorteilen eines Google-Kontos gehört die Möglichkeit, Daten vom Smartphone bei Google zur **Sicherung & Wiederherstellung** zu speichern. Von dort können sie auf anderen Geräten wiederhergestellt werden. Auch wenn Sie dazu keine konkreten Pläne haben: Sollte z. B. Ihr S5 einen Defekt aufweisen und Sie erhalten ein Ersatzgerät, kann Ihnen diese Speicherung viel Arbeit beim Neueinrichten ersparen.

7

8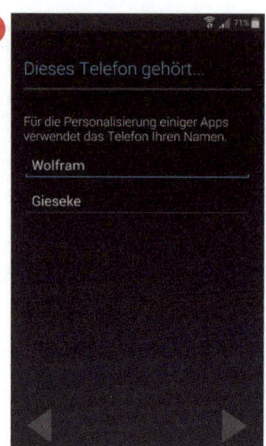

9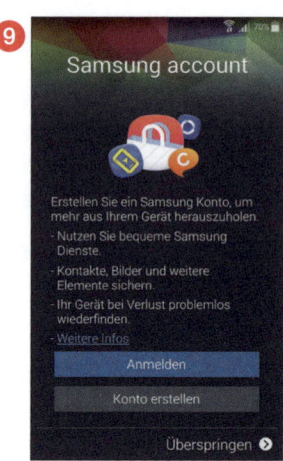

10

11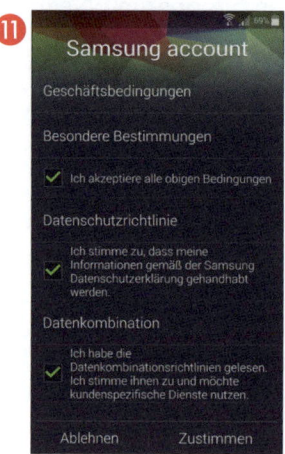

12

Die Einrichtung – Fortsetzung I

❼ Beim Anlegen eines Google-Kontos werden Sie gebeten, eine Kreditkarte für den Kauf von Google-Inhalten anzugeben. Das können Sie getrost erst einmal überspringen. Sie brauchen aber auch gar keine Kreditkarte anzugeben (andere Zahlungsmittel akzeptiert Google derzeit nicht, bald soll es aber als Alternative Gutscheine geben), denn viele Apps lassen sich gratis herunterladen.

❽ Ihren Namen für die Personalisierung übernimmt das Gerät automatisch, wenn Sie es mit einem Google-Konto verbinden, in dem Ihr Name hinterlegt ist. Sie können die Vorgabe aber auch einfach selbst bearbeiten.

❾ Ein **Samsung-Account** ist mit einem Google-Konto vergleichbar, bietet aber zusätzlich speziell auf die Geräte dieser Firma eingestellte Funktionen für mehr Sicherheit (ab Seite 125) und mehr Entertainment (ab Seite 233) sowie die Möglichkeit, das Smartphone zu orten, wenn es mal abhandenkommt (Seite 127).

❿ Wenn Sie sich für ein **Samsung-Konto** entscheiden, besteht die Möglichkeit, alle geforderten Daten entweder manuell einzugeben (wenn Sie mit der Tastatur nicht gut zurechtkommen, lesen Sie erst einmal auf Seite 51 weiter), oder Sie loggen sich mit Ihrem Facebook-Konto ein. Bei vielen Anwendungen für das Galaxy S5 können Sie sich per Facebook anmelden, unabhängig davon, ob Sie das Netzwerk sonst nutzen oder nicht. So laufen Sie nicht so schnell Gefahr, die Übersicht über Service-Accounts zu verlieren.

⓫ Auch für das **Samsung-Konto** müssen Sie einer Reihe von Geschäftsbedingungen zustimmen.

⓬ Wenn Sie bereits vorher ein Samsung-Smartphone benutzt haben und die Inhalte dieses Geräts auf Ihrem Samsung-Account gesichert wurden, können Sie sie nun auf dem neuen Gerät **wiederherstellen**. Es ist auf jeden Fall sinnvoll, die **automatische Sicherung** zu aktivieren, um diesen Vorgang ausführen zu können, wenn Ihr nächstes Smartphone ebenfalls von Samsung sein soll oder Sie Ihr S5 vielleicht innerhalb der Garantiezeit austauschen müssen.

⑬

⑭

⑮

Die Einrichtung – Fortsetzung II

⑬ Als Nächstes werden Sie nach einem **Dropbox**-Konto gefragt. Wenn Sie bereits eines besitzen, loggen Sie sich getrost ein. Zusätzlich zu den kostenlosen 2 GByte bekommen Sie für zwei Jahre weitere 48 GByte Speicherplatz geschenkt. Sollten Sie sich noch nie mit der Dropbox beschäftigt haben, lesen Sie unbedingt auf Seite 271 weiter. Dieser Datenspeicherdienst sollte meiner Meinung nach auf keinem Smartphone fehlen.

⑭ Geben Sie den **Namen** ein, der angezeigt werden soll, wenn sich das Smartphone mit anderen Geräten verbindet. Anhand dieses Namens können Sie es eindeutig identifizieren. Der einfache Modus, den Sie hier aktivieren können, wird auf Seite 141 ausführlich beschrieben.

⑮ Glückwunsch, Sie sind fertig. Wenn Sie während der Einrichtung ein bereits bestehendes Google-Konto angegeben haben, werden Ihre E-Mails und, sofern Sie diese nutzen, auch Ihre Kontakte und Kalendertermine direkt auf dem Gerät geladen. Benutzen Sie einen anderen Anbieter, lesen Sie auf der nächsten Seite weiter – oder wechseln Sie einfach zu Google, das macht mit Ihrem Android-Smartphone vieles einfacher, wie Sie bald merken werden.

Keine Angst vor Fehlern

Bei der Ersteinrichtung des Galaxy S5 können Sie nichts wirklich falsch machen. Praktisch alle Schritte lassen sich in den Einstellungen wieder rückgängig machen oder anpassen. Sollte etwas wirklich schiefgelaufen sein, können Sie das S5 wieder in den Auslieferungszustand versetzen und praktisch bei null anfangen: Verwenden Sie dazu unter Einstellungen → Benutzer und Sicherung → Sichern und Zurücksetzen den Befehl Auf Werkseinstellungen zurücksetzen. Dabei gehen allerdings persönliche Einstellungen sowie alle Daten im internen Speicher (Fotos usw.) verloren.

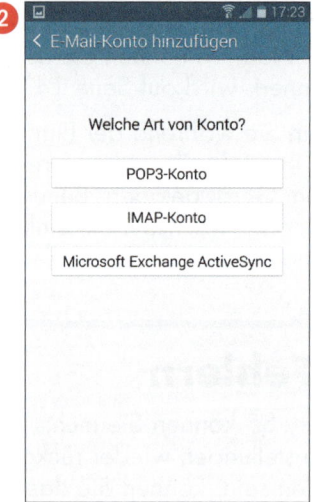

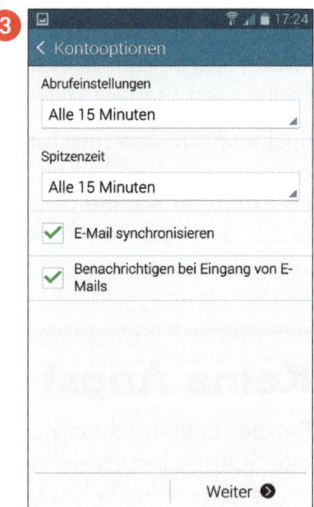

E-Mail, Kalender und Kontakte synchronisieren

Wenn Sie nicht, wie auf den vorherigen Seiten beschrieben, Ihre E-Mails und Kontakte über Google empfangen, sondern über Web.de, GMX oder andere, müssen Sie diese jetzt noch manuell einrichten.

❶ Öffnen Sie die E-Mail-App. Sie können versuchen, sich direkt mit Ihren Log-in-Daten anzumelden. Die Wahrscheinlichkeit ist allerdings hoch, dass Sie das **manuelle Einrichten** nutzen müssen, da nur die Verbindungsdaten einiger großer E-Mail-Anbieter hinterlegt sind.

❷ Ob Sie ein **POP3**- oder ein **IMAP**-Konto besitzen und welche Daten Sie sonst noch benötigen, finden Sie über den QR-Code heraus. Wenn Sie ein Exchange-Konto einrichten möchten, bitten Sie den verantwortlichen Administrator um Hilfe.

❸ Ist die Einrichtung des Kontos erfolgreich gewesen, können Sie noch einige schnelle Einstellungen vornehmen. Wie Sie **E-Mails schreiben** und **Anhänge verwalten**, erfahren Sie ab Seite 195.

Zudem bieten fast alle wichtigen E-Mail-Anbieter entsprechende Apps an, die Sie im Play Store finden. Hier reicht es normalerweise, wenn Sie Ihre E-Mail-Adresse und Ihr Passwort angeben, alle übrigen Einstellungen nimmt die App automatisch vor.

Leider gibt es inzwischen zu viele E-Mail-Anbieter, als dass ich hier auf jeden eingehen könnte. Normalerweise finden Sie die entsprechenden Beschreibungen zur Synchronisation von E-Mail, Kontakten und Terminen auf der Webseite Ihres Anbieters. Sie müssen aber auch gar nichts synchronisieren. Es ist durchaus möglich, alle Daten einfach auf dem Telefon oder in Ihrem Samsung-Konto zu speichern. Für die Termine steht der **S Planner** (Seite 149) und für **Kontakte** (Seite 181) die gleichnamige App zur Verfügung.

Bei Kontakten besteht außerdem immer die Möglichkeit, diese ganz altmodisch im vCard-Format (VCF-Dateien) abzuspeichern oder sie sich als Anhang per E-Mail auf das Smartphone zu schicken, sie dort zu öffnen (Seite 199) und entsprechend abzuspeichern. Jeder gute E-Mail-Anbieter sollte die Möglichkeit des Exportierens von Kontakten im vCard-Format zur Verfügung stellen. Wenn nicht, ist es vielleicht Zeit, zu wechseln.

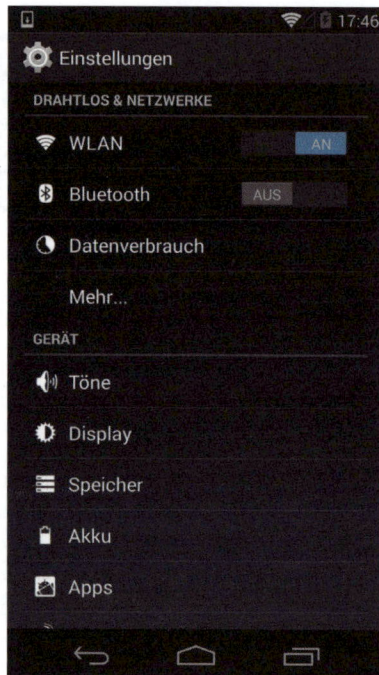

Einstellungen beim puren Android (Nexus 5)

Einstellungen bei TouchWiz (Galaxy S5)

Android: das Google-Betriebssystem

Samsung? Android? Google? Ja was denn nun! Sie sind verwirrt? Nicht ganz zu Unrecht! Bei Ihrem Samsung Galaxy S5 mischen viele Köche mit, und das führt dazu, dass sich Nutzer mit der Bedienung anfangs ein wenig schwertun.

Aber fangen wir ganz vorne an: Google, früher mal nur eine Suchmaschine, inzwischen der größte Anbieter von Onlinediensten aller Art, hat dabei geholfen, das Betriebssystem Android zu entwickeln. Daher ist es besonders von Vorteil, wenn man sich bei Android mit einem Google-Account anmeldet.

Die Kollegen von Samsung haben sich Android vor einigen Jahren genauer angeschaut und fanden es klasse – unter anderem weil es kostenlos war und sie die Software nach Belieben anpassen konnten. Darum sitzt auf dem ursprünglichen Android die **Samsung-Bedienoberfläche Touch-Wiz**. Zusätzlich finden sich in den vorinstallierten Apps viele Anwendungen von Samsung, die es bei einem puren Android nicht gibt. Das führt zu so verwirrenden Dingen wie der App **Musik** (von Samsung) sowie der App **Play Music** (von Google – beide werden auf Seite 235 beschrieben), die beide das Gleiche tun. Als unbedarfter Nutzer würde man eine einzige Musik-App wahrscheinlich begrüßen.

Das alles klingt verwirrend? Keine Sorge, ich gehe in diesem Buch auf alles genau ein. Sie können dann selbst entscheiden, welche Anwendung die richtige für Sie ist, und diese prominent auf den Startbildschirm platzieren (wie das geht, erfahren Sie auf Seite 41). Die anderen Apps bleiben dann in der **App-Übersicht**, wo sie kaum stören (mehr dazu auf Seite 163). Denn das ist das Tolle an Android: Sie können sich Ihr Smartphone genau so anpassen, wie Sie es brauchen. Alles Wichtige ist immer nur wenige Fingerspitzen entfernt – und Sie können es sich ganz individuell und sehr schick einrichten. Auf Seite 41 erkläre ich, wie Sie den Startbildschirm anpassen, und auf Seite 43, wie Sie die Optik ändern. Sie möchten persönliche Töne einstellen? Lesen Sie auf Seite 117 weiter! Sie werden merken: Android ist benutzerfreundlicher, als es im ersten Moment scheint, und in null Komma nichts haben Sie das Betriebssystem gemeistert.

Kapitel 2 | Das Galaxy S5 richtig bedienen

Jetzt ist Ihr Galaxy S5 startklar, aber wie geht es weiter? In diesem Kapitel erfahren Sie alles über die grundlegende Bedienung Ihres Smartphones. Dabei erkläre ich sowohl die äußeren Tasten und Anschlüsse als auch die Benutzeroberfläche und wie Sie sich diese an Ihre Bedürfnisse angepasst einrichten. Außerdem gehe ich auf Grundbedienungselemente wie den Sperrbildschirm, die virtuelle Tastatur, die Suche und das Benachrichtigungsfeld ein. Für alle, die das Telefon gern ohne Hände bedienen möchten (zum Beispiel im Auto) oder müssen, erkläre ich in diesem Kapitel auch die Sprach- und Gestenbedienung.

Bildquelle: Samsung

Ein Überblick: Tasten, Anschlüsse und mehr

❶ Benachrichtigungs-LED: Zeigt unter anderem an, ob der Akku fast leer ist. Mehr auf Seite 109.

❷ Lautsprecher (zum Telefonieren): Hieraus hören Sie den Ton beim Telefonieren.

❸ Annäherungs- und Gestensensor: Für alternative Bedienungsmöglichkeiten (Seite 63).

❹ Frontkamera: Für Porträtfotos (Seite 209), Videotelefonie (Seite 187) und mehr.

❺ Sperrbildschirm: Alles zur Bedienung und optischen Anpassung erfahren Sie auf Seite 47.

❻ Power-Taste: Schaltet das Galaxy S5 ganz aus, schickt es in den Ruhezustand und mehr (Seite 39).

❼ Home-Taste: Mit dieser Taste gelangen Sie immer auf den Startbildschirm zurück. Auf Seite 37 erkläre ich weitere Einsatzmöglichkeiten sowie die beiden unter dem Display platzierten Tasten rechts und links der Home-Taste. Hier ist auch der Fingerabdrucksensor integriert, den Sie z. B. zum Entsperren nutzen können (Seite 49).

❽ Startbildschirm: Wie Sie die Optik Ihres Smartphones den eigenen Wünsche anpassen, erfahren Sie ab Seite 43.

❾ Lautstärketasten: Hier können Sie die Lautstärke Ihres Galaxy S5 regulieren oder ganz abstellen.

❿ Mikrofon: Zum Beispiel zum Telefonieren und für die Sprachsteuerung (Seite 61).

⓫ USB-Anschluss: Zum Aufladen des Akkus (Seite 17) und Übertragen von Daten (Seite 101).

⓬ Lautsprecher: Zum Beispiel für die Freisprechanlage beim Telefonieren (Seite 185) oder die akustische Wiedergabe von Musik, Videos und Spielen (ab Seite 233).

⓭ Abdeckung: Wie Sie diese abnehmen und Akku sowie SIM- und SD-Karten einlegen beziehungsweise entfernen, erfahren Sie ab Seite 19.

⓮ Blitzlicht: Zum Fotografieren per Rückseitenkamera (ab Seite 205).

⓯ Pulsmesser: Zum Messen der Herzfrequenz (ab Seite 145).

⓰ Rückseitenkamera: Für Fotos, Videos, Panoramaaufnahmen (ab Seite 209) und zum Einscannen von QR-Codes (Seite 275) und mehr.

⓱ Miniklinke: Für Lautsprecher, Headsets, Kopfhörer mit einem Miniklinkenanschluss.

⓲ Mikrofon: Beispielsweise für das Freisprechen beim Telefonieren oder die Sprachsteuerung.

⓳ Infrarotschnittstelle: Macht das Galaxy S5 zur Fernbedienung (Seite 253).

Die Grundbedienungselemente: zoomen, tippen und wischen

Für die Bedienung Ihres Smartphones brauchen Sie lediglich einige grundlegende Fingerbewegungen zu beherrschen, mit denen sich jede Situation auf dem Gerät meistern lässt.

❶ Wischen: Schieben Sie einfach mal den Finger über den Startbildschirm. Sie werden feststellen: Ein Wisch nach rechts holt den Startbildschirm von links zum Vorschein, und ein Wisch nach links holt den Startbildschirm von rechts hervor. Und schon kennen Sie das wichtigste Bedienelement. Im Endeffekt wischen Sie sich nämlich die meiste Zeit durch die Inhalte Ihres Galaxy S5.

❷ Antippen und gedrückt halten: Um Anwendungen oder Webseitenverlinkungen zu öffnen, reicht das einfache Antippen – ähnlich wie ein Klick mit der linken Maustaste. Oft müssen aber Elemente gedrückt gehalten werden, dann öffnen sich entweder weitere Optionen, oder Sie können – wie die App-Verknüpfung auf dem Screenshot – etwas verschieben.

Doppeltes Tippen: Auf Webseiten mit viel Text kann man, statt zu zoomen, auch zweimal schnell hintereinander tippen, um den Zoomfaktor automatisch an den Bildschirminhalt anzupassen. Allerdings sind die Detailstufen hier recht groß.

❸ Zoomen – kneifen/spreizen: Besonders beim Surfen benötigt man diese Fingerbewegungen oft. Öffnen Sie eine Webseite mit viel Text und setzen Sie zwei Finger – zum Beispiel Daumen und Mittelfinger – in die Mitte des Displays. Wenn Sie die Finger nun voneinander wegziehen (spreizen), vergrößern Sie die Darstellung und sehen Details besser. Bewegen Sie die Finger aufeinander zu (kneifen), verkleinern Sie die Darstellung und sehen die Webseite insgesamt.

Gekonnt navigieren: die drei wichtigsten Tasten

Unterhalb des Displays befinden sich drei Tasten bzw. Sensorfelder, die unverzichtbar sind, um sich auf dem Galaxy S5 zurechtzufinden. Links und rechts neben der Home-Taste befinden sich zwei Sensoren, die auf Berührung reagieren. Beide Felder sind mit Symbolen versehen, die aber meist unbeleuchtet und kaum sichtbar sind – dennoch können Sie diese Sensorfelder jederzeit benutzen.

❶ Die Anwendungen-Taste: Ein kurzes Antippen zeigt eine Übersicht der zuletzt benutzten Apps an und ermöglicht ein schnelles Wechseln zwischen Apps ❷. Unten links finden Sie eine Verknüpfung zum Task-Manager (Seite 131), in dem Sie unter anderem laufende Apps beenden können. Ein längeres Antippen öffnet in vielen Situationen ein **Menü** mit weiteren Funktionen, die sonst nicht immer zu sehen sind ❸. Sie erkennen dies auch am Menüsymbol, das die jeweilige App dann anzeigt.

❹ Die Home-Taste: Mit einem einmaligen Betätigen dieser Taste gelangen Sie immer wieder auf den Startbildschirm. Auf diese Weise können Sie sich nie in den unendlichen Weiten Ihres Smartphones verlaufen. Durch längeres Drücken rufen Sie Google Now (Seite 87) und damit auch die Google Suche auf.

❺ Die Zurück-Taste: Mit dem Pfeil gehen Sie immer einen Schritt zurück. Wenn Sie das Multi-Window (Seite 115) aktiviert haben, lösen Sie es durch längeres Gedrückthalten dieser Taste aus. Außerdem kann man mit der Taste die virtuelle Tastatur (Seite 51) einklappen, wenn sie auf dem kleinen Display mal wieder etwas Wichtiges überdeckt.

Anwendungen statt Menüs mit der linken Taste

Bislang öffnete ein kurzer Druck auf die linke Taste die Menüs, und die Liste der letzte Apps rief man durch langes Drücken der Home-Taste auf. Allerdings gibt es bei jüngeren Android-Versionen zwei Änderungen: Zum einen ist Google Now mit seinen vielen standortbezogenen Funktionen hinzugekommen, zum anderen sollen Apps mit Menüs nun standardmäßig ein Symbol dafür in der Oberfläche haben. Dem trägt Samsung mit der veränderten Belegung der Tasten Rechnung.

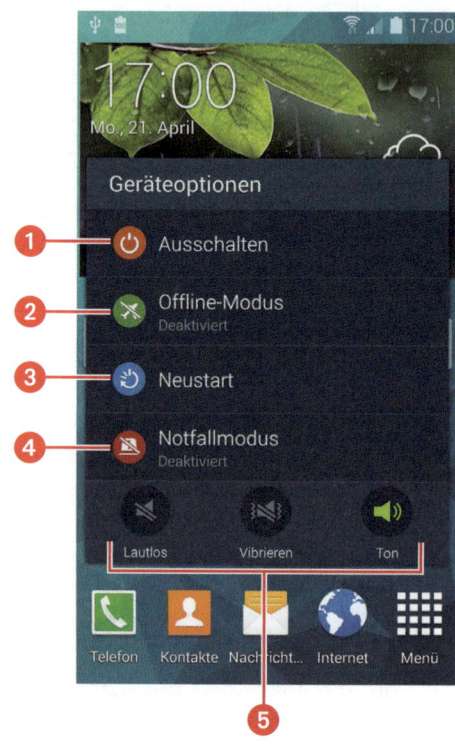

An, Aus und mehr: die Power-Taste

Wenn Sie die Power-Taste kurz gedrückt halten, schicken Sie Ihr Smartphone in den Ruhezustand. Das bedeutet, dass es im Hintergrund noch weiterläuft, aber Anwendungen wie Spiele oder Videos angehalten werden und das Display nicht bedient werden kann, da es abgeschaltet ist. Das spart natürlich Strom. Wenn Sie nun die Power-Taste erneut drücken, gelangen Sie zum Sperrbildschirm (Seite 47), es sei denn, Sie haben diesen abgeschaltet oder eine Verzögerung zwischen Ruhezustand und Sperrbildschirm eingestellt.

Halten Sie die Power-Taste länger gedrückt, werden Ihnen weitere Optionen angeboten.

❶ **Ausschalten:** Das Telefon fährt herunter und verbraucht keinen Strom mehr. Wenn Sie die Power-Taste erneut länger gedrückt halten, bis das Telefon vibriert, leiten Sie das Hochfahren ein. Sie landen dann auf dem Sperrbildschirm und müssen – sofern nicht deaktiviert (Seite 47) – die PIN von Ihrer SIM-Karte eingeben.

❷ **Offline-Modus:** Auch Flugmodus genannt – alle ein- und abgehenden Daten werden gestoppt, wenn Sie ihn aktivieren.

❸ **Neustart:** Das Galaxy S5 fährt herunter und direkt im Anschluss von selbst wieder hoch. Das kann sinnvoll sein, wenn das Telefon merkwürdig oder gar nicht mehr reagiert. Für weiteres Troubleshooting lesen Sie auf Seite 137 weiter.

❹ **Notfallmodus:** Diese Funktion können Sie aktivieren, wenn Sie in eine gefährliche Situation geraten und Hilfe benötigen. Sie bietet verschiedene Möglichkeiten, beispielsweise das Reduzieren des Stromverbrauchs für eine möglichst lange Laufzeit, das Informieren festgelegter Kontakte oder das Übermitteln Ihrer aktuellen Position. Diese Funktionen müssen zuvor unter Einstellungen → System → Notfallassistent konfiguriert werden.

❺ **Lautstärkeeinstellungen:** Hier können Sie mit Lautlos das Gerät ganz ruhig stellen. Oder Sie lassen sich durch Vibrieren informieren, wenn etwas passiert. Mit Ton kehren Sie zur zuletzt aktiven Lautstärkestufe zurück.

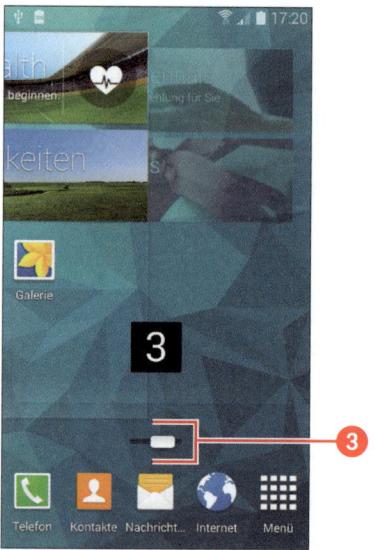

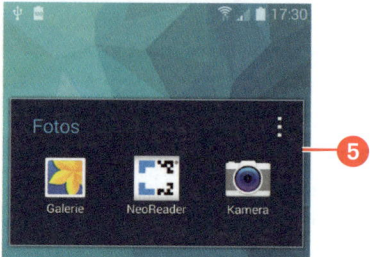

Den Startbildschirm individuell gestalten

Standardmäßig sieht der Startbildschirm so aus wie auf dem linken Screenshot nebenan. Sie können ihn aber nach Ihrem persönlichen Geschmack einrichten, denn alles hier kann verschoben oder gelöscht werden. Dabei brauchen Sie Ihre Inhalte auch nicht dicht an dicht zu platzieren. Es stehen mehrere Startbildschirme zur Verfügung sowie Ordner für App-Verknüpfungen.

❶ Die beiden oberen Elemente (Wetter und Google Suche) sind **Widgets** (mehr auf Seite 165), die Sie einfach gedrückt halten und dann wie Apps (siehe **❷**) **entfernen** oder **verschieben** können.

❷ Bei diesen Symbolen handelt es sich um Verknüpfungen zu Apps. Diese können Sie löschen (das ist nicht das Gleiche wie das Deinstallieren, das ich auf Seite 131 beschreibe), in einen Ordner verschieben (siehe **❺**) oder einfach an eine andere Stelle oder in einen anderen Bildschirm bewegen. Die Optionen für das **Erstellen** und **Entfernen von Ordnern** werden Ihnen am oberen Rand angeboten, sobald Sie eine Verknüpfung anfassen und gedrückt halten. Am unteren Rand können Sie die App entweder auf einen anderen Startbildschirm verschieben oder über das Pluszeichen einen weiteren Startbildschirm erstellen.

❸ Hier sehen Sie, auf welchem Startbildschirm Sie sich gerade befinden. Halten Sie diese Leiste gedrückt, erscheint ein **Schieberegler**, mit dem Sie sich schneller als mit Wischen durch die Startbildschirme bewegen können. Sie können auch direkt auf den Punkt des anvisierten Screens tippen.

❹ Diese Zeile bleibt auf allen Startbildschirmen immer gleich. Platzieren Sie hier also idealerweise die fünf wichtigsten Anwendungen.

❺ Sie können App-Verknüpfungen auch auf dem Startbildschirm in **Ordner**, die Sie selbst benennen können, sortieren. Das hilft, damit er nicht zu voll wird, Sie aber trotzdem noch schnellen Zugriff darauf haben. Ziehen Sie dafür eine App oben auf Ordner erstellen (erscheint, sobald Sie die Verknüpfung gedrückt halten). Als Nächstes müssen Sie dem Ordner einen Namen geben. Dann können Sie weitere Apps hineinziehen – sowohl vom Startbildschirm als auch aus der App-Übersicht.

Wie Sie Ordner bequemer befüllen, erfahren Sie auf Seite 131. Dort steht auch, wie Sie Apps und Widgets hinzufügen.

1

Entfernen

09:58
Di., 22. April.

Osnabrück 11°c

Google

E-Mail · Kamera · Play Store · Google · Kindermodus

Hintergrund · Widgets · Startseiten-Einstellungen

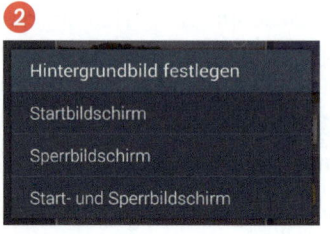

2

Hintergrundbild festlegen

Startbildschirm

Sperrbildschirm

Start- und Sperrbildschirm

3

Mehr Bilder

4

Vorgang abschließen mit

Dropbox · Fotos · Galerie

Immer · Nur einmal

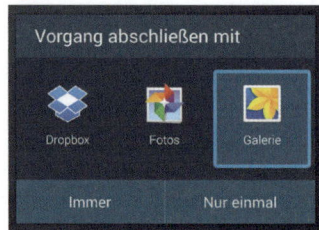

5

Abbrechen · Fertig

Das Hintergrundbild ändern

Sie können Ihrem Smartphone ein schickes Hintergrundbild ganz nach Ihrem persönlichen Geschmack verpassen:

❶ Zeigen Sie den Startbildschirm an (mit der Home-Taste) und tippen Sie lange auf die Anwendungen-Taste (links von der Home-Taste) oder wenden Sie die Kneifen-Geste an. Wählen Sie dann unten Hintergrund aus.

❷ Sie können entscheiden, ob der Hintergrund, den Sie gleich auswählen, nur für den Startbildschirm, nur für den Sperrbildschirm (Seite 47) oder gleich für beide gelten soll.

❸ Sie bekommen dann am unteren Bildrand direkt eine Auswahl der auf dem Gerät installierten Hintergründe, die Sie horizontal verschieben können.

❹ Wollen Sie eigene Bilder verwenden, tippen Sie auf Mehr Bilder. Entscheiden Sie dann, woher Sie das Hintergrundbild nehmen möchten. Wenn neben der **Galerie** weitere Bilder-Apps installiert sind, werden sie hier angeboten.

❺ Wenn Sie sich für ein Bild aus Ihrer Galerie entschieden haben, müssen Sie dieses noch positionieren. Innerhalb des blauen Rahmens sollte sich der Bildausschnitt befinden, den Sie auf dem Startbildschirm sehen möchten. Wollen Sie den Ausschnitt verkleinern, fassen Sie eines der blauen Quadrate an und ziehen daran. Tippen Sie oben rechts auf Fertig, um das Hintergrundbild festzulegen.

Bewegliche Live-Hintergründe

In der Auswahl der vorinstallierten Hintergründe (siehe ❸) finden Sie ganz rechts zwei Live-Hintergründe. Solche Live-Hintergründe bewegen sich ständig, und man kann oft mit dem Finger interagieren, allerdings verbrauchen sie auch viel Strom. In App-Stores gibt es weitere tolle Motive – aber Achtung: Wallpaper werden gern genutzt, um schädliche Programme auf das Smartphone zu schleusen (mehr dazu auf Seite 177).

①

My Magazine

Willkommen

Ihr persönliches Magazin mit Inhalten, die Ihren Interessen entsprechen.
Für My Magazine ist eine Netzwerkverbindung erforderlich. Die Verwendung mobiler Netze anstelle von WLAN, kann zusätzliche Gebühren verursachen.

Fortfahren ›

②

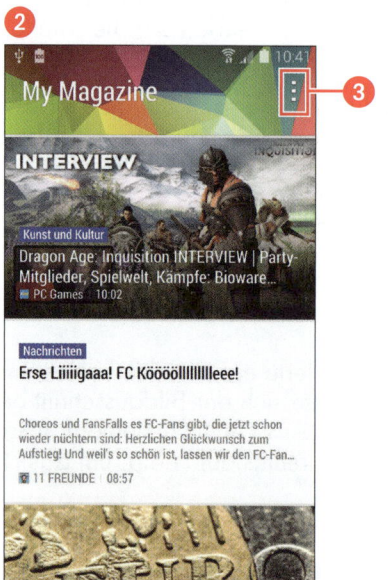

My Magazine

INTERVIEW

Kunst und Kultur
Dragon Age: Inquisition INTERVIEW | Party-Mitglieder, Spielwelt, Kämpfe: Bioware...
PC Games · 10:02

Nachrichten
Erse Liiiiigaaa! FC Kööööllllllllleee!

Choreos und FansFalls es FC-Fans gibt, die jetzt schon wieder nüchtern sind: Herzlichen Glückwunsch zum Aufstieg! Und weil's so schön ist, lassen wir den FC-Fan...
11 FREUNDE · 08:57

③

④

‹ Einstellungen

Automatisch aktualisieren
Gesamten Inhalt automatisch aktualisieren, wenn My Magazine geöffnet wird.

NACHRICHTEN

Kunst und Kultur
Büro
Neu und interessant
Nachrichten

Fotos und Design
Sport
Stil
Technik und Wissenschaft

Bücher
Heutige Tipps
Englischer Inhalt
Leben

My Magazine: Mails und Nachrichten schnell im Blick

Wenn Sie auf dem Startbildschirm schon mal ganz an den linken Rand gewischt haben, ist Ihnen sicher ein spezieller Startbildschirm namens **My Magazine** aufgefallen. Dieser erlaubt es, wichtige Neuigkeiten jederzeit mit einem Fingerwisch auf den Bildschirm zu holen. Dazu müssen Sie Ihr persönliches Nachrichtenmagazin nur einmal einrichten und individuell zusammenstellen.

❶ Um **My Magazine** einzurichten, tippen Sie auf der Begrüßungsseite unten rechts auf Fortfahren und bestätigen die diversen Nutzungsbedingungen. Tippen Sie dann wiederum unten rechts auf Start.

❷ Daraufhin präsentiert sich My Magazine erstmals mit aktuellen Nachrichten und Artikeln, die zunächst auf einer standardisierten Auswahl beruhen. Um einen der Artikel zu lesen, tippen Sie einfach darauf.

❸ Wirklich individuell wird Ihr Magazin erst, wenn Sie es an Ihre persönlichen Interessen und Vorlieben anpassen. Tippen Sie dazu auf das Menüsymbol oben rechts oder drücken Sie die Anwendungen-Taste länger. Wählen Sie im Menü den Punkt Einstellungen.

❹ Unter Nachrichten suchen Sie sich nun die Themen aus, für die Sie sich interessieren. Im Bereich Soziales können Sie verschiedene Netzwerke aktivieren, bei denen Sie Mitglied sind und deren aktuelle Inhalte Sie in Ihr Magazin einbinden möchten. Ist das einmal erledigt, werden Ihnen beispielsweise die neuesten Tweets oder Facebook-Nachrichten direkt in Ihrem Magazin präsentiert.

Kein Bedarf für My Magazine?

Wenn Sie Ihr persönliches Magazin nicht nutzen möchten, öffnen Sie die Einstellungen für den Startbildschirm (siehe ❶ auf Seite 43) und wählen Startseiten-Einstellungen. Im anschließend erscheinenden Menü entfernen Sie den Haken bei My Magazine, um es vom Startbildschirm zu verbannen.

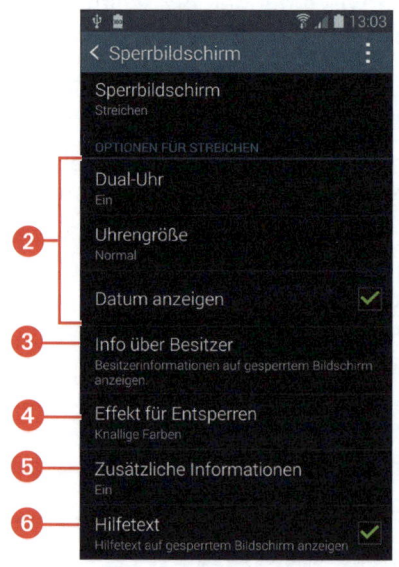

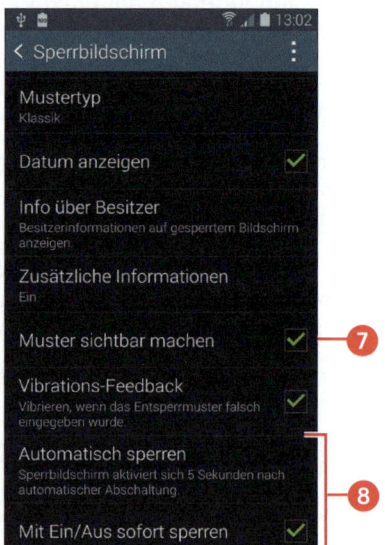

Sicher ist sicher: der Sperrbildschirm

Wenn Sie das Galaxy S5 mit der Power-Taste (Seite 39) in den Ruhezustand schicken, es neu starten oder der Bildschirm wegen Nichtbenutzung von allein ausgeht, wird bei erneutem Bedienen der Power- oder Home-Taste der Sperrbildschirm angezeigt. Diesen entsperren Sie standardmäßig, indem Sie kurz über den Bildschirm streichen. Sie können an dieser Stelle aber auch eine zusätzliche Sicherung einbauen, damit sich das Gerät keinesfalls von selbst (etwa in der Tasche) einschaltet und bei einem Verlust andere Leute nicht auf Ihre Daten zugreifen können. Hierzu bestimmen Sie unter Einstellungen → Ton und Anzeige → Sperrbildschirm ganz oben die Bildschirmsicherheit ❶.

❷ Auf dem Sperrbildschirm können nach Wunsch Uhrzeit und Datum angezeigt werden.

❸ Mit Info über Besitzer geben Sie einen kurzen Text ein, der auf dem Sperrbildschirm angezeigt wird. Der kann beispielsweise einem ehrlichen Finder helfen, Sie zu kontaktieren.

❹ Stellen Sie ein, welche Animation beim Entsperren abgespielt werden soll.

❺ Zusätzliche Informationen sind das aktuelle Wetter oder der Stand des eingebauten Schrittzählers, die Sie nach Bedarf auf dem Sperrbildschirm anzeigen lassen können.

❻ Deaktivieren, wenn der Hilfetext zum Entsperren nicht mehr angezeigt werden soll.

Das Entsperren durch Streichen nach einem bestimmten **Muster** bietet mehr Sicherheit. Dann sieht das Einstellungsmenü allerdings anders aus.

❼ Entsperren Sie den Sperrbildschirm, indem Sie auf dem Display über ein bestimmtes **Muster** vier oder mehr Punkte verbinden. Das bietet eine gute Mischung aus Komfort und Sicherheit. Muster sichtbar machen erleichtert den Vorgang gerade am Anfang, allerdings könnte das Muster dabei durch Zuschauer ausgespäht werden.

❽ Innerhalb der Zeit, die Sie hier wählen, können Sie das Gerät aus dem Ruhezustand holen, ohne über den Sperrbildschirm gehen zu müssen – aber nur nach automatischer Abschaltung. Diese wird auch **Bildschirm-Timeout** genannt und auf Seite 111 genauer erklärt. Deaktivieren Sie die untere Option, damit dies auch für das eigenständige Auslösen des Ruhezustands über die Power-Taste gilt.

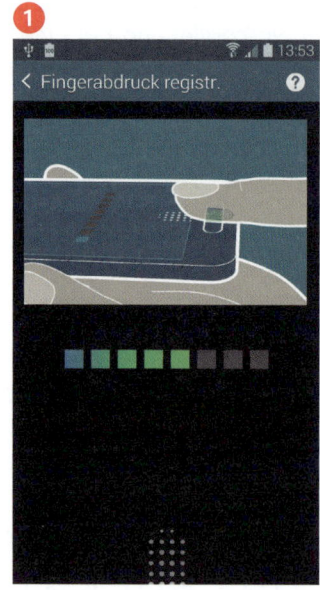

Das Galaxy S5 per Fingerabdruck entsperren

Zu den wichtigen Neuerungen des Galaxy S5 gehört der Fingerabdrucksensor, der in die Home-Taste integriert ist. Er ermöglicht es, den Bildschirm mit einem Fingerwisch zu entsperren und dabei trotzdem vor unbefugtem Zugang geschützt zu sein. Hierzu müssen Sie mindestens einen Fingerabdruck im Gerät registrieren.

1 Wählen Sie in den Sperrbildschirm-Einstellungen die Methode Fingerabdruck und bestätigen Sie die Kenntnisnahme des anschließenden Hinweises zu dieser Funktion.

Nun muss ein Fingerabdruck beispielsweise des Zeigefingers registriert werden. Ziehen Sie dessen Fingerspitze wie am Bildschirm angezeigt vollständig und möglichst gerade von oben nach unten über die Home-Taste. Wiederholen Sie das mindestens acht Mal. Sie erhalten jeweils eine Rückmeldung darüber, ob der Abdruck gelernt wurde.

2 Geben Sie anschließend ein Passwort als alternativen Zugangsweg ein. Dieses wird automatisch abgefragt, wenn dreimal hintereinander kein Fingerabdruck erkannt werden konnte. Eine praktische Hilfe, falls der Finger mal schmutzig oder verletzt sein sollte oder Sie ihn aus anderen Gründen nicht verwenden möchten.

3 Damit ist das Entsperren per Fingerabdruck eingerichtet und aktiviert. Ab sofort wird auf dem Sperrbildschirm unten der animierte Hinweis auf den Fingerabdrucksensor angezeigt. Ziehen Sie denselben Finger einfach einmal über den Sensor, um das Galaxy S5 zu entsperren.

Weitere Fingerabdrücke registrieren

Wenn Sie mehr als einen Finger zum Entsperren verwenden möchten, öffnen Sie unter Einstellungen → Personalisierung → Finger-Scanner den Fingerabdruck-Manager. Mit dem Plussymbol oben rechts können Sie weitere Finger registrieren. Ganz praktisch ist beispielsweise der Daumen. Wenn man ihn (auch schon beim Registrieren) etwas quer über den Sensor zieht, kann man das Entsperren sogar einhändig hinbekommen.

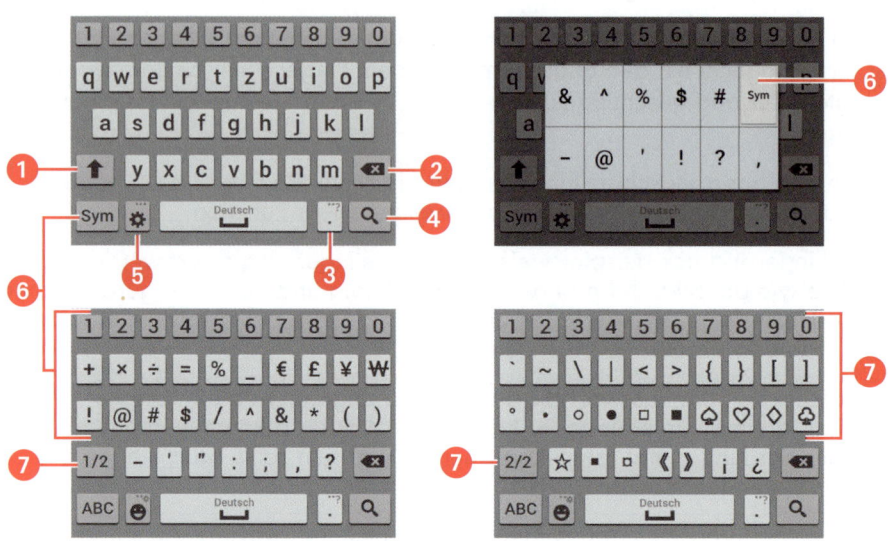

Text mit der virtuellen Tastatur eingeben

Die größte Herausforderung stellt für viele Nutzer die virtuelle Tastatur dar. Dabei ist es egal, ob man kleine Finger hat oder nicht, der nächste Vertipper kommt bestimmt. Das Schöne beim Galaxy S5: Die vorinstallierte Tastatur bedient sich im Vergleich zu denen anderer Smartphones sehr gut. Wenn Sie einfach nur einen kurzen Text tippen möchten, funktioniert das sehr intuitiv:

1 Standardmäßig startet die Tastatur mit kleinen Buchstaben. Wenn Sie einen **Großbuchstaben** am Anfang eines Worts schreiben möchten, tippen Sie einmal auf die ⬆-Taste. Möchten Sie in Versalien schreiben, halten Sie die Taste gedrückt, bis sie blau leuchtet.

2 Müssen Sie eine **Eingabe rückgängig** machen, tippen Sie einmal auf die ⌫-Taste. Halten Sie sie gedrückt, um schnell ganze Wörter zu löschen.

3 Hinter der harmlos aussehenden ⌣-Taste verstecken sich die gängigsten **Sonderzeichen**. Halten Sie die Taste gedrückt, um diese aufzurufen und durch Antippen in den Text einzufügen. Genauso finden Sie auch Umlaute wie Ö, Ä und Ü. Diese verstecken sich jeweils hinter O, A und U, zusammen mit ähnlichen Buchstaben aus anderen Sprachen.

4 Auf der Taste unten rechts sehen Sie verschiedene Symbole oder Texte. Das kann bei einem Such-feld ein Lupensymbol sein, mit dem Sie die Suche starten. Bei mehrteiligen Dialogen hingegen gelangen Sie mit **Weiter** zum nächsten Schritt, beispielsweise um nach einem Benutzernamen gleich das Passwort eingeben zu können.

5 Was hinter der ⚙-Taste steckt, erkläre ich auf der nächsten Seite.

6 Mit ⌞Sym⌟ geht es zu weiteren Sonderzeichen …

7 … wo sich hinter ⌞1/2⌟ und ⌞2/2⌟ noch mehr Sonderzeichen verbergen.

8 Statt zu tippen, können Sie auch von einem Buchstaben zum nächsten wischen, also den Finger auf dem Display lassen, während Sie einen Buchstaben nach dem anderen anwählen (Samsung nennt das **Tastatur wischen**). Sie werden erstaunt sein, wie gut das klappt und dass sich dadurch Vertipper vermeiden lassen. Diese Option können Sie unter Einstellungen → System → Sprache und Eingabe → Samsung-Tastatur (Rädchen) (de)aktivieren.

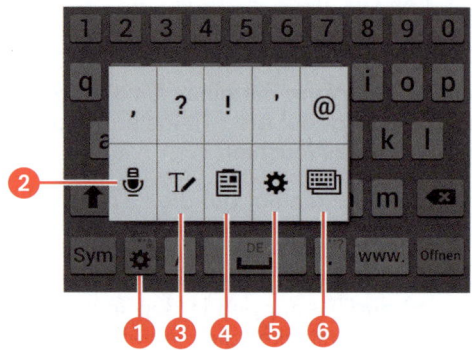

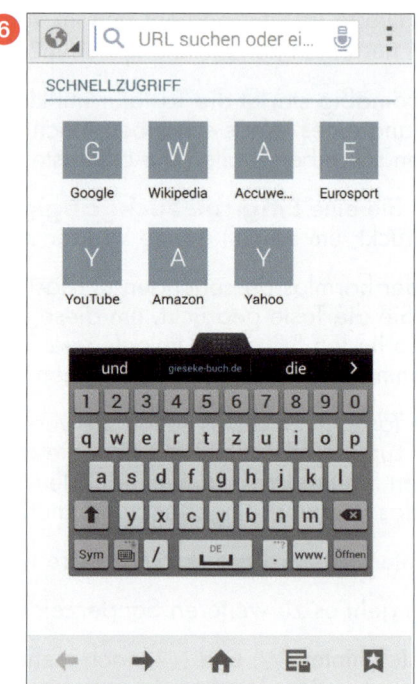

Sonderfunktionen der Tastatur nutzen

Jetzt wissen Sie, wie Sie ruck, zuck Texte verfassen können. Allerdings gibt es noch einige weitere Funktionen, die Ihnen das Leben erleichtern sollen:

❶ Wenn Sie die zweite Taste von unten links (hier mit Zahnradsymbol) einmal antippen, verwenden Sie die jeweilige Funktion, deren Symbol auf der Taste gerade angezeigt wird. Das kann das Einfügen bestimmter Sonderzeichen wie Komma, Frage- oder Ausrufezeichen sein, aber auch das Aktivieren eines bestimmten Eingabemodus. Die Belegung der Taste ändern Sie durch längeres Antippen im dadurch geöffneten Auswahlmenü. Dieses zeigt oben einige gängige Sonderzeichen und unten die Eingabemodi an:

❷ Hier geht es zur Spracheingabe. Die beschreibe ich ausführlich auf Seite 61.

❸ Wenn Sie lieber **handschriftlich** schreiben, als zu tippen, probieren Sie diese Funktion doch mal aus. Sie können sie sich auch noch individuell einstellen: Einstellungen → Mein Gerät → Sprache und Eingabe → Samsung-Tastatur (Rädchen) → Handschrift. Direkt unter dem letzten Menüpunkt gibt es außerdem die **Hilfe**. Hier wird erklärt, wie die Handschrift am besten erkannt wird und welche **Gesten** es gibt.

❹ Hier geht es zur **Zwischenablage**. Darin finden Sie kopierte Wörter und Sätze sowie Screenshots.

❺ Die Tastatureinstellungen erkläre ich auf den nächsten Seiten.

❻ Wenn Sie die Tastatur an einen anderen Ort auf dem Display verschieben möchten, tippen Sie das Symbol ganz rechts an. Sie können das Feld dann an der Lasche oben anfassen und durch Gedrückthalten an anderer Stelle platzieren. Über die gleiche Taste wie bei ❶ gelangen Sie wieder zur festen Tastatur zurück.

Die Funktion, die Sie gewählt haben, wird beim kurzen Antippen der Taste aus ❶ nun so lange ausgeführt, bis Sie eine andere Funktion einstellen.

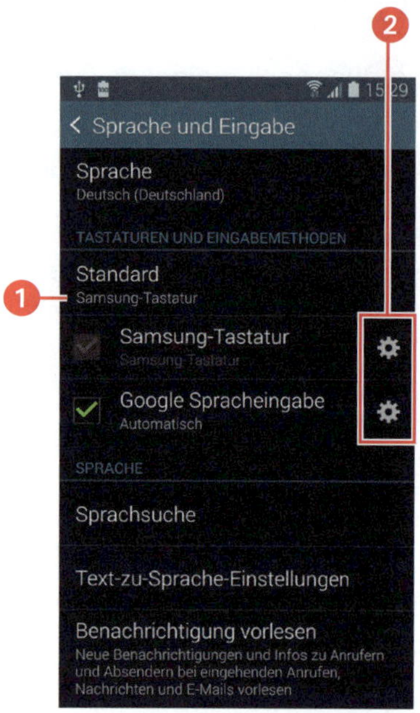

Sprache und Eingabe

Sprache
Deutsch (Deutschland)

TASTATUREN UND EINGABEMETHODEN

Standard
Samsung-Tastatur

☑ **Samsung-Tastatur**
Samsung-Tastatur

☑ **Google Spracheingabe**
Automatisch

SPRACHE

Sprachsuche

Text-zu-Sprache-Einstellungen

Benachrichtigung vorlesen
Neue Benachrichtigungen und Infos zu Anrufern und Absendern bei eingehenden Anrufen, Nachrichten und E-Mails vorlesen

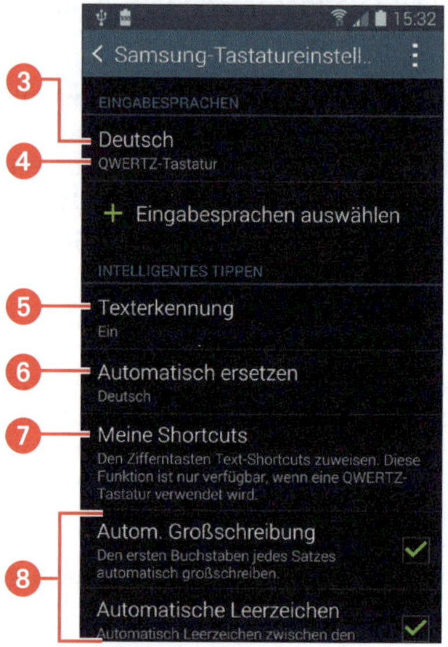

Samsung-Tastatureinstell...

EINGABESPRACHEN

Deutsch
QWERTZ-Tastatur

✚ **Eingabesprachen auswählen**

INTELLIGENTES TIPPEN

Texterkennung
Ein

Automatisch ersetzen
Deutsch

Meine Shortcuts
Den Zifferntasten Text-Shortcuts zuweisen. Diese Funktion ist nur verfügbar, wenn eine QWERTZ-Tastatur verwendet wird.

Autom. Großschreibung
Den ersten Buchstaben jedes Satzes automatisch großschreiben.   ☑

Automatische Leerzeichen
Automatisch Leerzeichen zwischen den   ☑

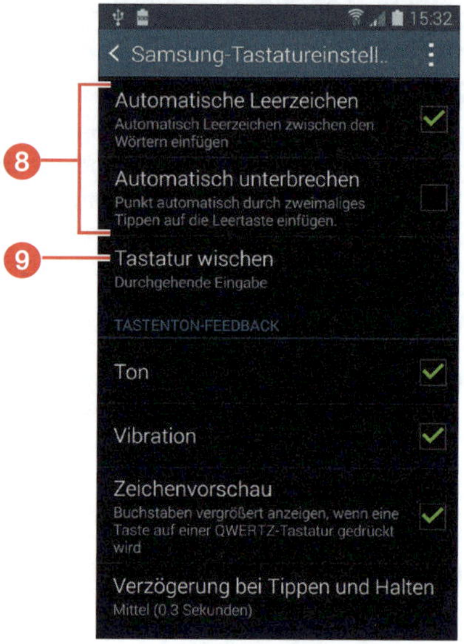

Samsung-Tastatureinstell...

Automatische Leerzeichen
Automatisch Leerzeichen zwischen den Wörtern einfügen   ☑

Automatisch unterbrechen
Punkt automatisch durch zweimaliges Tippen auf die Leertaste einfügen.   ☐

Tastatur wischen
Durchgehende Eingabe

TASTENTON-FEEDBACK

Ton   ☑

Vibration   ☑

Zeichenvorschau
Buchstaben vergrößert anzeigen, wenn eine Taste auf einer QWERTZ-Tastatur gedrückt wird   ☑

Verzögerung bei Tippen und Halten
Mittel (0.3 Sekunden)

Noch individueller schreiben: die Tastatureinstellungen

Sie können die Tastatureinstellungen betreten, indem Sie der Beschreibung auf der vorherigen Seite unter **6** folgen, oder über Einstellungen → System → Sprache und Eingabe.

1 Für den Fall, dass Sie eine andere virtuelle Tastatur aus dem Google Play Store ausprobieren wollen oder eine externe Tastatur per Bluetooth (Seite 285) anschließen möchten, können Sie hier zwischen den Tastaturen hin- und herwechseln.

2 Über diesen Punkt geht es zu den wichtigen Tastatureinstellungen.

3 Wenn Sie oft Texte in unterschiedlichen Sprachen verfassen, haben Sie hier die Möglichkeit, diese auszuwählen. Auf der Tastatur selbst können Sie dann per Wischen über die Leertaste die gerade benötigte Sprache auswählen.

4 Die voreingestellte Tastatur sieht wie die aus, die Sie am Rechner nutzen. Sie können aber auch auf das normale Bildformat 4:3 umstellen, wenn das für Sie besser bedienbar ist.

5 Mehr dazu lesen Sie auf der nächsten Seite.

6 Die Tastatur kann unbekannte Wörter automatisch durch bekannte, korrekte ersetzen. Das führt allerdings schnell zu den typischen Smartphone-Texten, in denen plötzlich ein zwar korrektes, aber im Zusammenhang völlig sinnloses Wort auftaucht.

7 Meine Shortcuts bieten eine praktische Möglichkeit, oft benutzte Wörter wie etwa Namen oder Grußformeln an eine der Zifferntasten zu binden und diese dann jeweils mit einem langen Tipp auf die entsprechende Zahl einzufügen.

8 Die Tastatur hält eine Reihe von automatischen Helferlein bereit, die für Großschreibung am Satzbeginn oder Leerzeichen zwischen Wörtern sorgen.

9 Siehe **8** auf Seite 51.

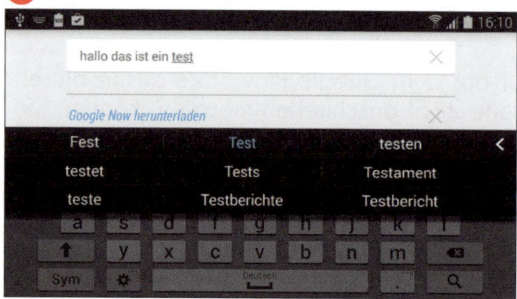

Mit automatischem Vervollständigen sowie Kopieren & Einfügen schneller tippen

Sie kennen jetzt zwar alle Kniffe, die die Tastatur zu bieten hat, aber damit ist es nicht getan. Der eingegebene Text selbst versteckt noch die eine oder andere Herausforderung.

❶ Während Sie Text eingeben, macht Ihnen das Smartphone in dem Bereich oberhalb der Tastatur für das Wort, an dem gerade der Cursor steht, fleißig **Vorschläge**, die Sie per Antippen übernehmen können. Das hilft dabei, halb eingegebene Wörter zu vervollständigen, dient aber auch dazu, falsch geschriebene Wörter zu berichtigen. Wenn Sie auf den kleinen Pfeil links tippen, erhalten Sie weitere Vorschläge – inklusive eigener Wortschöpfungen.

Unter Einstellungen → System → Sprache und Eingabe → Samsung-Tastatur (Rädchen) finden Sie die Option **Texterkennung**. Wenn Sie diese deaktivieren, erscheinen keine Vorschläge mehr. Tippen Sie das Wort Texterkennung an, um weitere Optionen zu aktivieren, die die Qualität der Texterkennung verbessern.

❷ Wenn Sie Text durch Gedrückthalten markieren, werden Ihnen weitere Funktionen angezeigt. In einer Google-App stehen Ihnen Alles auswählen, Ausschneiden und Kopieren zur Verfügung.

❸ Zum **Einfügen** müssen Sie an einer »leeren« Stelle erneut gedrückt halten. Die beiden blauen Cursor können Sie nutzen, um Ihre Auswahl anzupassen. Ein blauer Cursor kann an die gewünschte Stelle für eine weitere Texteingabe verschoben werden.

❹ In einer Samsung-Anwendung sieht der markierte Text anders aus. Neben den rudimentären Optionen finden Sie hier noch **Zwischenablage** (siehe ❹ auf Seite 53) sowie **Wörterbücher**, mit denen Sie sich Wörter aus anderen Sprachen übersetzen lassen können. Wichtig: Wenn nicht gleich alle Optionen angezeigt werden, können Sie mit dem Finger von vorne nach hinten wischen, um weitere sichtbar zu machen.

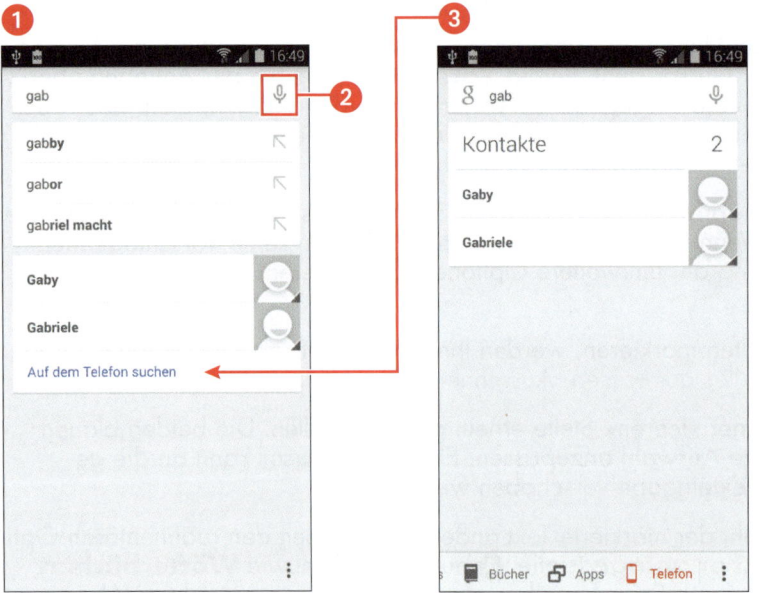

Suche: Online und lokal alles schnell finden

Auf dem Startbildschirm finden Sie ein Suchfeld, in dem das Wort »Google« steht. Sie können es, wie auf Seite 41 beschrieben, löschen oder aber dazu nutzen, gleichzeitig das Internet und Ihr Telefon zu durchsuchen. Letzteres funktioniert allerdings nur sehr eingeschränkt. Trotzdem handelt es sich um ein nettes Feature – gerade für unerfahrene Nutzer, die vielleicht noch nicht so richtig wissen, wo es langgeht auf ihrem Galaxy S5.

❶ Wenn Sie in das Suchfeld tippen, öffnet sich **Google Now** (Seite 87), und die virtuelle Tastatur klappt aus. Sie können also sofort losschreiben. Sind Sie damit fertig, können Sie entweder auf die Lupe ganz unten rechts tippen, um direkt zu einer Websuche weitergeleitet zu werden, oder aber Sie wischen, wenn Sie nur auf dem Telefon suchen möchten, von oben nach unten, damit die Tastatur verschwindet.

❷ Überall dort, wo Sie das Mikro in einem Suchfeld sehen, können Sie per Sprache statt per Tastatureingabe suchen. Tippen Sie es einfach an und reden Sie los. Mehr zum Thema Sprachbedienung erfahren Sie auf der nächsten Seite.

❸ Die ersten Ergebnisse werden Ihnen bereits angezeigt. Für weitere Funde müssen Sie auf Auf dem Telefon suchen tippen. Unten können Sie immer noch eine Websuche (ganze Webseiten, einzelne Plätze, aber auch Orte und mehr) starten.

❹ Die Suche hätte noch mehr Ergebnisse liefern müssen? Tippen Sie auf das Menüsymbol (unten rechts) und wählen Sie dann Einstellungen aus. Unter **Suche im Telefon** können Sie entscheiden, welche Apps durchsucht werden sollen. Und hier liegt auch das Problem: Es handelt sich um eine feste Auswahl von Apps. Wenn Sie zum Beispiel das vorinstallierte **Gmail** nutzen, werden E-Mails, die hier ankommen, in die Suche nicht mit einbezogen, da es an dieser Stelle nicht zur Verfügung steht.

Das Smartphone per Sprache steuern

In gewissem Umfang ist es möglich, das Galaxy S5 per Sprache zu bedienen. Allerdings hängt die problemlose Ausführung von bestimmten **Bedingungen** ab. So sollten Sie sich in einer ruhigen Umgebung befinden, deutlich sprechen und dürfen keinen ausgeprägten Dialekt oder Akzent haben. Dann versteht Ihr Galaxy S5 unter anderem Befehle wie:

- Kontakt XY anrufen ❶.
- Den Weg nach XY heraussuchen.
- Termine anzeigen.
- Neuer Termin: XY am Dienstag um 14 Uhr.
- App XY öffnen.
- Wie wird (morgen, heute etc.) das Wetter (in XY)?
- WLAN ab- oder einschalten.

Die Spracherkennung verarbeitet Ihre Befehle einigermaßen intelligent und fragt beispielsweise nach, wenn die gewünschte Person für eine Anruf nicht eindeutig festgestellt werden kann ❷. Wollen Sie die Sprachsuche auch per Sprache starten, können Sie unter Einstellungen → System → Sprache und Eingabe → Sprachsuche → Hotword-Erkennung einen Aktivierungssatz festzulegen. Hinweis: Falls S Voice Sie beim Aufrufen auf ein Software-Update hinweist, können Sie dieses unter Einstellungen → Anwendungen → S Voice → Software-Update einspielen.

S Voice vs. Google-Spracherkennung

Samsung liefert seine eigene Entwicklung S Voice mit, das Sie per Doppelklick auf die Home-Taste aufrufen. Google Now (Seite 87) hingegen nutzt die Spracherkennung von Google ❸. Am besten probieren Sie beides aus, um festzustellen, mit welchem Dienst Sie bessere Ergebnisse erzielen. Unter Einstellungen → System → Sprache und Eingabe → Sprachsuche finden Sie verschiedene selbsterklärende Optionen für die Google-Sprachbedienung.

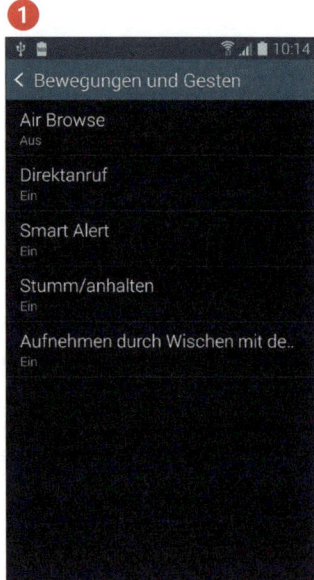

❶

‹ Bewegungen und Gesten

Air Browse
Aus

Direktanruf
Ein

Smart Alert
Ein

Stumm/anhalten
Ein

Aufnehmen durch Wischen mit de..
Ein

❷

‹ Air View

Wenn Sie die Finger über den Bildschirm halten, werden Vorschauinformationen, erweiterte Texte oder vergrößerte Bilder angezeigt.

S PLANNER

Halten Sie den Finger in S Planner über ein Ereignis, um weitere Einzelheiten zu sehen.

GALERIE

❸

Smart Stay

Smart Stay erfasst Ihr Gesicht mit der vorderen Kamera, damit der Bildschirm so lange eingeschaltet bleibt, wie Sie ihn anschauen.

Smart Stay funktioniert am besten unter folgenden Bedingungen:
- Wenn das Gerät ruhig und gerade gehalten wird
- Wenn sich das Gerät in einer gut ausgeleuchteten Umgebung befindet, der Bildschirm jedoch nicht direkt beleuchtet wird

OK

Gestensteuerung mit Händen und Augen

Samsung bewirbt sein Galaxy S5 am liebsten mit den neuen Features, die Ihnen erlauben, es durch Gesten beziehungsweise Augen- und Kopfbewegungen zu bedienen, ohne das Display zu berühren. Hier gibt es unter Einstellungen → Bewegung folgende Optionen:

- **Bewegungen und Gesten ❶:** Aktivieren Sie hier, dass das Telefon automatisch anruft, wenn ein Kontakt auf dem Bildschirm angezeigt wird und Sie das Gerät an das Ohr halten (Direktanruf), oder Webseiten hoch- und runterscrollen, indem Sie mit der Hand darüberwedeln (Air Browse). Mit Stumm/anhalten können Sie das Gerät mit einer Wischbewegung oder durch einfaches Umdrehen sofort stummschalten, falls es mal wieder unpassend klingelt. Bei den einzelnen Menüpunkten wird die entsprechende Bewegung jeweils gezeigt und erklärt.

- Ein Unterpunkt von Stumm/anhalten ist **SmartPause**. Damit überwacht das Gerät bei der Videowiedergabe durch die mitgelieferte Video-App, ob Sie auf den Bildschirm schauen. Sowie Sie abgelenkt sind und woanders hinsehen, hält die Wiedergabe an und wird erst fortgesetzt, wenn Sie wieder hinschauen. Eine nette Spielerei, die aber nur bei guten Lichtverhältnissen zuverlässig klappt.

- **Air View ❷:** Wenn Sie diese Funktion aktivieren, können Sie mit dem Finger knapp über dem Display schweben, um je nach App Vorschauinformationen oder vergrößerte Texte anzeigen zu lassen. Das funktioniert allerdings nur bei bestimmten Apps, die Samsung speziell dafür angepasst hat.

Eine weitere praktische Funktion und quasi das Gegenstück zu **SmartPause** ist **Smart Stay** unter Einstellungen → Ton und Anzeige → Anzeige ❸. Ist sie aktiviert, erkennt das S5 mithilfe der Frontkamera, ob Sie Ihre Augen gerade auf den Bildschirm richten. In dem Fall bleibt der Bildschirm an, selbst wenn er eigentlich wegen Inaktivität abgeschaltet werden müsste. Eine praktische Hilfe, wenn man mal in Ruhe einen längeren Text lesen will, die erfahrungsgemäß auch recht gut funktioniert.

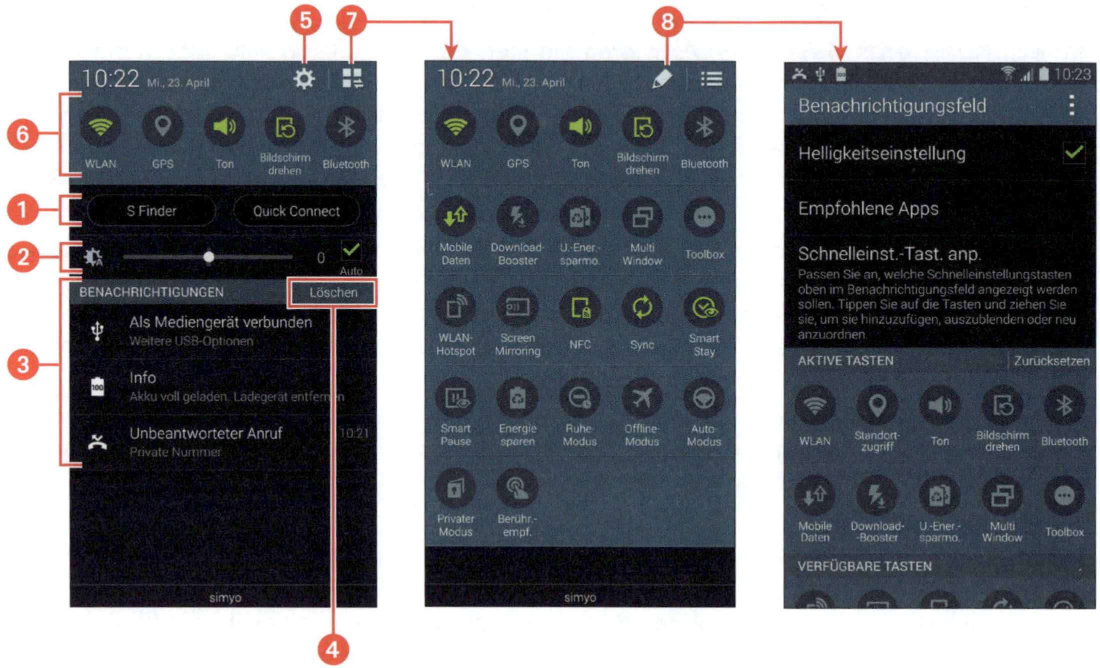
5
7
8
6
1
2
3
4
10:22 Mi., 23. April
WLAN
GPS
Ton
Bildschirm drehen
Bluetooth
S Finder
Quick Connect
0
Auto
BENACHRICHTIGUNGEN
Löschen
Als Mediengerät verbunden
Weitere USB-Optionen
Info
Akku voll geladen. Ladegerät entfernen
Unbeantworteter Anruf
Private Nummer
10:21
simyo
10:22 Mi., 23. April
WLAN
GPS
Ton
Bildschirm drehen
Bluetooth
Mobile Daten
Download-Booster
U.-Ener.-sparmo.
Multi Window
Toolbox
WLAN-Hotspot
Screen Mirroring
NFC
Sync
Smart Stay
Smart Pause
Energie sparen
Ruhe-Modus
Offline-Modus
Auto-Modus
Privater Modus
Berühr.-empf.
simyo
10:23
Benachrichtigungsfeld
Helligkeitseinstellung
Empfohlene Apps
Schnelleinst.-Tast. anp.
Passen Sie an, welche Schnelleinstellungstasten oben im Benachrichtigungsfeld angezeigt werden sollen. Tippen Sie auf die Tasten und ziehen Sie sie, um sie hinzuzufügen, auszublenden oder neu anzuordnen.
AKTIVE TASTEN
Zurücksetzen
WLAN
Standort-zugriff
Ton
Bildschirm drehen
Bluetooth
Mobile Daten
Download-Booster
U.-Ener.-sparmo.
Multi Window
Toolbox
VERFÜGBARE TASTEN

Das Benachrichtigungsfeld richtig nutzen

Eine unauffällige, aber sehr nützliche Funktion ist das Benachrichtigungsfeld. Hier finden Sie heraus, was so auf Ihrem Gerät passiert, und gleichzeitig handelt es sich um eine Art **Schnellsteuerung**. Um das Benachrichtigungsfeld zu öffnen, wischen Sie einfach von der oberen Kante des Smartphones nach unten. Sie finden folgende Funktionen:

❶ Direkte Abkürzungen führen Sie zur Suchfunktion **S Finder** und zu **Quick Connect**, mit dem Sie das S5 schnell mit anderen Geräten in der Umgebung verbinden können.

❷ Darunter verstellen Sie die **Helligkeit** Ihres Galaxy S5 manuell oder aktivieren die Auto-Helligkeit, damit das Gerät selbst feststellt, wie stark das Display beleuchtet sein muss. Das spart Strom.

❸ Unter **Benachrichtigungen** sehen Sie, was gerade los ist: Hier finden Sie Hinweise auf verpasste Anrufe oder neue Nachrichten sowie zu verfügbaren App-Updates und mehr. Teilweise können Sie direkt vom Benachrichtigungsfeld aus agieren, aber wenn Sie auf eine Benachrichtigung tippen, öffnet sich immer die dazugehörige Anwendung. Wollen Sie einzelne Einträge löschen, halten Sie diese gedrückt und ziehen sie zur Seite weg.

❹ Alle Benachrichtigungen auf einmal entfernen Sie mit der Schaltfläche **Löschen**.

❺ Über das Rädchen ganz oben rufen Sie die allgemeinen **Geräteeinstellungen** auf.

❻ Darunter finden Sie Abkürzungen zu den wichtigsten Optionen. Tippen Sie sie an, um sie zu aktivieren oder zu deaktivieren – Grün bedeutet aktiv, Grau inaktiv. Durch Gedrückthalten öffnen Sie das dazugehörige Einstellungsmenü. Sie können diese Abkürzungen mit dem Finger durchwischen, oder aber …

❼ … Sie tippen auf das Symbol ganz oben rechts, dann sehen Sie eine Übersicht aller verfügbaren Abkürzungen. Wenn Sie zurück zum ursprünglichen Benachrichtigungsfeld möchten, tippen Sie erneut auf das Symbol oben rechts.

❽ Wenn Sie auf das Stiftsymbol tippen, können Sie noch weitere Einstellungen vornehmen: die Helligkeitseinstellungen entfernen und die Verknüpfungen neu sortieren. Hinweis: Die Symbole in der obersten Reihe werden stets in der »kleinen« Symbolleiste direkt mit den Benachrichtigungen angezeigt.

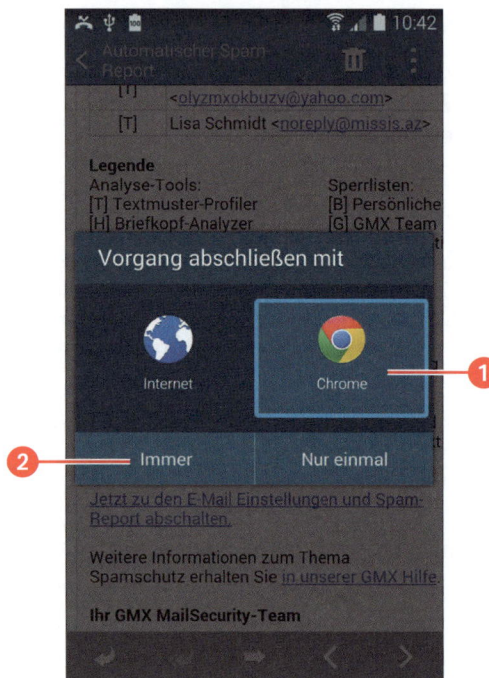
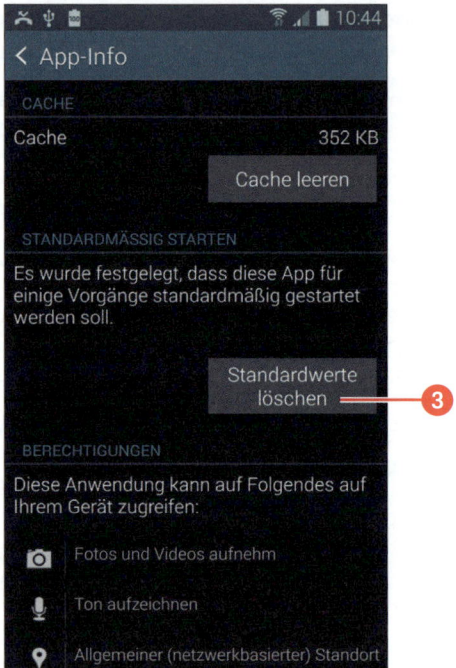

Standardeinstellungen nutzen und entfernen

Sobald Sie damit beginnen, Apps zu installieren (siehe Seite 161), wird es Ihnen immer häufiger passieren, dass Ihr Galaxy S5 Sie bei einer Aktion (zum Beispiel wenn Sie Bilder oder Webseiten öffnen) fragt, mit welcher App Sie diese ausführen möchten. Wenn Sie das nervt und Sie für die jeweilige Aktion sowieso immer die gleiche Anwendung nutzen, gehen Sie folgendermaßen vor:

❶ Tippen Sie die App an, die Sie bevorzugen.

❷ Tippen Sie auf Immer. Diese Nachfrage wird nun nicht mehr auftauchen.

❸ Wenn Sie ❷ rückgängig machen möchten, öffnen Sie Einstellungen → Anwendungen → Anwendungsmanager und hier die entsprechende App. Scrollen Sie innerhalb der App-Details nach unten und tippen Sie **Standardwerte löschen** an.

Sie können diese Vorgehensweise wiederholen, sooft Sie wollen.

Benachrichtigungen durch einzelne Apps unterdrücken

Im Prinzip kann Ihnen jede installierte App Benachrichtigungen (siehe die vorhergehende Seite) auf den Bildschirm schicken. Das kann auch nervig sein, etwa wenn sich ein Spiel immer wieder in Erinnerung bringen will. Es gibt eine einfache Abhilfe: Drücken Sie so lange auf die entsprechende Benachrichtigung, bis der Befehl App-Info angezeigt wird. Er bringt Sie zu den Einstellungen dieser App, wo Sie sie durch Deaktivieren der Option Benachrichtig. anzeigen zum Schweigen bringen können.

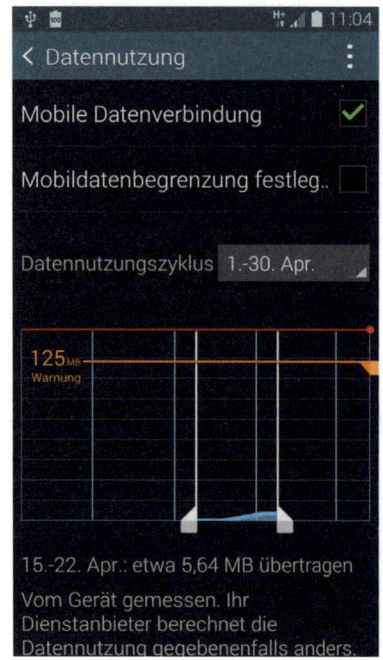

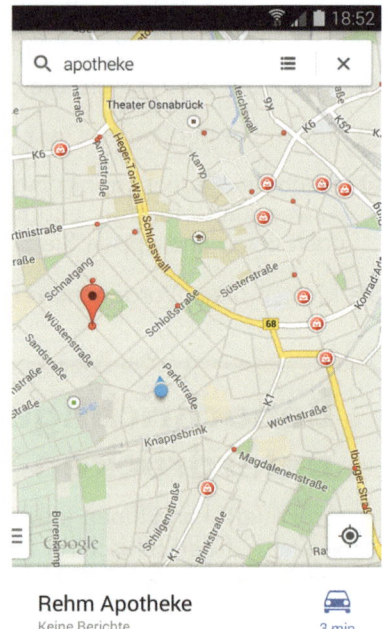

Kapitel 3 | Mit dem S5 unterwegs online

Das Galaxy S5 bringt jede Menge toller Features mit, aber ohne eine **Internetverbindung** ist es wie ein Fisch auf dem Trockenen. Einige Inhalte können Sie natürlich auch vom Rechner aus per USB oder von anderen mobilen Geräten aus per Bluetooth auf das Smartphone kopieren, aber für die meisten Aktionen – besonders das Surfen im Internet – müssen Sie online sein. Ich erkläre in diesem Kapitel erst, welche Optionen für die Verbindung mit dem Internet zur Verfügung stehen, und dann, wie Sie den vorinstallierten Browser optimal nutzen. Darüber hinaus finden Sie Tipps zu alternativen Browser-Apps und praktischen Onlinediensten für unterwegs, beispielsweise Google Now und Karten- sowie Navigations-Apps.

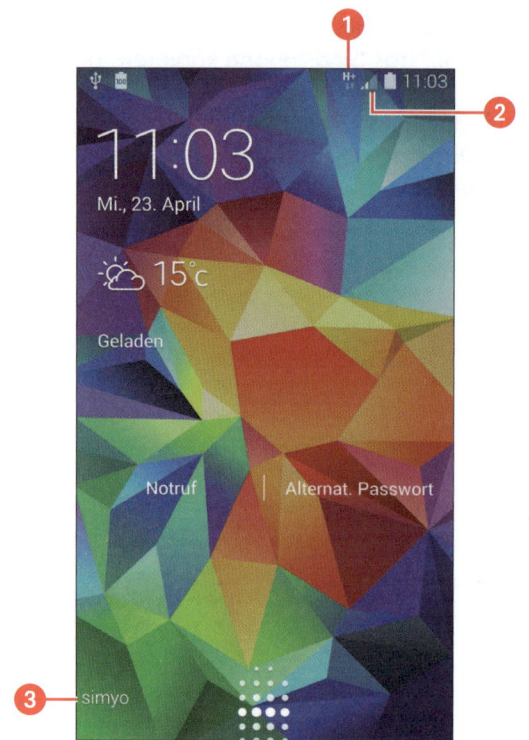

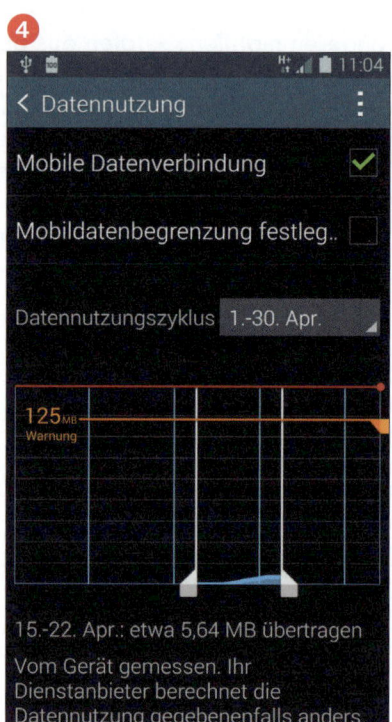

Mobile Netzwerke nutzen

Wenn Sie, wie auf Seite 19 beschrieben, eine SIM-Karte in das Galaxy S5 eingelegt haben, sollten Sie mit dem Gerät mindestens telefonieren können. Inzwischen bieten alle Mobilfunkanbieter aber auch Tarife (Daten- oder Surftarife genannt) an, mit denen Sie darüber hinaus ins Internet können.

Unter Einstellungen → Netzwerkverbindungen → Datennutzung können Sie das Verwenden eines vorhandenen Datentarifs abstellen, das Daten-Roaming aktivieren und noch einige weitere Funktionen nutzen. Welchen Mobilfunkstandard Sie verwenden, erkennen Sie an dem kleinen Zeichen ❶ oben neben der Empfangsstärkeskala ❷. Mobilfunkstandards beginnen beim sehr langsamen GPRS – in dem Fall sehen Sie oben ein **G**. Dann kommt Edge – das wird mit **E** signalisiert und reicht gerade noch, um E-Mails zu lesen und zu schreiben. Etwas schneller, aber immer noch langsam, ist UMTS, das mit **3G** angezeigt wird und für das Surfen im Internet geeignet ist. Ab HSPA (**H** oder **H+**) können Sie versuchen, ein Video anzuschauen. Richtig schnell wird es aber erst mit LTE, das mit **4G** gekennzeichnet ist. Dieses wird jedoch nicht von jedem Mobilfunkanbieter angeboten. Bei den meisten ist bei HSPA Schluss. Ganz unten (auf dem Sperrbildschirm) sehen Sie übrigens Ihren Mobilfunkanbieter ❸.

Den Verbrauch von Mobilfunkdaten begrenzen

Unter Einstellungen → Netzwerkverbindungen → Datennutzung können Sie einen Warn- und einen Grenzwert für Ihre Mobildaten festlegen ❹. Das ist praktisch, wenn Sie sich ein gewisses Volumen für Notfälle aufheben möchten.

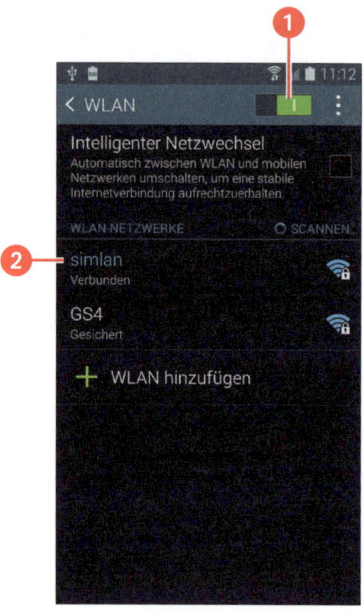

WLAN-Verbindungen einrichten

Zu Hause oder auch im Büro sollten Sie Ihr S5 mit einem verfügbaren **WLAN** (Wireless Local Area Network) verbinden, da Sie damit meist schneller und kostengünstiger surfen können. Das gilt auch für Netzwerke, die Sie unterwegs nutzen können (mehr dazu auf Seite 77).

❶ Sie öffnen das WLAN-Menü über Einstellungen → Netzwerkverbindungen → WLAN. Am wichtigsten ist hier natürlich, dass Sie den Schalter oben rechts aktivieren (Grün).

❷ Das Gerät sucht dann nach verfügbaren Netzwerken. Ihr eigenes sollte ganz oben in der Liste erscheinen, denn idealerweise hat es die beste Signalstärke, zu erkennen an dem Symbol (Blau = guter Empfang, Grau = kein Empfang) neben dem Namen des Netzwerks. Tippen Sie auf den Namen des WLAN, mit dem Sie sich verbinden möchten. Wenn kein Passwort benötigt wird, erfolgt die Verbindung sofort. Allerdings setzt man seine Daten in Netzwerken, die nicht durch ein Passwort geschützt werden, der Gefahr aus, geklaut zu werden. Das gilt für private wie für öffentliche Netzwerke.

❸ In den meisten Fällen ist es ausreichend, das **WLAN-Passwort** einzugeben. Sollte das nicht funktionieren, wenden Sie sich an den Besitzer oder Administrator des Netzwerks, und schauen Sie sich zusammen die erweiterten Optionen an. Wahrscheinlich muss nur eine kleine Einstellung angepasst werden.

❹ Dass Sie in einem WLAN eingeloggt sind, erkennen Sie an dem Symbol in der oberen Leiste. Es ersetzt das Datentarifsymbol, denn WLAN wird immer automatisch diesem vorgezogen.

Mit versteckten WLANs verbinden

Die Suchfunktion findet nur WLANs, die ihre Kennung (SSID) bereitwillig aussenden. Um sich mit einem versteckten WLAN zu verbinden, dessen SSID Sie kennen, tippen Sie auf WLAN hinzufügen und geben die SSID ein, wählen das verwendete Sicherheitsverfahren und geben das dazugehörende Passwort ein. Das alles muss nur beim ersten Kontakt erledigt werden.

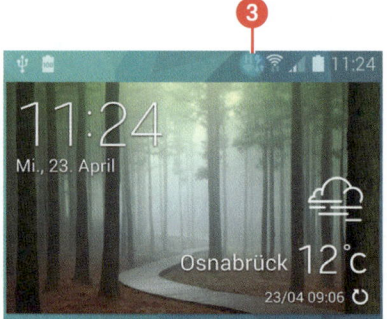

Mobilfunk und WLAN zum Download-Turbo koppeln

Zu den brandneuen Funktionen des Galaxy S5 gehört der **Download-Booster**. Diese Funktion kann für umfangreichere Downloads die vorhandenen Datenverbindungen über WLAN und Mobilfunk zusammenkoppeln. So wird eine höhere Geschwindigkeit erreicht, und der Download kann schneller abgeschlossen werden.

❶ Aktivieren können Sie diese Funktion unter Einstellungen → Netzwerkverbindungen → Download-Booster mithilfe des Schalters oben rechts (auf Grün stellen). Für schnelles Umschalten gibt es auch ein passendes Symbol in der großen Symbolleiste des Benachrichtigungsbereichs.

❷ Beim Einschalten wird jeweils eine Warnung angezeigt, die Sie darauf hinweist, dass durch den Download-Booster zusätzliche Kosten entstehen können. Wenn Sie eine echte Flatrate für mobile Daten gebucht haben, braucht Sie das nicht zu sorgen. Ansonsten sollte man diese Funktion mit Bedacht einsetzen und sich lieber auf den kostengünstigeren Download nur per WLAN beschränken. Wichtig: Ist der Download-Booster aktiv, werden verschiedene Einstellungen zum Begrenzen des Mobildatenvolumens ignoriert, etwa dass App-Updates nur per WLAN bezogen werden sollen.

❸ Dass der Download-Booster aktiv ist, erkennen Sie an einem speziellen Symbol oben auf dem Bildschirm, das den WLAN-Empfangsbalken mit dem verwendeten Mobilfunkstandard und einem Blitzsymbol kombiniert.

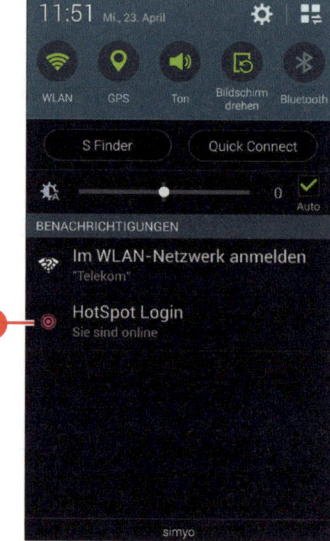

Unterwegs kostengünstige WLANs finden

Wenn Sie unterwegs viel mit Ihrem Galaxy S5 arbeiten, lohnt es sich häufig, sich in öffentlich verfügbare Netzwerke einzuloggen, statt Ihren Datentarif zu belasten. Bei öffentlich zugänglichen Netzen ohne Passwortschutz sollte man sich aber darüber im Klaren sein, dass vertrauliche Daten hier nicht immer geschützt sind. Es gibt jedoch an vielen Orten verfügbare Netzwerke, die zwar etwas kosten, aber dafür auch sichere Verbindungen bieten:

- **T-Mobile-HotSpots ❶:** Wenn Sie Telekom- oder T-Mobile-Kunde sind, kann es gut sein, dass Sie die Hotspots des Anbieters sogar kostenlos oder zu einem geringen Preis nutzen können. Alle Nichtkunden können sich Nutzungszeit erkaufen. Diese HotSpots finden Sie vielfach in Bahnhöfen, Flughäfen und in vielen Restaurants und Geschäften. Die meisten gibt es natürlich in Deutschland, aber auch im Rest der Welt finden sich diverse. Mit der App **HotSpot Login ❷** können Sie sich auch automatisch einloggen. Alle weiteren Einzelheiten finden Sie hinter dem QR-Code.

- **Andere Mobilfunkanbieter:** Vodafone, O2 & Co. besitzen natürlich ebenfalls Hotspots. Fragen Sie einfach mal beim Kundenservice Ihres Mobilfunkanbieters nach, ob so etwas existiert und wie Sie es nutzen können.

- **Skype-Hotspots ❸:** Hierfür brauchen Sie die App **Skype WiFi** und ein Skype-Konto, das Sie mit ein paar Euro aufgeladen haben. Sie zahlen dann für die Nutzung der verfügbaren Hotspots pro Minute mit Ihrem Skype-Guthaben. Angeblich soll es weltweit über eine Million verfügbare Netzwerke geben. Mehr über Skype erfahren Sie auf Seite 187.

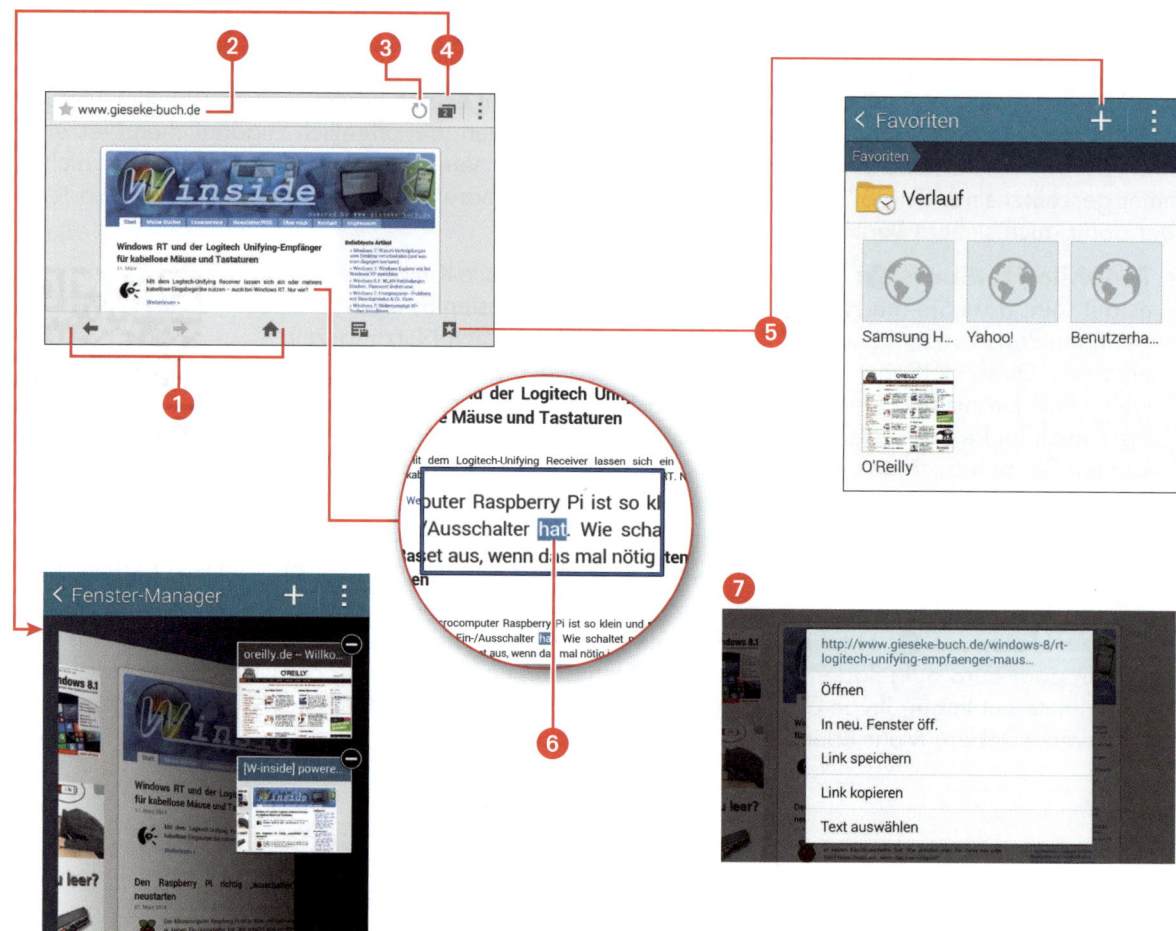

Mit dem Standardbrowser mobil surfen

Für einen schnellen Besuch zwischendurch lässt sich der vorinstallierte Browser gut, schnell und einfach bedienen:

❶ Vor und zurück: Navigieren Sie durch den Verlauf besuchter Webseiten im aktuellen Fenster.

❷ Surfen oder suchen: In diesem Feld können Sie entweder eine bereits bekannte Internetadresse (URL) angeben oder eine Suchanfrage starten. Die Suche läuft standardmäßig über Google, kann aber an Ort und Stelle auf Bing, Yahoo! oder Ask.com geändert werden.

❸ Neu laden: Besonders praktisch für Nutzer, die zum Beispiel immer die gleichen Newsseiten geöffnet haben und diese einfach nur jeden Tag aktualisieren möchten.

❹ Fenster-Manager: Hier sehen Sie, wie viele Fenster insgesamt im Hintergrund geöffnet sind. Tippen Sie das Symbol an, um zum Fenster-Manager zu gelangen. Dort können Sie ein anderes Fenster vergrößern oder schließen (über das Minuszeichen), aber auch oben rechts über das Plussymbol ein neues öffnen.

❺ Favoriten: Im Lesezeichenmenü müssen Sie noch mal auf Favorit hinzufügen tippen, um ein Lesezeichen der aktuellen Seite hinzuzufügen. Halten Sie dieses gedrückt, um es wieder zu löschen, eine Verknüpfung auf dem Startbildschirm anzulegen, es als Startseite festzulegen oder es zu teilen oder zu senden (mehr dazu auf Seite 203).

❻ Markieren: Wie auf Seite 57 beschrieben, können Sie auch hier den Text markieren und erhalten so die gleichen Funktionen samt der Internetsuche. Während des Markierens wird Ihnen der Text in einer Lupe angezeigt, damit Sie besser navigieren können. Er ist natürlich auch besser zu lesen, aber dafür empfehle ich eher die Zoomfunktion, die ich auf Seite 35 erkläre.

❼ Links öffnen: Wenn Sie einen Weblink öffnen möchten, können Sie ihn einmal antippen, damit er im gleichen Fenster lädt, oder gedrückt halten und für ein neues Fenster (siehe ❹) In neu. Fenster öff. anwählen. Die Webseite, die sich dahinter verbirgt, können Sie mithilfe der Funktion Link speichern auf dem Gerät sichern. Mit Link kopieren kopieren Sie die Internetadresse in die Zwischenablage, und mit Text auswählen wird anstelle der Internetadresse (URL) der Text des Links kopiert.

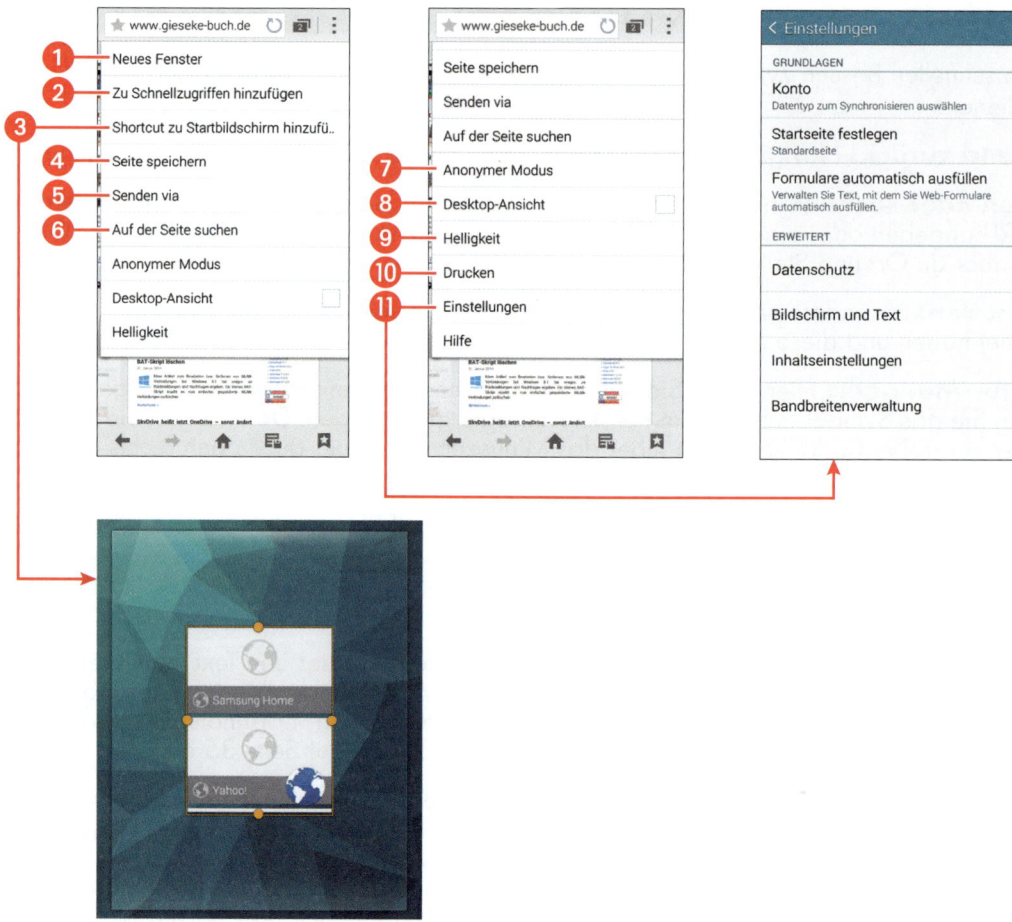

Der Standardbrowser: versteckte Funktionen nutzen

Auf der vorherigen Seite beschreibe ich die Grundfunktionen des Samsung-Browsers. Wenn Sie die Menütaste betätigen, werden Ihnen aber noch **weitere Optionen** präsentiert:

❶ Legen Sie jederzeit zusätzliche Fenster an (siehe ❹ auf der vorherigen Seite).

❷ Wenn Sie eine Webseite als Schnellzugriff festlegen, erhält sie einen Eintrag auf der Startseite, die beim Öffnen der Browser-App jeweils angezeigt wird.

❸ Tippen Sie hier, um von der aktuellen Webseite eine **Verknüpfung** auf dem Startbildschirm anzulegen. Es gibt auch ein Widget S Bookmarks (siehe Abbildung), das allerdings immer alle Favoriten anzeigt. Einzelne Verknüpfungen sind deshalb oft die bessere Wahl.

❹ Speichern Sie die aktuelle Seite ab und rufen Sie sie später wieder auf – zum Beispiel wenn gerade kein Internet verfügbar ist.

❺ Alles zum Thema **Teilen** von Inhalten (Senden via) erfahren Sie auf Seite 203.

❻ Hier können Sie die aktuelle Seite nach Stichwörtern durchsuchen.

❼ Im **Anonymen Modus** hinterlassen Sie beim Surfen keine Spuren.

❽ Manche Webseiten öffnen sich automatisch in der mobilen Ansicht. Ist Ihnen die **Desktop-Version** lieber, setzen Sie hier einen Haken.

❾ Wenn Sie hier die **Helligkeit** ändern, gilt das für das ganze Gerät.

❿ Mit einem entsprechenden Samsung-Drucker, können Sie Webseiten per USB oder WLAN ausdrucken.

⓫ Die **Einstellungen** sind fast alle selbsterklärend. Sie können hier zum Beispiel Cookies, Cache und Verlauf löschen (Datenschutz), den Text vergrößern (Eingabehilfe) oder abstellen, dass Bilder geladen werden, um Mobilfunkdaten zu sparen (Bandbreitenverwaltung).

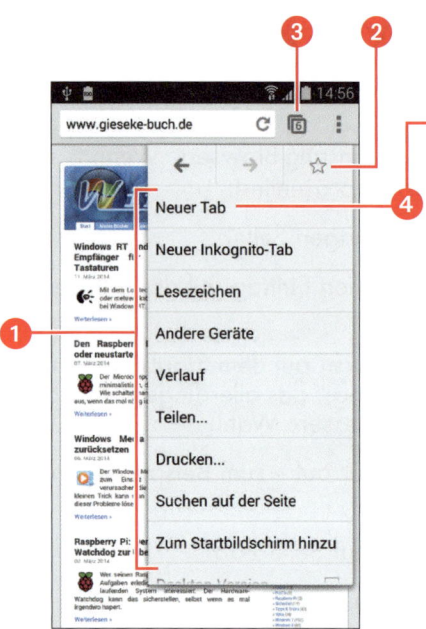

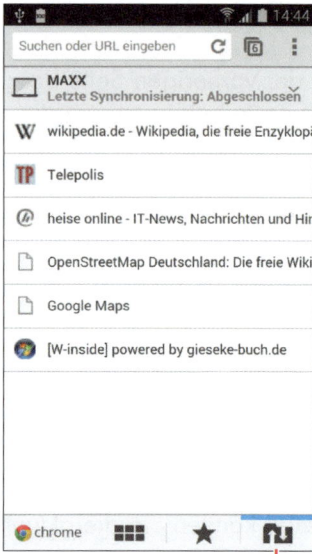

Chrome: den Google-Browser als Alternative

Neben dem Samsung-Browser ist auch Chrome, der Browser von Google, vorinstalliert. Hiermit surft es sich ein wenig schneller und bequemer. Dieser Browser bietet ähnliche Funktionen an, nur teilweise an anderer Stelle versteckt. So navigieren Sie zum Beispiel über das Ausklappmenü, das erscheint, wenn Sie die Menütaste betätigen ❶. Hier können Sie über den Stern oben rechts im Ausklappmenü die aktuelle Seite den Lesezeichen hinzufügen ❷. Über die Zahl oben rechts gelangen Sie zur Übersicht der geöffneten Webseiten ❸. Mit dem Befehl **Neuer Tab** ❹ öffnen Sie ein weiteres Fenster. Es besteht sogar die Möglichkeit, Webseiten zwischen Geräten auszutauschen. Hinter dem Symbol unten rechts können Sie auch Tabs von anderen Chrome-Browsern (zum Beispiel am PC) übernehmen, in denen Sie mit demselben Google-Konto angemeldet sind ❺. Wenn Sie einzelne Webseiten vom Rechner an das Galaxy S5 schicken möchten, gibt es im Chrome Web Store die Erweiterung **Chrome to Mobile**. Bedenken Sie, dass für beide Funktionen die allgemeine Synchronisierung aktiviert sein muss (siehe Beschreibung des Benachrichtigungsfelds auf Seite 65 sowie die Synchronisierung des Google-Kontos).

Weitere Browser für Android installieren

Analog zu allen anderen vorinstallierten Apps sind Sie natürlich nicht gezwungen, den Browser von Samsung oder den von Google zu nutzen. Im Google Play Store (Seite 161) finden Sie jede Menge weitere kostenlose Möglichkeiten, das Internet unsicher zu machen:

❶ Firefox: Dieser Browser bietet neben einer Synchronisierungsfunktion (dafür brauchen Sie ein Firefox-Konto und den Firefox-Browser für Ihren Computer) die gleichen Grundfunktionen wie die vorinstallierten Anwendungen sowie eine große Auswahl an Add-ons und Apps, mit denen Sie den Browser optisch und inhaltlich ganz nach Ihren Wünschen anpassen können. Wenn Sie Firefox auch am PC verwenden, ist diese App eine gute Wahl.

❷ Dolphin Browser: Wenn Sie kein großer Firefox-Fan sind, gefällt Ihnen vielleicht dieser Browser, der auch ein wenig flüssiger arbeitet, besser. Hier finden Sie ebenfalls Add-ons, wenn auch nicht ganz so viele wie bei Firefox. Dazu bietet diese Anwendung eine Gestenbedienung für das Öffnen favorisierter Webseiten an. Mit Dolphin Connect können Sie auch Lesezeichen synchronisieren. Dafür können Sie Ihren Facebook- oder Google-Account einsetzen.

❸ Opera: Sollten Sie kein Interesse an unendlich vielen Einstellungsmöglichkeiten und Add-ons haben, könnte Opera der richtige Browser für Sie sein. Dieser spart beim Surfen unterwegs Mobilfunkdaten und ist generell flotter als die meisten anderen Browseranwendungen. Mit einem Opera-Account können Sie ebenfalls Lesezeichen synchronisieren.

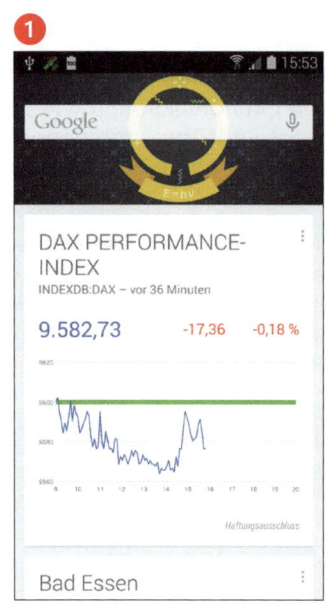

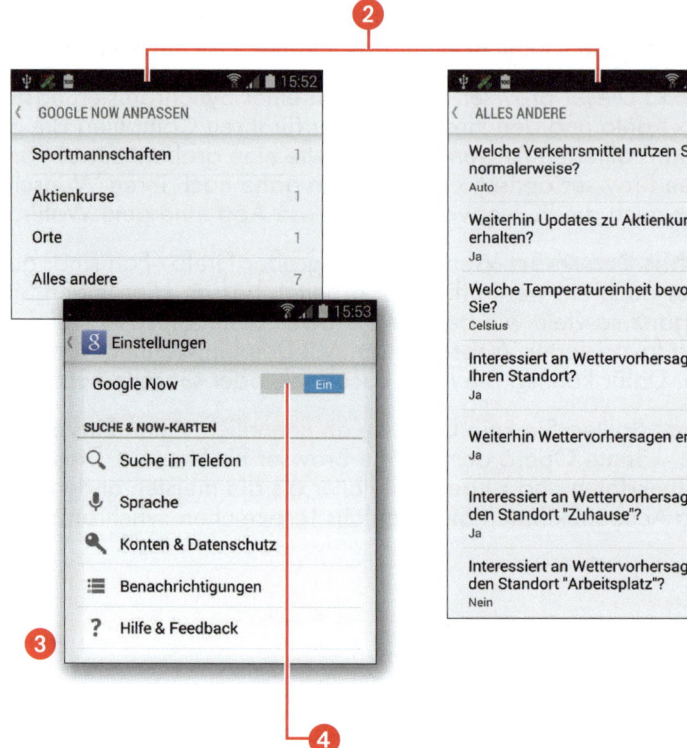

Google Now

Bei diesem Dienst handelt es sich um ein manchmal geradezu erschreckend mächtiges Werkzeug. Zumindest ich empfand das so, als ich kurz nach der Einführung erste Erfahrungen damit sammelte. So suchte ich z. B. eines Tages am PC im Büro nach den Öffnungszeiten eines bestimmten Geschäfts XYZ. Als ich zwei Stunden später in der Stadt unterwegs war, machte mein Smartphone mich plötzlich ungefragt darauf aufmerksam, dass es von meiner aktuellen Position ja nur fünf Minuten zu Fuß zu Geschäft XYZ wäre und ob ich eine Wegbeschreibung haben wollte.

Generell verknüpft Google Now ❶ standortbezogene Informationen, Ihre Google-Suchanfragen, Termine aus Ihrem Google-Kalender sowie weitere konfigurierbare Themenbereiche. Verwenden Sie auf mehreren Geräten dasselbe Google-Konto (beispielsweise neben dem Smartphone auch am PC), wird auch das berücksichtigt. So lernt und erfährt Google Now im Lauf der Zeit viele Dinge über Sie, beispielsweise wo Sie wohnen und wo Sie arbeiten. Sie bekommen automatisch Hinweise bei Verkehrsstörungen auf dem Weg zur Arbeit, aber auch den aktuellen regionalen Wetterbericht. Wenn Sie in fremden Städten unterwegs sind, weist Google Now Sie auf interessante Orte und Veranstaltungen hin, wobei die Definition von interessant wiederum mit Ihren Suchinteressen verfeinert wird. Wenn Sie sich für einen bestimmten Sportverein interessieren, berichtet Google Now Ihnen, wie die letzte Partie ausging und wann und wo das nächste Spiel ist. Wollen Sie Ihr Aktiendepot im Blick behalten, kennt Google Now stets die aktuellen Kurse.

Sie aktivieren Google Now entweder durch längeres Drücken der Home-Taste, wie auf Seite 33 beschrieben, oder durch Tippen in die Google-Suchleiste auf Ihrem Startbildschirm – sofern Sie diese nicht entfernt haben. Mit dem Zauberstabsymbol ganz unten können Sie beeinflussen, welche Informationen Ihnen Google, sofern vorhanden, liefern soll und was Sie generell nicht interessiert ❷. Wenn Sie auf das Menüsymbol rechts daneben tippen, gelangen Sie zu den **Einstellungen** ❸.

Möchten Sie Google Now abstellen, deaktivieren Sie es in den Einstellungen ganz oben ❹. Sie können es jederzeit wieder aktivieren, indem Sie es in die Google-Suchleiste tippen.

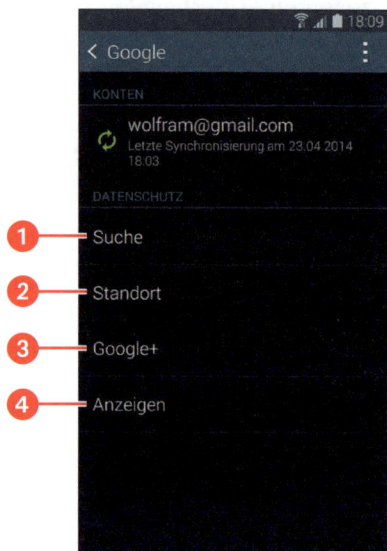

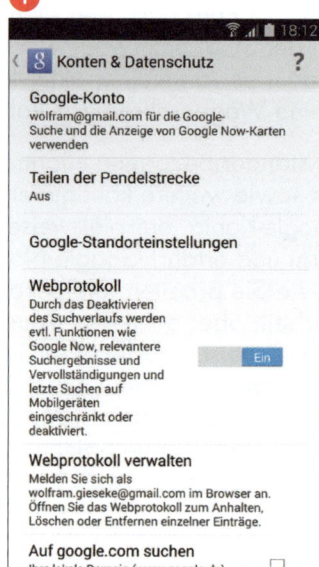

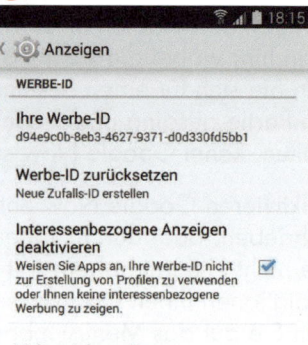

Google-Einstellungen

Wenn Sie ein Google-Konto eingerichtet haben und täglich nutzen, ist es sinnvoll, regelmäßig zu überprüfen, was Google mit Ihren Daten macht. Und Sie sollten die Einstellungen regelmäßig kontrollieren – insbesondere wenn es mal wieder Aktualisierungen für die Apps gab, wodurch sich die Einstellungen verändern können. Unter Einstellungen → Benutzer und Sicherung → Konten finden Sie eine Übersicht der Einstellungen für diverse Google-Apps.

❶ **Suche:** Alle Suchanfragen (egal ob über Browser, Google Now oder Google Maps), die Sie durchführen, während Sie mit Ihrem Google-Konto eingeloggt sind, werden von Google aufgezeichnet. Hier können Sie das deaktivieren und per Umleitung auf einen Browser auch löschen.

❷ **Standort:** Hier können Sie einstellen, ob Google-Apps auf Ihren Standort zugreifen dürfen. Für ein Abstellen der Funktion folgen Sie den Beschreibungen.

❸ **Google+:** Wenn Sie das soziale Netzwerk Google+ benutzen möchten, können Sie hier ein Konto dafür anlegen bzw. ein vorhandenes Konto hinzufügen.

❹ **Anzeigen:** Wenn Sie auf dem Galaxy S5 personalisierte Google-Werbung wünschen, können Sie das hier aktivieren. Google benutzt dann alles, was es über Sie weiß, um entsprechende Anzeigen zu platzieren.

Noch mehr Kontrolle über Ihre Google-Daten haben Sie über Ihr **Google Dashboard** (siehe QR-Code). Dort können Sie alles, was Sie mit Google-Anwendungen machen, überwachen und vieles deaktivieren oder löschen – inklusive YouTube und Picasa, die ja beide zu Google gehören.

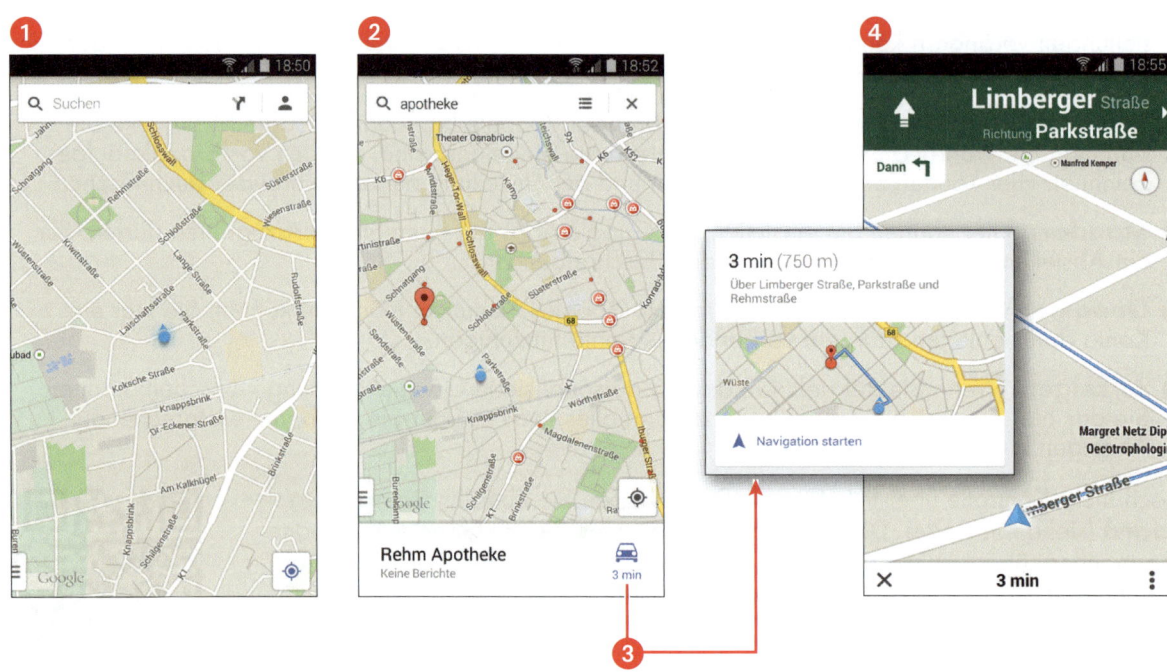

Mit Google Maps navigieren und interessante Orte finden

Aufgrund der integrierten GPS-Technik ist das Galaxy S5 der perfekte Helfer, wenn es darum geht, nicht nach dem Weg fragen zu müssen. Bereits ab Werk ist dafür Google Maps an Bord, mit dem Sie sich jederzeit orten, auf einer Karte anzeigen und zu einem Ziel führen lassen können.

❶ Starten Sie Google Maps, stellt die App zunächst mittels des eingebauten GPS-Empfängers Ihre aktuelle Position fest. Dann zeigt es Ihren Standort auf einer Karte an.

❷ Suchen Sie einen bestimmten Ort, geben Sie oben im Suchfeld einen entsprechenden Namen oder Begriff ein. Bei allgemeinen Begriffen führt Google eine standortbasierte Suche durch und zeigt Ihnen passende Orte in Ihrer Umgebung an.

❸ Wollen Sie den gesuchten Ort dann auch ansteuern, können Sie sich anhand der Karte orientieren, die Ihren Weg »live« mitverfolgt. Oder Sie lassen sich von der App auf den besten Weg bringen. Tippen Sie dazu unten rechts auf das Feld mit der Zeitprognose. Die App zeigt Ihnen dann gegebenenfalls noch alternative Wege an. Bei längeren Autostrecken finden Sie hier auch Verkehrshinweise. Wenn es losgehen kann, tippen Sie auf Navigation starten.

❹ Während Sie unterwegs sind, gibt es wie bei einem echten Navigationssystem eine ausführliche grafische Darstellung des Wegs mit Abbiegehinweisen und Straßennamen. Außerdem erhalten Sie auch Sprachansagen, wenn Sie die Richtung wechseln müssen.

OpenStreetMap als Offlinealternative

Eine gute Alternative ist das Kartenprojekt OpenStreetMap mit seiner App OSMAnd, die zumindest mit gewissen Einschränkungen kostenlos genutzt werden kann. Hier können Sie sich komplette Karten beispielsweise Ihres Bundeslands herunterladen und offline nutzen. Die Funktionen reichen von der Standortanzeige über das Finden von Orten bis hin zur Navigation einschließlich Sprachansagen.

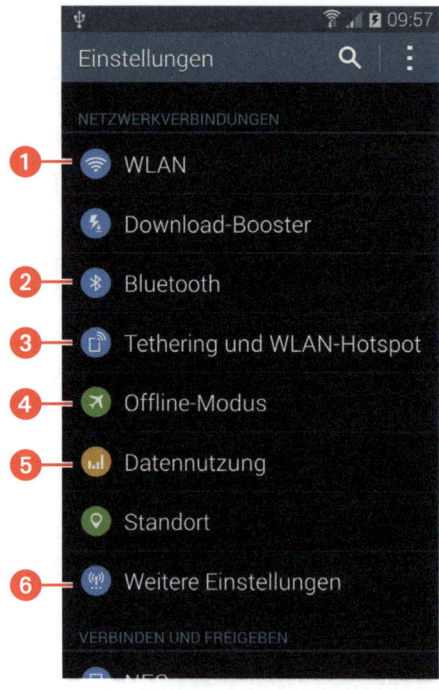

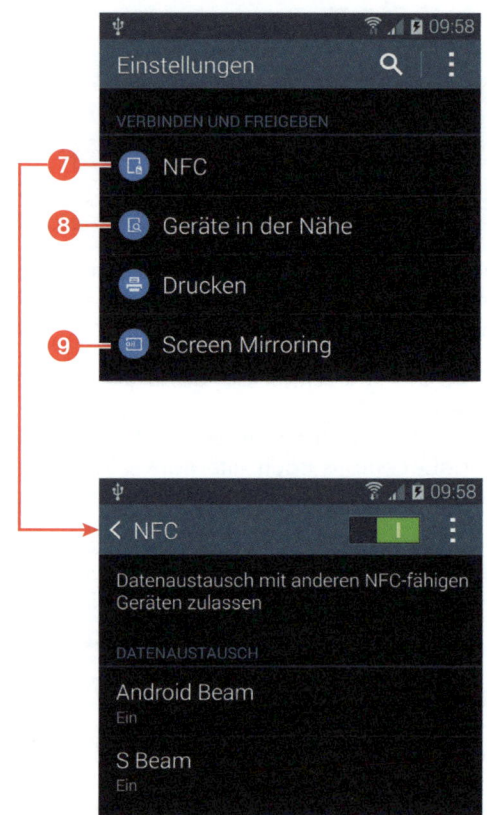

Kapitel 4 | Das Galaxy S5 verbinden

Das Internet ist nicht die einzige Möglichkeit des Galaxy S5, mit der Außenwelt in Kontakt zu treten. In den Einstellungen finden Sie in den Rubriken **Netzwerkverbindungen** sowie **Verbinden** und **Freigeben** jede Menge Optionen. Immerhin hat Samsung praktisch jede verfügbare Technologie in das Gerät integriert. Vieles davon werden Sie sicher nicht jeden Tag brauchen, aber Funktionen wie Bluetooth, Tethering oder das einfache Anzeigen von Inhalten auf dem heimischen TV-Gerät können schon praktische Hilfen sein, mit denen man auch gut mal Familie und Freunde beeindrucken kann.

❶ **WLAN:** Brauchen Sie, um ins Internet zu gehen (siehe Seite 73).

❷ **Bluetooth:** Ist gut zum Austauschen kleiner Dateien, aber noch besser, um externe Geräte wie Audioboxen oder Tastaturen anzuschließen (mehr dazu auf der nächsten Seite).

❸ **Tethering und WLAN-Hotspot:** Das Galaxy S5 kann seine mobile Internetverbindung anderen Geräten zur Verfügung stellen (mehr dazu auf Seite 97).

❹ Mit dem **Offline-Modus** schalten Sie zuverlässig alle Anrufe, Nachrichten und mobile Daten ab, etwa im Flugzeug, um Strom zu sparen oder um mal völlig ungestört zu sein.

❺ **Datennutzung:** Hier erfahren Sie, welche App die meisten Daten aus dem Internet herunterlädt. Zudem finden Sie Einstellungen für Mobilfunkdaten (mehr dazu auf Seite 71).

❻ **Weitere Einstellungen:** Dahinter verstecken sich Detaileinstellungen zum Mobilfunknetzwerk, zum Daten-Roaming und auch zum **VPN** (Virtual Private Network), mit dem Sie unterwegs auf ein Firmennetzwerk zugreifen können.

❼ **NFC:** Dies ist eine neue Technik, mit der Sie per Berührung der Geräte Daten austauschen oder sogar kleine Beträge bezahlen. Das S5 kann damit per **S Beam** (Seite 99) oder **Android Beam** Dateien mit anderen Geräten austauschen.

❽ **Geräte in der Nähe:** Wenn Sie Geräte mit **DLNA** besitzen, aktivieren und optimieren Sie hier den Austausch von Inhalten.

❾ **Screen Mirroring:** Viele aktuelle »smarte« TV-Geräte unterstützen diese Funktion, durch die Sie den Bildschirm Ihres Telefons auf dem Fernseher darstellen können.

1 **2**

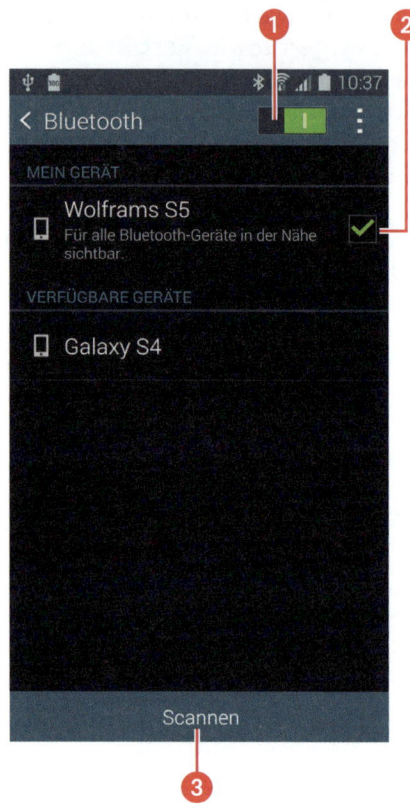

4

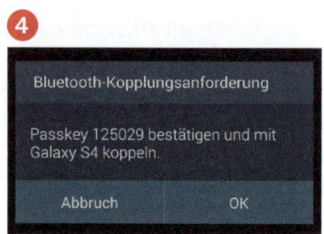

5

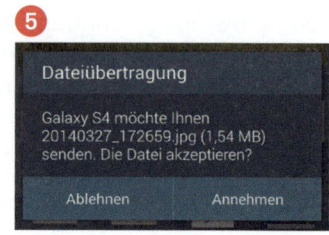

5

6

3

Bluetooth: Dateien austauschen und externe Geräte anschließen

Fast alle mobilen Geräte bringen Bluetooth mit, das eine gute Möglichkeit bietet, zum Beispiel **Bilder, Kontakte** etc. über kurze Entfernung drahtlos auszutauschen. Wirklich wichtig ist diese Technik aber vor allem für das Verbinden von **externen Ein- und Ausgabegeräten**. So können Sie das S5 via Bluetooth mit der Freisprecheinrichtung im Auto koppeln oder ein drahtloses Headset für Vieltelefonierer nutzen. Empfehlungen und eine genauere Anleitung finden Sie auf Seite 285. Das Anschließen eines externen Geräts funktioniert fast genau so wie der Austausch von Dateien über Bluetooth:

❶ Öffnen Sie Einstellungen → Netzwerkverbindungen → Bluetooth und aktivieren Sie Bluetooth, indem Sie den Schieberegler oben rechts auf Grün stellen. Vergessen Sie aber nicht, es hinterher wieder abzuschalten, um Strom zu sparen!

❷ Setzen Sie das Häkchen, damit das andere Gerät das Galaxy S5 sehen kann. Stellen Sie sicher, dass im anderen Gerät ebenfalls Bluetooth aktiviert ist und dass es sichtbar ist.

❸ Starten Sie die Suche nach dem Gerät mit Scannen.

❹ Sobald es in der Liste auftaucht, tippen Sie es an, damit auf beiden Geräten die **Kopplungsanforderung** erscheint (manchmal nennt es sich statt Koppeln auch Pairing). Bestätigen Sie diese auf beiden Geräten.

❺ Das andere Gerät kann Ihnen jetzt Dateien schicken, dessen Erhalt Sie bestätigen müssen. Im Benachrichtigungsfeld können Sie den Download verfolgen und die fertige Datei von dort aus auch öffnen.

❻ Wenn Sie selbst eine Datei per Bluetooth verschicken möchten, tippen Sie dafür auf das Teilen-Symbol, das sich eigentlich immer irgendwo versteckt, und wählen Sie das Bluetooth-Symbol aus. Mehr zum Teilen lesen Sie auf Seite 203.

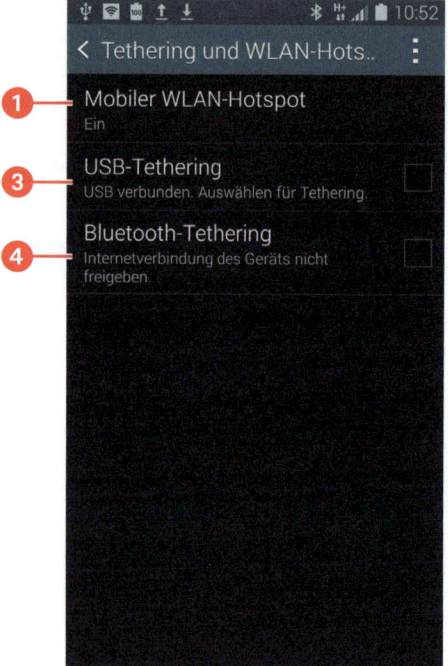

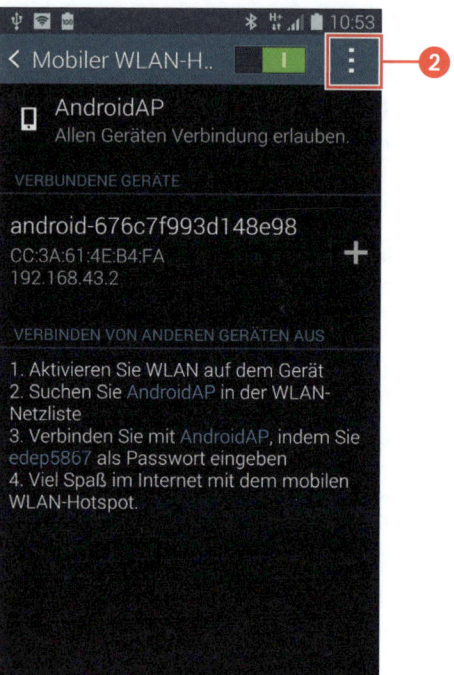

Das Galaxy S5 als mobilen Hotspot verwenden

Wussten Sie, dass Ihr Galaxy S5 in der Lage ist, andere Geräte ins Internet zu bringen? Unter Einstellungen → Verbindungen → Weitere Einstellungen → Tethering und mobiler Hotspot finden Sie drei Optionen, mit denen Sie Ihr Smartphone in einen Router verwandeln:

❶ Mobiler WLAN-Hotspot: Mit dieser Option erzeugt Ihr Smartphone selbst ein WLAN, mit dem sich andere Geräte wie gewohnt verbinden können. Diesen steht dann die Mobilfunkverbindung des S5 für den Datenzugriff aufs Internet zur Verfügung. Je nach Tarif können dadurch also einige Kosten anfallen. Tippen Sie auf diese Option, um die Funktion zu aktivieren und weitere Einstellungen vorzunehmen.

❷ Passwort und Name des Hotspots werden bei jedem Aktivieren automatisch generiert. Auf der Detailseite können Sie beides sehen, um das andere Gerät zu konfigurieren. Wollen Sie diese Funktion regelmäßig nutzen, können Sie in den Einstellungen (Menüsymbol oben rechts und dann Konfigurieren) ein eigenes Passwort dauerhaft festlegen.

❸ USB-Tethering: Lohnt sich, wenn Ihr Rechner gerade aus irgendeinem Grund kein Internet hat, aber Ihr Galaxy S5 schon. Verbinden Sie das S5 per USB-Kabel einem USB-Anschluss Ihres PCs und aktivieren Sie diese Funktion. Idealerweise ist der PC dann sofort online. Wenn nicht, hängt die weitere Vorgehensweise von der dort installierten Software ab.

❹ Bluetooth-Tethering: Wenn Sie, wie auf der vorherigen Seite beschrieben, das Galaxy S5 mit einem anderen Gerät per Bluetooth koppeln, können Sie dieses per Bluetooth auch online bringen. Dafür muss Ihr Smartphone aber sichtbar (siehe ❷ auf der vorherigen Seite) und natürlich ebenfalls online sein. Und auch das andere Gerät muss diese Variante des Internetzugangs unterstützen.

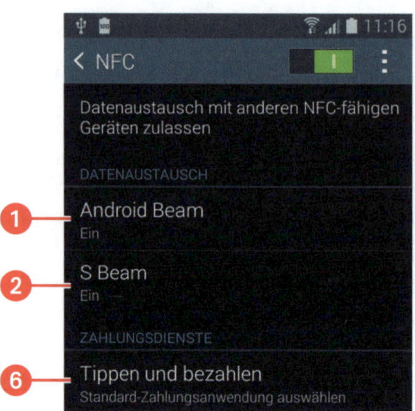

③

Bringen Sie die Geräte einfach Rücken an Rücken zusammen und tippen Sie auf Ihren Bildschirm. Die Anwendung, die derzeit verwendet wird, bestimmt, was übertragen wird.

④

Berühren, um zu senden.

⑤

Bereit zum Freigeben von Dateien über S Beam. Geräte trennen

Schneller Dateiaustausch mit NFC und S Beam

Mit der NFC-Technik können Sie Dateien und Informationen auf kürzeste Distanz zwischen zwei Geräten austauschen und sogar geringe Geldbeträge bezahlen, indem Sie Ihr Smartphone direkt an ein Gerät halten, das ebenfalls NFC beherrscht. Sie aktivieren die Option unter Einstellungen → Verbinden und Freigeben → NFC.

❶ Android Beam ist die NFC-Funktion von Android, die von (vielen neueren) Geräten dieses Typs allgemein unterstützt wird. Sie verwendet zum Übertragen Bluetooth, was beispielsweise bei großen Bildern oder Videos sehr lange dauern kann.

❷ S Beam ist eine Eigenentwicklung von Samsung und verwendet anstelle von Bluetooth eine temporäre WLAN-Verbindung. Die eigentlichen Daten werden darüber übertragen, was sehr schnell geht. Allerdings unterstützen das eben nur (alle neueren) Samsung-Smartphones.

❸ Wollen Sie beispielsweise ein Bild per S Beam von Ihrem S5 an ein anderes Gerät übertragen, zeigen Sie das Bild einfach auf dem Bildschirm an. Halten Sie das Galaxy S5 an den Rücken des anderen Geräts – dort muss NFC natürlich auch aktiviert sein.

❹ Haben sich beide Geräte per NFC getroffen, können Sie das Senden des Bilds durch Antippen des Bildschirm einleiten.

❺ Entfernen Sie anschließend die beiden Geräte voneinander. Die Übertragung beginnt dann sofort.

❻ Per NFC können Sie das Smartphone auch zum **Bezahlen kleiner Beträge** nutzen. Das wird aber erst in den nächsten Jahren wirklich relevant werden.

Das Smartphone per NFC-Sticker steuern

Eine weitere Einsatzmöglichkeit sind NFC-Sticker – winzige Aufkleber, in denen ein Chip ohne Batterie Informationen speichern kann. So müssen Sie beispielsweise einen unauffälligen NFC-Sticker neben der Haustür beim Nachhausekommen nur kurz mit dem Smartphone berühren, und sofort stellt es sich auf eine vordefinierte Home-Konfiguration um.

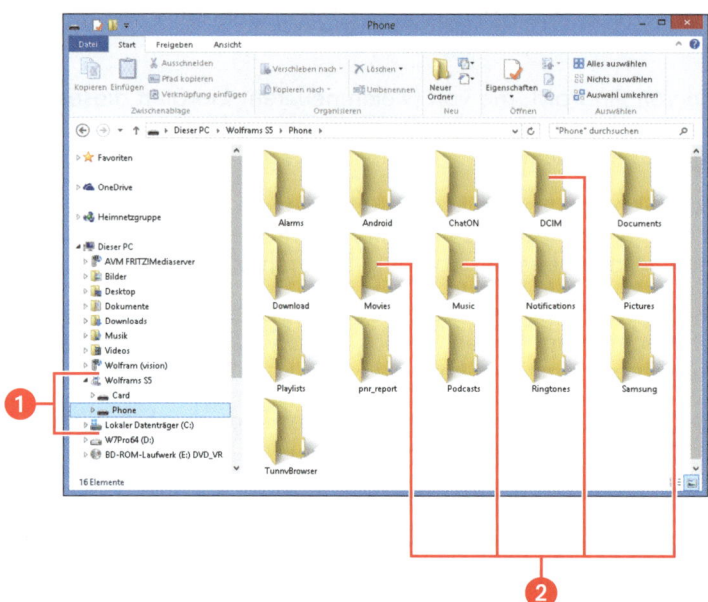

USB zum Austauschen von Daten nutzen

Es gibt viele Möglichkeiten, Daten zwischen Ihrem Rechner und Ihrem Galaxy S5 auszutauschen, und jeder wird Ihnen einen anderen Weg empfehlen. Ich finde es nach wie vor am einfachsten, mir das mitgelieferte Kabel zu nehmen und das Galaxy S5 per USB mit dem Rechner zu verbinden.

❶ Sie können dann beispielsweise mit dem Windows-Explorer in gewohnter Weise Dateien hin- und herkopieren. Sie möchten **MP3s** auf Ihrem Smartphone hören, die sich derzeit auf dem Rechner befinden? Kopieren Sie sie einfach in den Ordner Music auf dem Galaxy S5. Sofort werden sie Ihnen in der Samsung-App **Musik** und auch bei **Play Music** von Google angezeigt.

❷ **Fotos** werden im Ordner Pictures gespeichert. Bilder, die Sie mit dem Smartphone aufgenommen haben, finden Sie im Ordner DCIM. **E-Books** legen Sie am besten dort ab, wo der jeweilige Reader seine Ordner hat. Oft finden Sie sie unter Android/data.

❸ Wenn Sie Ihre Musiksammlung am PC mit dem **Windows Media Player** organisieren, können Sie aber auch dessen Synchronisierungsfunktion verwenden, um beispielsweise nur Ihre Lieblingslieder auf das S5 zu überspielen.

❹ Dateien können auf die gleiche Weise (oder ohne Rechner per **Eigene Dateien**-App – siehe Seite 153) jederzeit wieder gelöscht und neu aufgespielt werden. Noch einfacher ist es, wenn Sie den **Amazon Cloud Player** für Musik nutzen (siehe Seite 237).

Phone- und Card-Unterordner

Weist der Eintrag Ihres Galaxy S5 im Windows-Explorer die beiden Unterordner Card und Phone auf, liegt das am Micro-SD-Kartenleser des Geräts. Unter Phone finden Sie den internen, fest eingebauten Speicher des S5. Haben Sie eine Micro-SD-Karte eingesetzt (Seite 19), wird dessen Inhalt unter Card angezeigt.

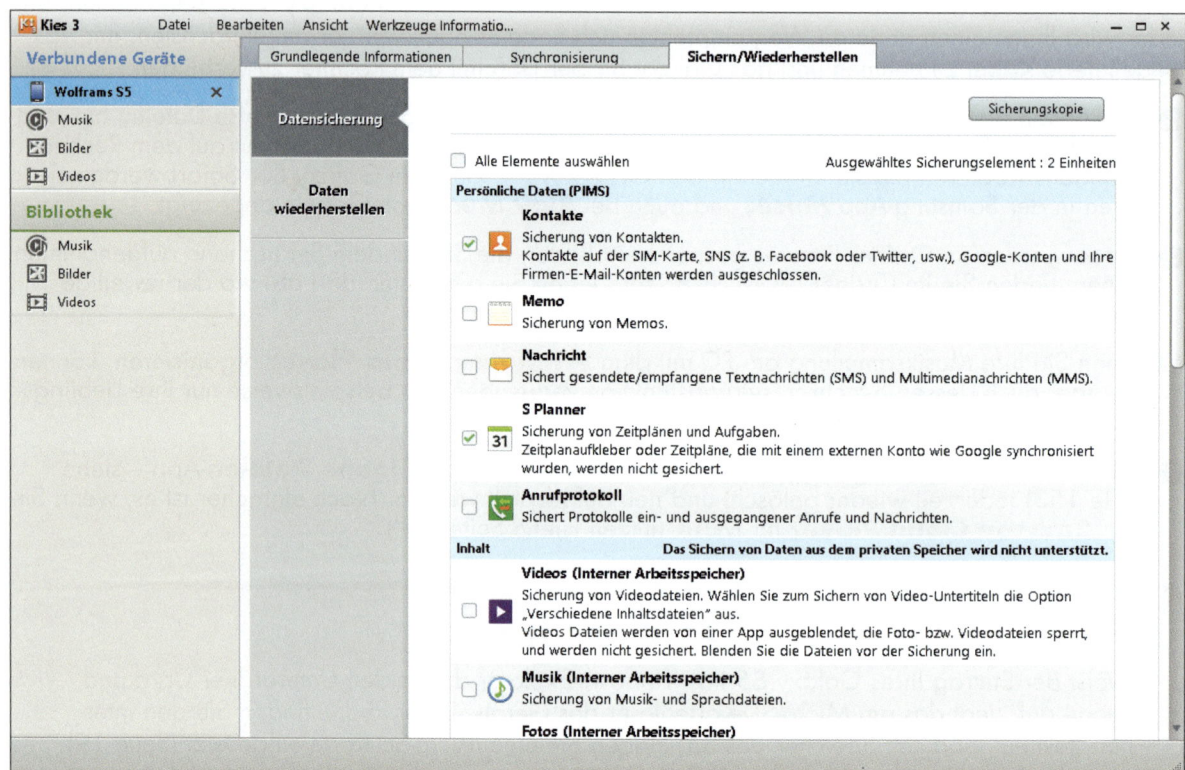

Mit Samsung Kies Daten sichern und Kontakte bearbeiten

Wenn Sie das Smartphone mit dem Rechner per USB verbunden haben, besteht auch die Möglichkeit, das Programm Kies zu nutzen. Es handelt sich hierbei um eine Software von Samsung, mit der Sie die Daten von Ihrem Gerät auf dem Rechner **sichern**, teilweise **bearbeiten** und **synchronisieren** können. Für das Sichern bestimmter Daten wie etwa Kontakte ist Kies genau richtig. Solche Daten werden auf dem Rechner abgelegt und können beim nächsten Smartphone (das am besten ebenfalls von Samsung sein sollte) wieder aufgespielt werden. So lassen sich auch Backups erstellen und später wieder einspielen, beispielsweise falls das Gerät für eine Reparatur eingeschickt werden muss. Des Weiteren besteht die Möglichkeit, Videos vom Rechner aus auf das Gerät zu übertragen und vorher so zu konvertieren, dass sie abspielbar sind. Mir persönlich gefällt die Möglichkeit, Kontaktdaten zu bearbeiten und neu zu erstellen, am besten. Wenn Sie diese nicht über Google & Co. organisieren, ist das die bequemste Art, Kontakte zu verwalten.

Außerdem können Sie hier Samsung-Apps kaufen. Allerdings gelangen diese als Installationsdatei (.apk) in den Download-Ordner des Galaxy S5, was umständlich ist, da sie dann manuell installiert werden müssen. Mehr zum Thema **APK-Dateien** lesen Sie auf Seite 177. Wenn sich Ihr Rechner im gleichen WLAN wie das Smartphone befindet, können Sie per Kies Air sogar SMS auf dem Rechner tippen und per Smartphone dann verschicken. Allerdings besitzen meistens nur Laptops WLAN-Empfänger. Wichtig für alte Samsung-Hasen: Für das Galaxy S5 sollte die neue Version Kies 3 verwendet werden.

Generell möchte ich zu Kies klarlegen, dass Sie es nicht unbedingt installieren und nutzen müssen. Das Programm erfreut sich nicht bei allen Benutzern großer Beliebtheit, und die Wahrscheinlichkeit, dass Sie ohne Kies gut auskommen, ist groß. **Tipp:** Wenn Sie es nutzen möchten, stellen Sie statt der einfachen Ansicht die normale ein. Die ist übersichtlicher gestaltet. Hinter dem QR-Code finden Sie den Download-Link für die Software (PC und Mac) sowie einige Videoanleitungen.

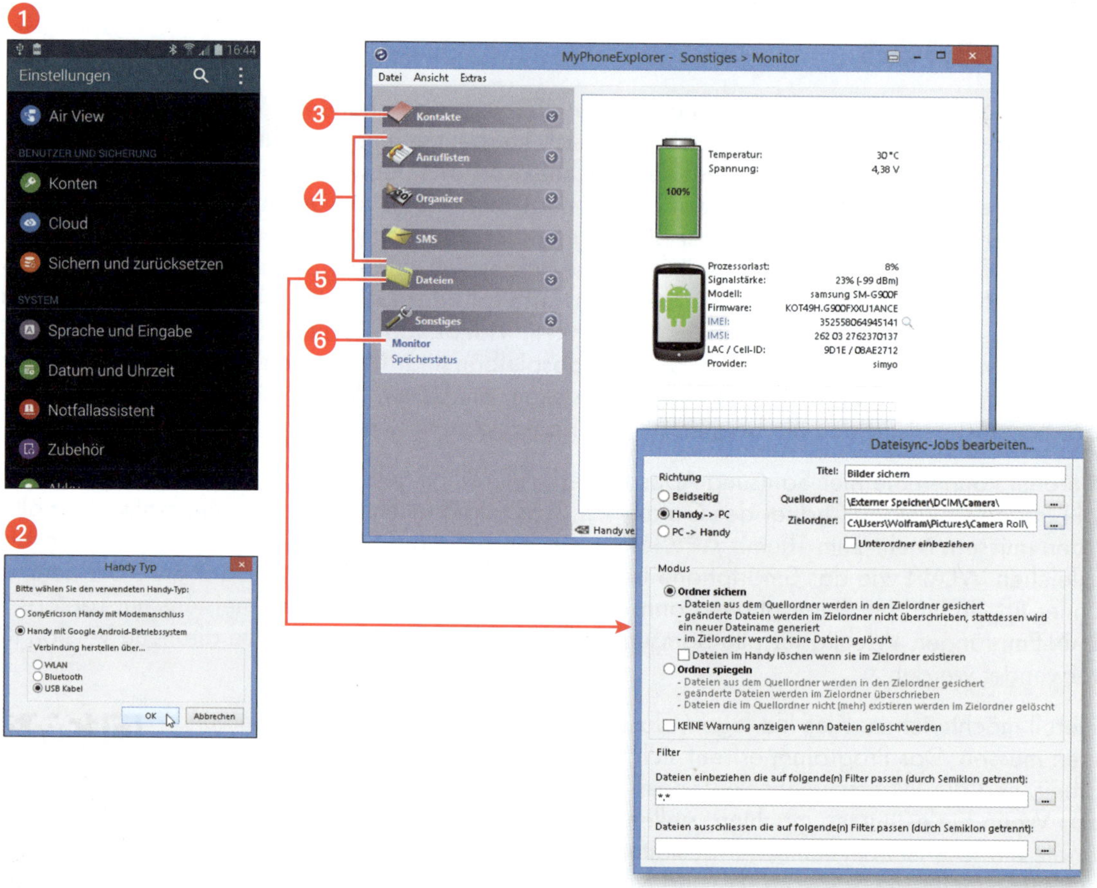

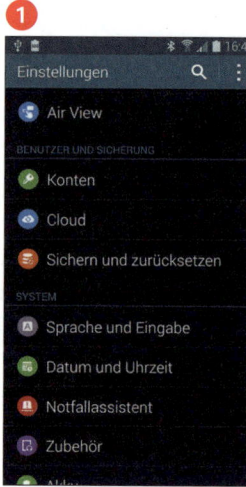

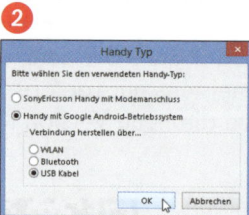

MyPhoneExplorer: Daten mit dem PC synchronisieren und sichern

Wenn Sie mit Samsungs Kies nicht glücklich werden, aber trotzdem gern ein PC-Programm zum regelmäßigen Synchronisieren und Sichern der Daten vom S5 verwenden möchten, sollten Sie **MyPhoneExplorer** ausprobieren. Es kann per USB, Bluetooth oder WLAN eine Verbindung zwischen PC und Smartphone herstellen und Kontakte, Termine, Anrufe und SMS bis hin zu beliebigen Dateien zwischen PC und S5 synchronisieren und bearbeiten. ·

❶ Um MyPhoneExplorer nutzen zu können, installieren Sie auf dem Windows-PC die Anwendung (siehe QR-Code). Auf dem S5 muss außerdem die kostenlose **MyPhoneExplorer**-App aus dem Play Store geladen werden (siehe Seite 161).

❷ Richten Sie dann am PC mit Datei → Verbinden eine neue Verbindung ein, wobei Sie zunächst Handy mit Google Android-Betriebssystem und dann die gewünschte Verbindungsart wählen.

❸ Beim ersten Kontakt synchronisiert das Programm direkt den Inhalt des Smartphones auf den PC, wo Sie beispielsweise Ihre Kontakte direkt sehen und bearbeiten können. Ebenso können Sie auch Kontakte bequem am PC erstellen und sie durch ein weiteres Synchronisieren auf das S5 übertragen.

❹ Hinter dem Punkt Organizer verbergen sich die Termine. Sie können direkt am Bildschirm angezeigt und bearbeitet werden. Anruflisten und SMS bieten Ihnen Zugriff auf die hierzu gespeicherten Daten Ihres S5.

❺ Dateien erlaubt den direkten Zugriff auf die gespeicherten Dateien. Besonders praktisch: Für regelmäßige Dateiabgleiche lassen sich Profile definieren, die diese Aufgabe vollautomatisch erledigen. Öffnen Sie dazu Datei → Einstellungen → Multi-Sync und klicken Sie unten rechts auf Anpassen. Das Profil in der Abbildung etwa sichert automatisch neue Bilder der S5-Kamera auf den PC.

❻ Unter Sonstiges können Sie die technischen Daten des S5 wie z. B. den Akkustand und den Speicherstatus überwachen.

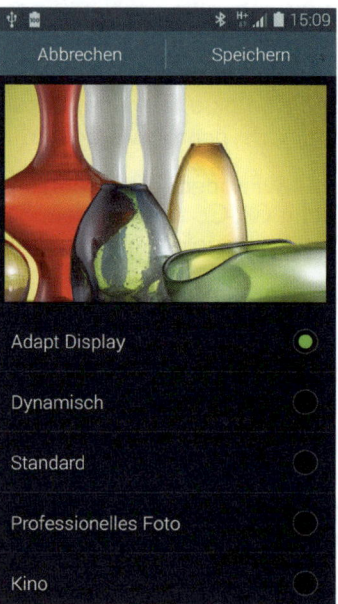

Kapitel 5 | Das S5 individuell einrichten

Für viele Nutzer ist es sehr wichtig, dass sie ihr Smartphone nach ihrem eigenen Geschmack einrichten können, und da das Galaxy S5 ja ein **Begleiter für alle Lebenslagen** sein möchte, können Sie Ihr Gerät unverwechselbar machen. Auf Seite 43 habe ich bereits erklärt, wie Sie den Hintergrund ändern, und auf Seite 41, wie Sie Apps und Widgets neu sortieren. In den Einstellungen finden Sie aber noch weitere Optionen, um die Optik, aber auch die Art der Bedienung Ihres Galaxy S5 ganz nach Ihrem Gusto zu perfektionieren.

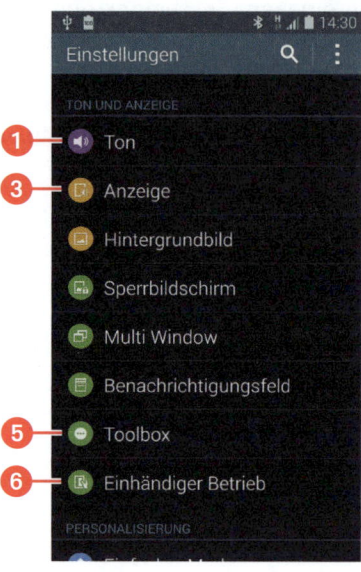

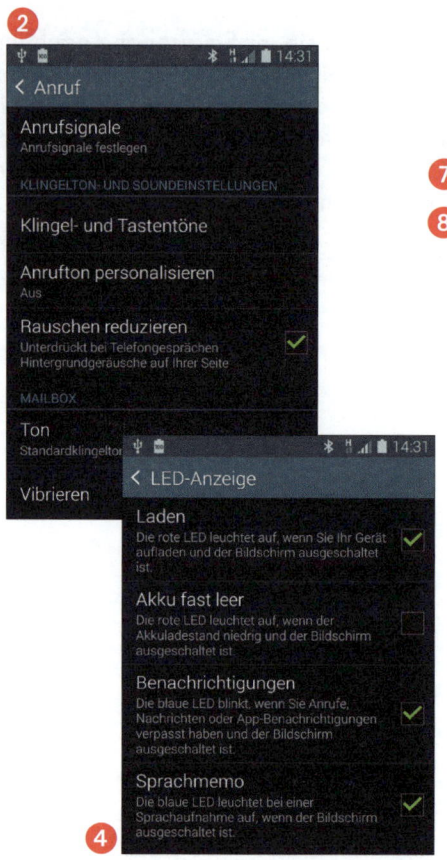

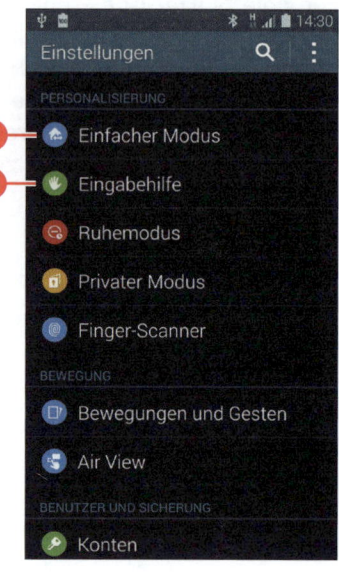

Mein Gerät: Die Einstellungsmöglichkeiten in der Übersicht

Die Möglichkeiten zum individuellen Anpassen Ihres S5 sind vielfältig und verteilen sich auf unterschiedliche Bereiche der Einstellungen. Ich möchte Sie hier auf einige besonders interessante Möglichkeiten zum Personalisieren von Aussehen und Verhalten aufmerksam machen. Unter Einstellungen → Ton und Anzeige finden Sie die ersten wichtigen Optionen:

❶ Ton: Für jede Situation stellen Sie hier den gewünschten Ton und und eventuell den Vibrationsalarm ein und erhalten dazu passende Lautstärkeoptionen (siehe auch Seite 117).

❷ Im Ton-Menü steht der Unterpunkt **Anrufeinstellungen** mit allen Optionen zum Thema Telefonieren, Mailbox und Klingeltöne zur Verfügung. Die meisten sind selbsterklärend, alle übrigen erläutere ich im Kommunikationskapitel ab Seite 179.

❸ Anzeige: Helligkeit, Lesbarkeit der Schrift, Bildschirmschoner und mehr (mehr dazu auf Seite 113).

❹ Auch im Anzeige-Menü gibt es einen besonders spannenden Unterpunkt: Bei **LED-Anzeige** legen Sie fest, wann und wie die kleine Lampe aufleuchtet, die Sie ab und zu am oberen linken Rand des Smartphones blinken sehen.

❺ Die **Toolbox** ist eine interessante neue Funktion, mit der Sie sich Symbole für oft genutzte Apps dauerhaft auf dem Bildschirm anzeigen lassen und diese so jederzeit mit zwei Fingertipps aufrufen können.

❻ Über **Einhändiger Betrieb** wird die Oberfläche automatisch so angepasst, dass Sie das S5 bequem mit einer Hand halten und bedienen können.

Weitere interessante Optionen finden Sie unter Einstellungen → Personalisierungen:

❼ Einfacher Modus: Wenn Sie trotz dieses Buchs das Galaxy S5 in den einfachen Modus, den ich auf Seite 141 erkläre, umschalten möchten, sind Sie hier richtig.

❽ Eingabehilfe: Eigentlich für Nutzer mit Seh- oder Hörbeeinträchtigung oder mit eingeschränkter Fingerfertigkeit, aber die eine oder andere Einstellung ist auch so sehr praktisch.

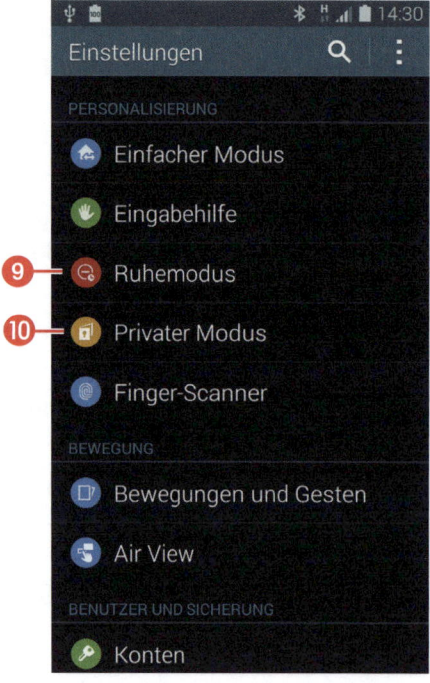

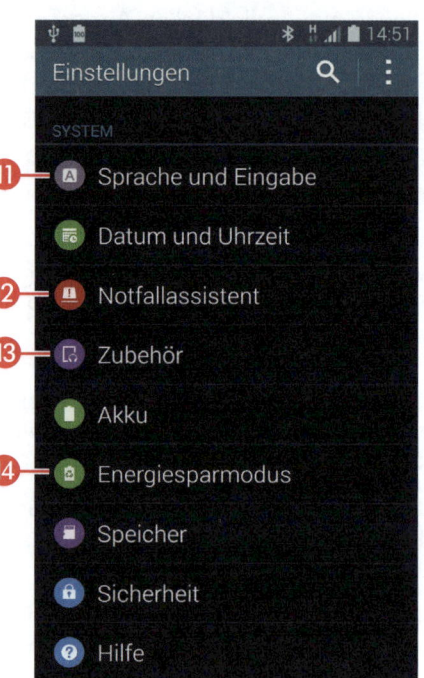

Mein Gerät – Fortsetzung

Schließlich finden sich unter Einstellungen → System auch noch diese Punkte:

❾ Ruhemodus: Hiermit können Sie bestimmte Funktionen zu bestimmten Zeiten nur für bestimmte Kontakte zulassen.

❿ Privater Modus: Diese Einstellung verschlüsselt Ihre persönlichen Inhalte, sodass sie nur durch zusätzliche Autorisierung zugänglich sind.

⓫ Sprache und Eingabe: Hier erhalten Sie Text- (Seite 51), Tastatur- (ab Seite 55) und Sprachbefehlseinstellungen (Seite 61).

⓬ Notfallassistent: Diese selbsterklärende Funktion sendet Fotos und vorgefertigte Nachrichten an Ihre eingetragenen Notfallkontakte.

⓭ Zubehör: Diese Optionen sind interessant, wenn Sie das Galaxy S5 zusammen mit einer Dockingstation, dem S View Cover oder einem HDMI-Kabel benutzen.

⓮ Energiesparmodus: Tippen Sie hier auf das Wort Energiesparmodus, um festzulegen, wo gespart werden soll, sowie für Informationen zu weiteren Stromsparmöglichkeiten.

Das Display säubern

Sie können zwar mit Wasser an das Galaxy S5 gehen (wenn alle Öffnungen ordnungsgemäß verschlossen sind), aber ein Tropfen Glasreiniger zusammen mit einem Brillenreinigungstuch ist zum Saubermachen die bessere Wahl. Meistens reicht es auch schon aus, nur das Tuch zu benutzen. Alternativ gibt es sogenannte **Reinigungspads**, die man auf dem Rücken des Geräts anbringt (so hat man sie immer dabei) und bei Bedarf einfach rückstandslos ablösen und zur Reinigung nutzen kann. Solche Pads sind beliebte Werbegeschenke, und notfalls bezieht man sie beim On- oder Offlinehändler seines Vertrauens.

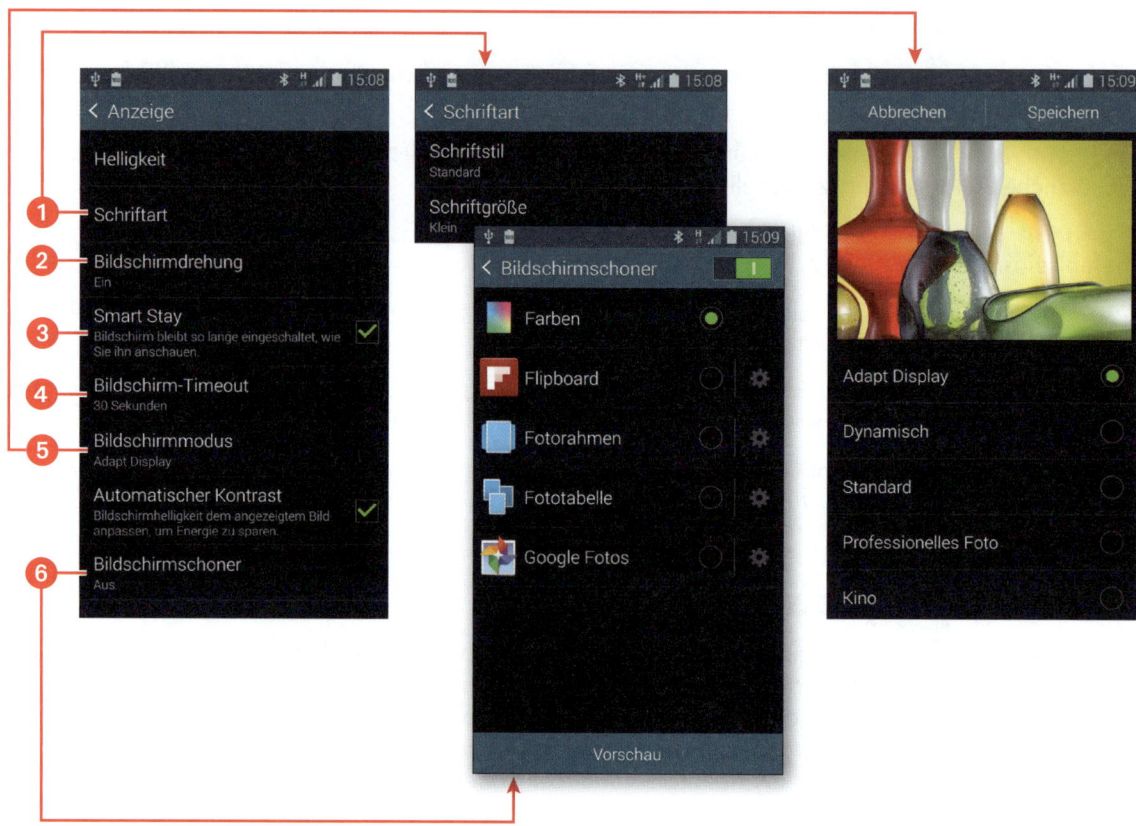

Bildschirm und Schrift individuell anpassen

Unter Einstellungen → Ton und Anzeige → Anzeige finden Sie Optionen, die unter anderem die allgemeine Lesbarkeit des Bildschirms erhöhen sollen. Viele habe ich bereits in anderen Zusammenhängen erklärt: Hintergrundbild (Seite 43), Benachrichtigungsfeld (Seite 65), Helligkeit (ebenfalls Seite 65) und Multi-Window (folgt auf der nächsten Seite). Andere Optionen sind wiederum selbsterklärend, und es gibt hier auch die eine oder andere Funktion, die sich nicht sofort erschließt, aber wichtig sein kann, um Ihr Smartphone optimal anzupassen:

❶ Schriftart: Wenn Sie eine der vier anderen verfügbaren Schriftarten auswählen, können Sie sicher sein, dass sich Ihr Galaxy S5 von den meisten unterscheiden wird. Die Anpassung der Schriftgröße ist besonders für sehbeeinträchtigte Nutzer toll, wirkt sich aber nicht auf alle Bereiche aus.

❷ Bildschirmdrehung: Ob sich der Bildschirm automatisch mit der Ausrichtung des Geräts drehen soll, können Sie schneller und bequemer über das entsprechende Symbol in der Symbolleiste steuern.

❸ Smart Stay: Wie der Bildschirm nicht ausgeht, solange Sie darauf schauen, lesen Sie auf Seite 63.

❹ Bildschirm-Timeout: Hier können Sie festlegen, wann das Galaxy S5 selbstständig nach der letzten Bedienungshandlung in den Ruhemodus gehen soll. Gerade wenn Sie YouTube-Videos schauen möchten, ist es sinnvoll, die Zeit hochzustellen. Einige Apps, wie zum Beispiel Play Books, setzen das Timeout aber auch von sich aus außer Kraft.

❺ Bildschirmmodus: Mit dieser Option können Sie einstellen, wie das Display Farben darstellt. Die Unterschiede sind allerdings minimal.

❻ Bildschirmschoner: Ähnlich wie am Rechner können Sie zwischen Bildschirmschonern wählen, die angezeigt werden, wenn sich das Telefon im Ruhezustand befindet – allerdings nur wenn das Gerät an ein Aufladedock angeschlossen ist.

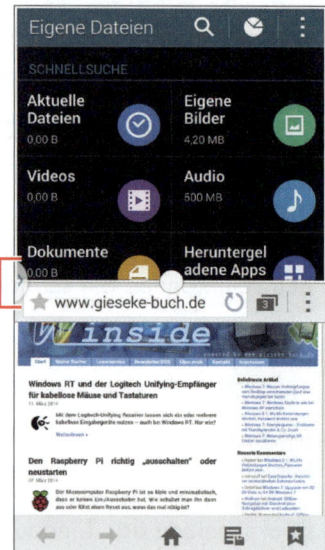

Multi-Window: zwei Apps nebeneinander nutzen

Es soll ja Menschen geben, die gleichzeitig ein Video schauen und dabei lesen. Andere schreiben E-Mails und wollen Texte aus anderen Anwendungen hineinkopieren. Für solche Situationen hat Samsung das Multi-Window entwickelt.

1 Sie aktivieren diesen Modus unter Einstellungen → Ton und Anzeige → Multi Window. Danach müssen Sie gegebenenfalls noch die Zurück-Taste gedrückt halten, damit die Multi-Window-Leiste ausklappt.

2 Sie können nun eine der hier verfügbaren Apps mit dem Finger antippen. Die zweite App, die Sie öffnen möchten, halten Sie gedrückt und ziehen sie entweder in den oberen oder den unteren Teil des Bildschirms.

3 Mit der Lasche, die an der linken Seite erscheint, wenn Multi-Window aktiviert ist, können Sie die Seitenleiste jederzeit öffnen. Sollte die Lasche Sie stören, kann sie mit Gedrückthalten und Schieben an einer anderen Stelle platziert werden. Oder Sie drücken erneut länger auf die Zurück-Taste, um sie auszublenden.

Kleiner Wermutstropfen bei dieser an sich guten Idee: Nur Anwendungen, die sich in der Leiste befinden, eignen sich für die Multi-Window-Funktion. Sie können hier zwar Apps entfernen, jedoch keine anderen hinzufügen. Es gibt aber auch einige beliebte Apps von Drittanbietern, die nach der Installation hier erscheinen. Suchen Sie einfach mal im Play Store nach **Multi-Window** für eine kleine Auswahl.

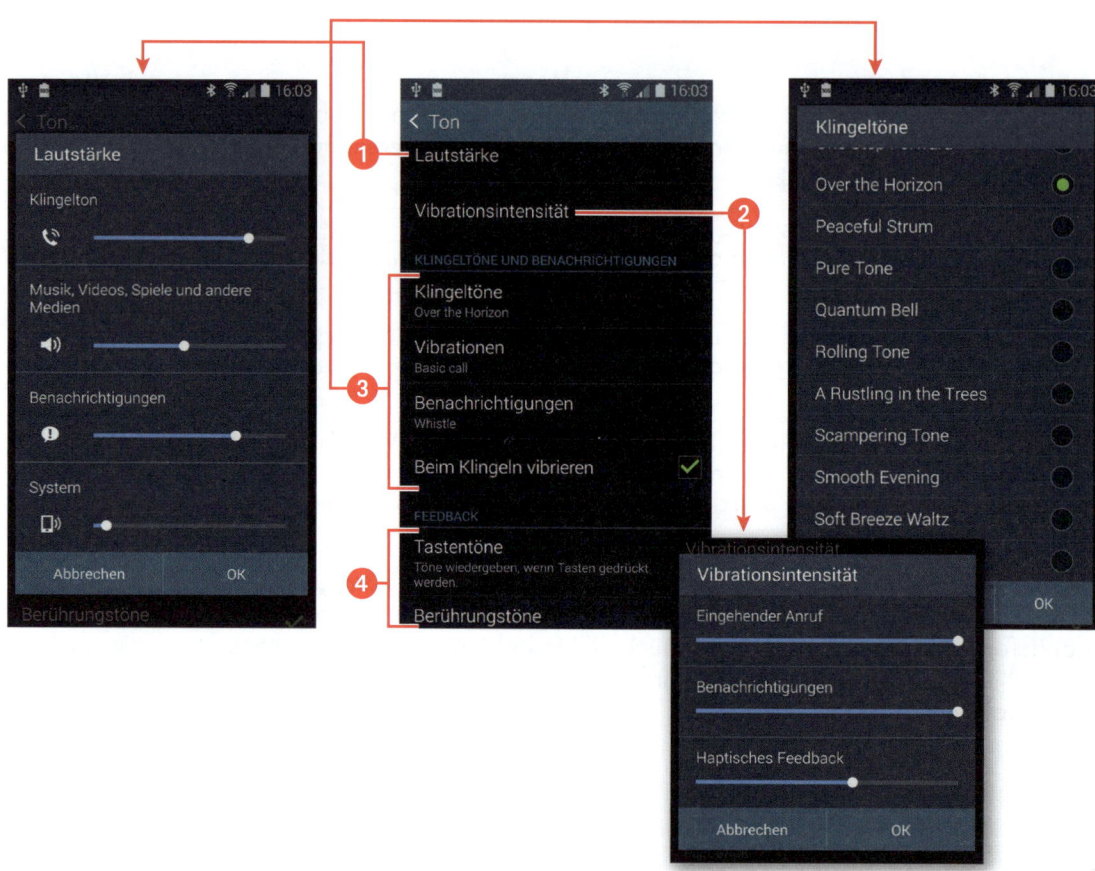

Wenn das Smartphone zweimal klingelt: Töne ein- und abstellen

Generell ist es natürlich eine tolle Sache, dass das Galaxy S5 Bescheid sagt, wenn man eine E-Mail oder Kurznachricht beziehungsweise einen Anruf bekommt, aber mal ganz ehrlich: Irgendwann nerven die voreingestellten Töne einen dann doch. Hinzu kommt noch das Geräusch, das ertönt, wenn eine neue Anwendung aufgerufen wird. Zum Glück können Sie das Klangbild ändern oder unerwünschte Töne einfach abstellen. Öffnen Sie hierfür Einstellungen → Mein Gerät → Ton.

❶ **Lautstärke:** Mit den Lautstärketasten an der Seite des Telefons verstellen Sie das Volumen von Musik, Videos, Spielen etc. In diesem Menü haben Sie zusätzlich noch die Möglichkeit, separat die Lautstärke von Klingeltönen (nur Anrufe, Weckerklingeltöne werden in der jeweiligen App eingestellt), Benachrichtigungen (neue Nachrichten, E-Mails etc.) und Systemtönen (das Geräusch beim Öffnen einer App oder zum Beispiel einer Option) anzupassen.

❷ **Vibrationsintensität:** Hier können Sie anpassen, wie stark das Galaxy S5 bei Anrufen oder Benachrichtigungen vibrieren soll. Bei Haptisches Feedback handelt es sich um die Reaktion, die Sie an der Rückseite des Geräts spüren, zum Beispiel wenn Sie Text eingeben. Generell empfehle ich es zu deaktivieren, da es viel Strom verbraucht.

❸ **Klingeltöne, Vibrationen, Benachrichtigungen:** Hier stellen Sie die Töne an oder ab, suchen sich aus den vorinstallierten Sounds einen neuen aus oder fügen einen hinzu. Wie das genau funktioniert, hängt von den installierten Apps ab, ist aber generell ganz einfach. Darüber hinaus können Sie zusätzlich zum individuellen Anrufton auch ein anderes Vibrationsmuster auswählen oder selbst eines gestalten. In diesem Fall muss auch die Option Beim Klingeln vibrieren aktiviert werden.

❹ **Tasten- und Berührungstöne:** Ich empfehle, hier alle Töne auszustellen, da diese viel Strom verbrauchen, und Sie sehen ja, ob auf Ihrem Smartphone etwas passiert.

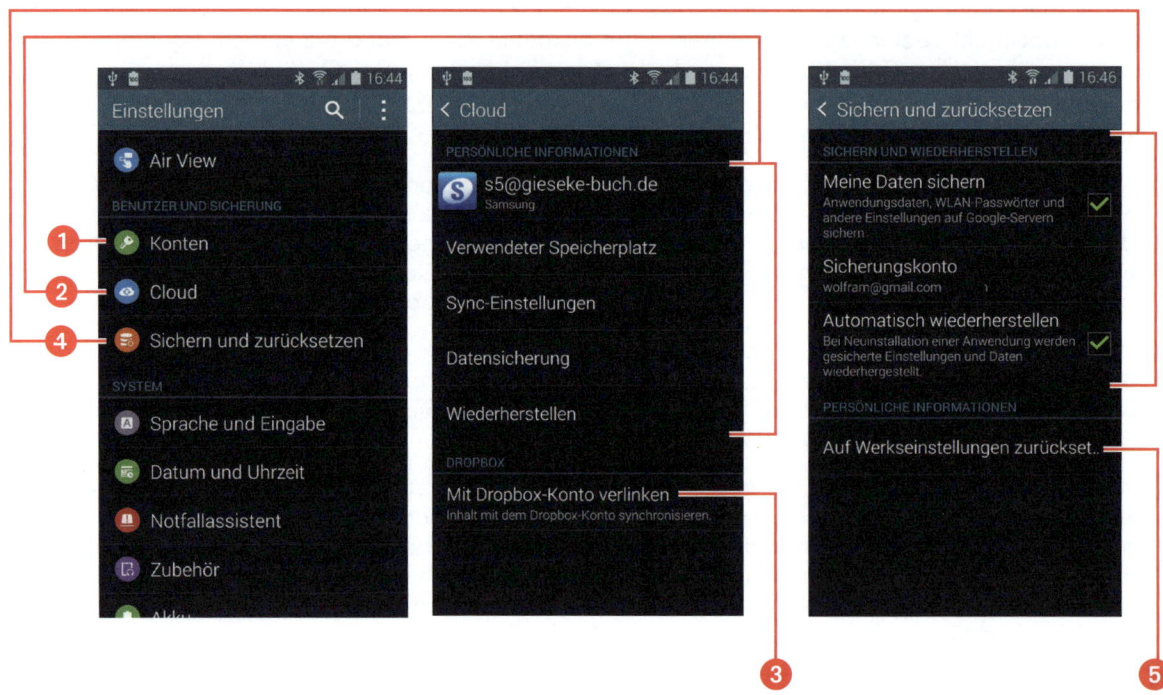

Daten sichern und das Gerät auf den Werkzustand zurücksetzen

Unter Einstellungen → Benutzer und Sicherung können Sie viele Ihrer Konten, die Sie für E-Mail, Kalender, Kontakte und Apps benötigen, verwalten, löschen oder neu anlegen ❶. Viel interessanter sind allerdings die Datensicherungsoptionen, die Sie unter Cloud und Sichern und zurücksetzen finden. Sie haben hier die Möglichkeit, verschiedene Daten zu sichern, und zwar mit:

❷ **Samsung:** Wenn Sie ein Samsung-Konto besitzen, haben Sie die Möglichkeit, Internetfavoriten sowie geöffnete Webseiten zu synchronisieren und natürlich Kalender-, Kontakt- und Memodaten, sofern Sie diese über Ihr Samsung-Account verwalten.

❸ **Dropbox:** Über das Samsung-Konto besteht dann ebenfalls die Möglichkeit, Bilder, Videos und Dokumente in der Dropbox abzuspeichern. Dafür ist ein Dropbox-Konto notwendig (siehe Seite 271).

❹ **Google:** Unter dem Menüpunkt Sichern und zurücksetzen finden Sie die Möglichkeit, weitere Daten bei Google zu sichern, sofern ein entsprechendes Konto vorhanden ist. Darunter sind WLAN-Passwörter, Browserlesezeichen, eine Liste aller installierten Apps aus dem Play Store und viele benutzerdefinierte Einstellungen. Wozu das alles? Damit Sie, wenn Sie sich ein neues Gerät anschaffen, weil das Galaxy S5 kaputt oder einfach irgendwann veraltet ist, nicht alles neu einstellen müssen. Bevor Sie das aktuell verwendete Gerät aber abgeben, ist es ganz wichtig …

❺ … es auf die **Werkseinstellungen zurückzusetzen**: Nur so können Sie sicher sein, dass alle Ihre Daten vom Gerät entfernt sind. Vorher müssen Sie diese natürlich sichern (siehe ❶ bis ❸). E-Mails, Kontakte und Termine liegen idealerweise auf den Servern des Anbieters (mehr dazu Seite 27). Die brauchen Sie dann nirgendwo abzuspeichern.

Wenn Sie nun ein neues Smartphone einrichten, können Sie es mit Ihrem Samsung-Konto (sofern das Gerät von Samsung ist) und dem Google-Account verbinden (sofern es ein Android-Gerät ist), und viele Ihrer Einstellungen und Daten sind bereits verfügbar. Lesen Sie dafür auch ab Seite 21 nach, wie die Einrichtung funktioniert. Apps und Widgets müssen Sie allerdings momentan noch alle neu installieren..

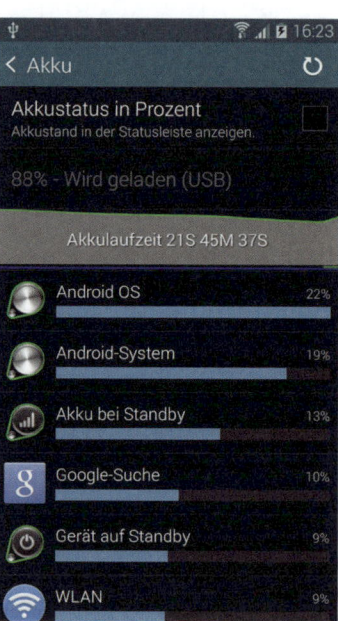

Kapitel 6 | Allgemeine Einstellungen und Sicherheit

Wenn Sie das volle Potenzial Ihres Smartphones ausschöpfen, befinden sich irgendwann auch diverse persönliche Daten von Ihnen darauf: E-Mails, Bezahldaten, Passwörter, Kontakte und mehr. In diesem Kapitel erfahren Sie, wie Sie diese Informationen richtig, aber auch individuell schützen.

Auch das Galaxy S5 ist vor Viren nicht sicher

Vorausgesetzt, Sie beherzigen meine Warnungen in diesem Buch, was Apps (ab Seite 177) und deren Bewertungen und Berechtigungen angeht, müsste Ihr Gerät bereits gut gegen Viren geschützt sein. Wenn Sie aber auf Nummer sicher gehen möchten, empfiehlt es sich, ein Virenprogramm zu installieren. Davon gibt es einige im Play Store, aber nicht alle sind empfehlenswert. Gute Erfahrungen habe ich mit **Kaspersky Internet Security** gemacht. Damit werden nicht nur Viren abgefangen, sondern Sie können auch Ihr Smartphone bei Verlust über die App suchen lassen sowie unerwünschte Anrufe und Nachrichten blockieren. Die App gibt es in einer kostenlosen Version, die bei Bedarf um Premium-Funktionen erweitert werden kann.

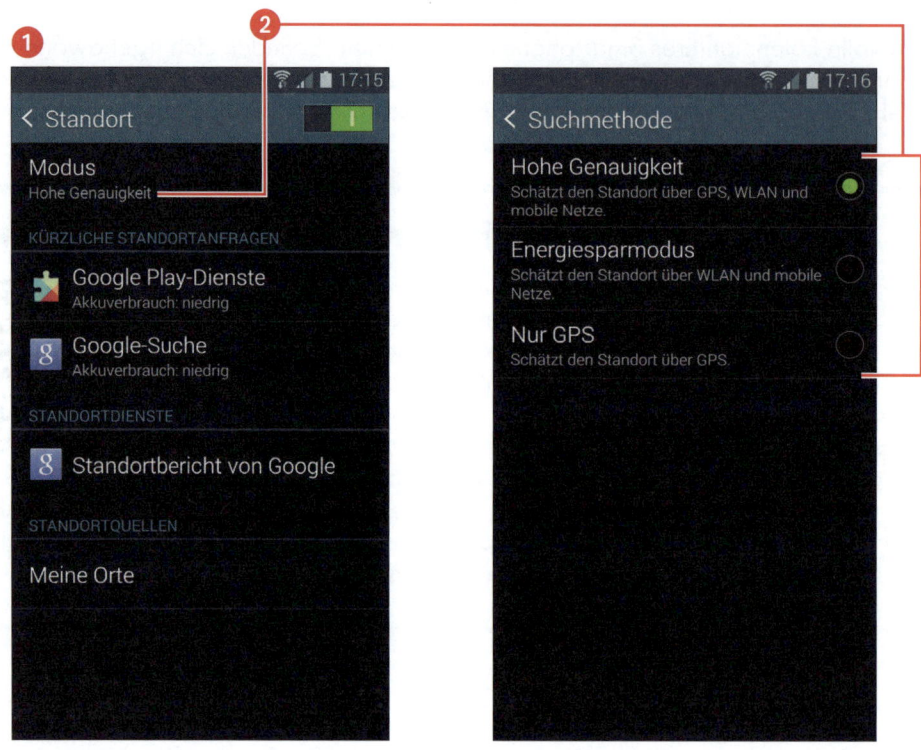

Standortdienste (GPS): Wer darf wissen, wo ich bin?

Wenn Sie Ihrem Galaxy S5 erlauben, Ihre Standortinformationen zu benutzen, gibt es diese an alle Apps weiter, die darum bitten. Die Optionen dafür finden Sie unter Einstellungen → Netzwerkverbindungen → Standort ❶. Sie können das leider nicht beschränken, denn jede App, die Sie installieren, bringt Berechtigungsanfragen mit, die Sie annehmen müssen, sofern Sie wollen, dass die App auch wirklich installiert wird. Wenn Sie in dieser Hinsicht Bedenken haben, empfehle ich die Deaktivierung der Standortdienste. Sie werden dann allerdings erstaunt sein, wie viel plötzlich nicht mehr möglich ist – zum Beispiel findet das Smartphone den nächsten Bäcker, die Apotheke oder McDonalds nicht mehr für Sie. Für Routenplaner ist der Standortdienst selbstredend unerlässlich, und Google Now (Seite 87) bietet dann ebenfalls kaum noch Hinweise an.

Zur Standortbestimmung gibt es verschiedene Möglichkeiten. Das präziseste Ergebnis bringt der eingebaute GPS-Sensor, zumindest wenn freie Sicht zum Himmel herrscht (mindestens durch ein Fenster). Allerdings benötigt diese Methode auch zusätzlich Strom. Im Energiesparmodus beschränkt sich das S5 deshalb auf WLAN- und Mobilfunkdaten, die nicht ganz so präzise sind, aber oft auch eine ungefähre Standortbestimmung ermöglichen. Welche Methode Sie bevorzugen, können Sie unter Modus einstellen ❷.

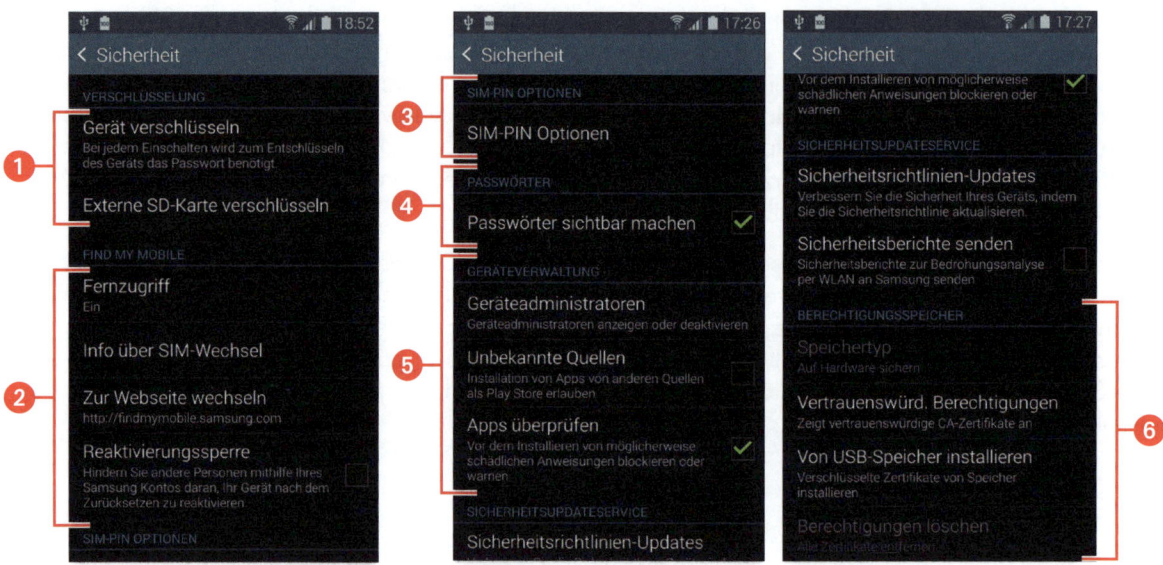

Sicherheit: allgemeiner Überblick

Unter Einstellungen → System → Sicherheit finden Sie einige Optionen, die Sie sich unbedingt anschauen sollten, um die Sicherheit Ihrer Daten zu garantieren:

❶ Verschlüsselung: Dies ist nicht das Gleiche wie der Sperrbildschirm (Seite 47). Hierbei werden Ihre Daten auf dem integrierten Speicherplatz des Galaxy S5 beziehungsweise separat auch auf der SD-Karte so verschlüsselt, dass man sie ohne das Passwort nur sehr schwer auslesen kann. Das ist noch etwas sicherer als der Sperrbildschirm, aber verlangsamt die Performance des Smartphones und verbraucht Strom. Und sollten Sie das Passwort selbst vergessen, sind Ihre Daten für immer weg.

❷ Find My Mobile: Diese Funktion sollten Sie unbedingt nutzen. Wenn Ihr Galaxy S5 verloren geht oder gestohlen wird, finden Sie es hierüber wieder. Mehr dazu auf der nächsten Seite.

❸ SIM-PIN-Optionen: Nutzen Sie besser den Sperrbildschirm als die SIM-PIN. Letzteres sperrt ja nur das Telefonieren und die Mobilfunkdaten. Sie können auch beides nutzen, aber dann müssen Sie die SIM-PIN bei jedem Neustart neu eingeben. Deaktivieren Sie sie über dieses Menü oder ändern Sie sie so, dass Sie sich die Nummer gut merken können.

❹ Passwörter sichtbar machen: Mit der Aktivierung dieser Option stellen Sie sicher, dass bei der Eingabe von Passwörtern immer das letzte eingegebene Zeichen angezeigt wird. Da man sich bei der digitalen Tastatur schnell vertippt, kann das ganz praktisch sein.

❺ Geräteverwaltung: Am wichtigsten ist hier die Option Unbekannte Quellen, da Sie diese aktivieren müssen, wenn Sie Apps aus anderen als den auf dem Galaxy S5 vorinstallierten App-Märkten installieren möchten. Dies erkläre ich auf Seite 173 ausführlich. Abgesehen davon lohnt es sich natürlich, auch Apps überprüfen zu aktivieren. Das ist jedoch kein Freifahrtschein für die Installation von Apps – mehr dazu, worauf Sie dabei achten sollten, lesen Sie auf Seite 177.

❻ Berechtigungsspeicher: Die wichtigsten Zertifikate sind bereits vorinstalliert. Die Wahrscheinlichkeit, dass Sie selbst mal eins installieren müssen, ist verschwindend gering.

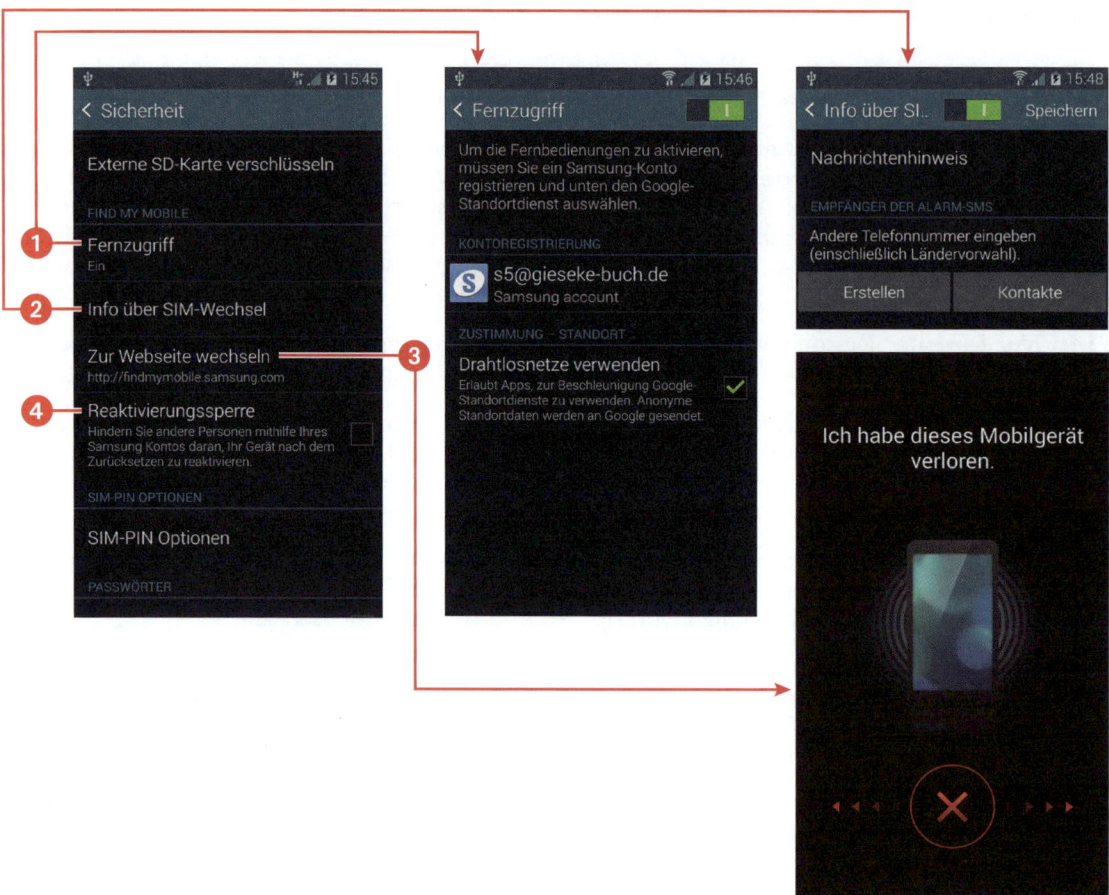

Bei Diebstahl und Verlust: Find My Mobile

Im Bereich Einstellungen → System → Sicherheit gibt es unter dem Punkt **Find My Mobile** drei ganz wichtige Optionen, die Sie sich unbedingt näher anschauen sollten.

❶ Die Option Fernzugriff ist wichtig, damit Sie ❸ benutzen können. Sie brauchen dafür ein Samsung-Konto und müssen bei den Standortdiensten zumindest Drahtlosnetzwerke aktiviert haben.

❷ Die Info über SIM-Wechsel wird an eine weitere Handynummer (zum Beispiel des Lebenspartners) geschickt, sobald jemand versucht, die SIM-Karte Ihres S5 auszutauschen.

❸ In dem Fall ist es dringend notwendig, dass Sie sich von einem anderen Gerät aus auf findmymobile.samsung.com mit Ihrem Samsung-Konto einloggen und entsprechende Maßnahmen ergreifen. Sie können auf dieser sehr gut erklärten und daher ganz leicht bedienbaren Webseite …

- … das Gerät **finden**. Dafür ist es wichtig, dass Sie ❶ eingestellt haben. Ihnen wird dann der Aufenthaltsort auf einer Karte angezeigt.
- Wenn das Gerät tatsächlich weg ist (also außer Reichweite), **sperren** Sie es sofort, sofern nicht bereits mit Bordmitteln geschehen (Seite 47). Sie können gleichzeitig einen individuellen Text eingeben sowie eine Nummer, die ein ehrlicher Finder von dem Gerät aus dann anrufen kann – trotz Sperre.
- Befindet sich das Gerät in Ihrer näheren Umgebung und Sie wissen nicht, wo, da es auf lautlos gestellt ist, nutzen Sie die **Anrufen-Funktion**. Es klingelt dann auch in der Lautlos- beziehungsweise Vibrationseinstellung.
- Wenn es abzusehen ist, dass sich das Telefon für eine Weile außerhalb Ihrer Reichweite befindet, können Sie **Weiterleitungen** von Anrufen und Nachrichten aktivieren.
- Im schlimmsten Fall besteht die Möglichkeit, **Daten** einzeln (SIM-Karte, Wechselspeicher, externes Speichermedium) oder komplett (Werkzustand) zu **löschen**.

❹ Ist die zusätzliche Option Reaktivierungssperre aktiv, kann das Gerät von niemand anderem reaktiviert werden. Sollten Sie diese Funktion nutzen wollen, müssen Sie sie unbedingt deaktivieren, bevor Sie das Gerät beispielsweise zur Reparatur einsenden.

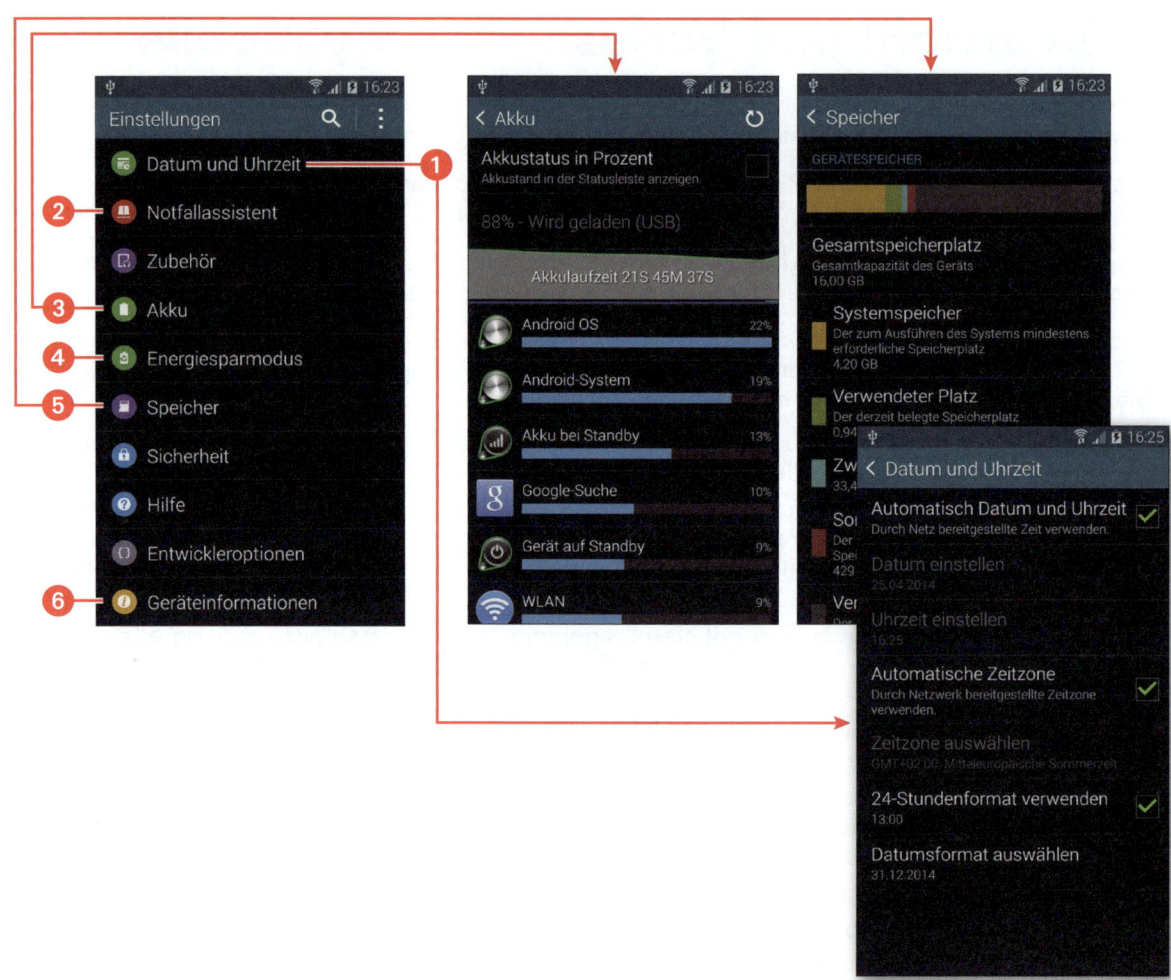

Systemmanager: wichtige Daten und Funktionen

Unter Einstellungen → System finden Sie ein paar weitere interessante Optionen, die in die anderen Bereiche nicht so recht hineingepasst haben. Einige der Einstellungen wurden schon an anderer Stelle erklärt, insbesondere der **Sicherheit** ❷ wurden bereits mehrere Seiten gewidmet (siehe ab Seite 121). Aber es finden sich hier noch weitere Funktionen, mit denen Sie Ihr Galaxy S5 ganz unter Ihre Kontrolle bringen können:

❶ **Datum und Uhrzeit:** Stellen Sie hier zum Beispiel eine andere Zeitzone oder ein anderes Stunden- und Datumsformat ein.

❷ **Notfallassistent:** Sollten Sie in eine gefährliche Situation geraten, kann das S5 zum Lebensretter werden. Es reduziert dann seinen Stromverbrauch weitestgehend, um möglichst lange zur Verfügung zu stehen. Gleichzeitig können vordefinierte Notfallkontakte benachrichtigt, Hilfeanrufe getätigt und Ihre aktuelle Position übermittelt werden.

❸ **Akku:** Hier können Sie einsehen, welche Apps wie viel Akkuleistung verbrauchen, und falls notwendig böse Stromfresser stoppen: die App antippen und dann das Stoppen erzwingen.

❹ **Energiesparmodus:** Das S5 verfügt über einen Energiesparmodus, den Sie hier konfigurieren können. Daneben gibt es noch den Ultra-Energiesparmodus, der auch vom Notfallassistenten (siehe oben) genutzt wird und wohl auch nur dann sinnvoll ist.

❺ **Speicher:** Hier können Sie feststellen, wie viel Platz noch auf dem internen Speicher des Smartphones und auf der SD-Karte (sofern eingesetzt) ist und wie sich der belegte Speicher verteilt.

❻ **Geräteinformationen:** Hier verstecken sich alle möglichen Zahlen, die zum Beispiel für Supportsituationen wichtig werden könnten, wie die Modellnummer oder die Kernel- und die Android-Version. Hinter Status finden Sie dann neben weiteren Informationen noch die IMEI, die IP-Adresse des Geräts, die WLAN-MAC-Adresse, die Bluetooth-Adresse und die Seriennummer.

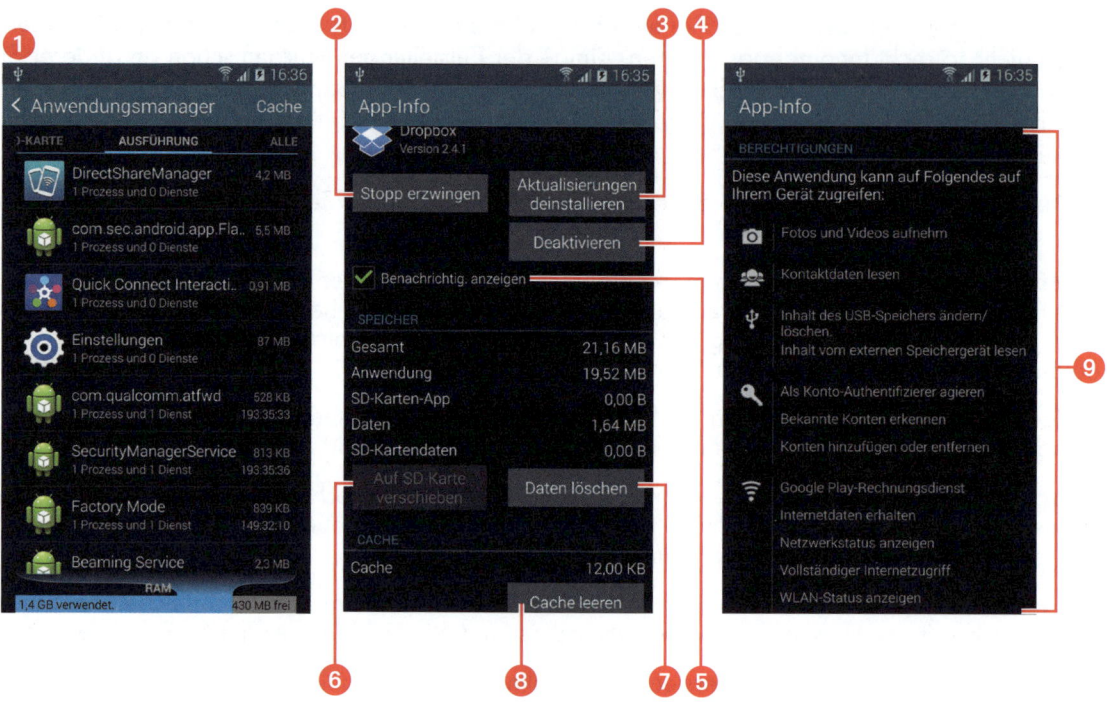

Apps mit dem Anwendungsmanager kontrollieren

Unter Einstellungen → Anwendungen → Anwendungsmanager ❶ finden Sie eine Übersicht aller Apps. Diese sind sortiert nach Installierte Apps (selbst installierte Anwendungen), SD-Karte (können auf die SD-Karte verschoben werden oder befinden sich bereits dort), Ausführung (alle Apps, die gerade laufen) und Alle (alle Apps). Wenn Sie eine App antippen, haben Sie folgende Möglichkeiten:

❷ Geöffnete Apps laufen im Hintergrund weiter, und das System entscheidet selbstständig, wann welche Anwendung geschlossen wird. Wenn eine App nun zum Beispiel gar nicht mehr reagiert, können Sie sie mit **Stopp erzwingen** beenden.

❸ Bei vorinstallierten Apps können Sie **Aktualisierungen deinstallieren**. Von Ihnen installierte Apps werden über dieses Feld deinstalliert.

❹ Vorinstallierte Anwendungen können Sie nicht deinstallieren, sondern nur deaktivieren. Diese Apps müssen Sie dann gegebenenfalls aus dem entsprechenden App-Markt neu laden.

❺ Wenn Sie möchten, dass die App Sie über Updates und Neuigkeiten informiert, lassen Sie hier den Haken stehen.

❻ Einige Apps kann man auf die **SD-Karte** verschieben, sofern sich eine im Gerät befindet (siehe Seite 19). Das spart Platz im Speicher des Smartphones und bietet die Möglichkeit, die App auch auf anderen Geräten zu nutzen.

❼ Wenn Sie **Daten löschen** antippen, werden alle Einstellungen, die Sie bei dieser App jemals vorgenommen haben, gelöscht. Sie wird sozusagen in den Zustand direkt nach der Installation zurückversetzt.

❽ Die **Leerung des Caches** löscht temporäre Daten, die Speicherplatz belegen und manchmal auch zu Performanceproblemen führen können. Diese Aktion können Sie immer bedenkenlos durchführen.

❾ Hier können Sie alle **Berechtigungen** der App einsehen, aber keine Änderungen vornehmen (mehr dazu auf Seite 169).

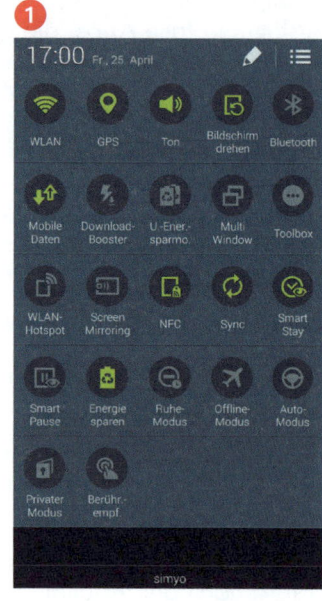

Energie sparen und die Akkulaufzeit optimieren

Das Galaxy S5 hat – wie praktisch alle aktuellen Smartphones – seine Achillesferse ganz klar beim Stromverbrauch. Bei intensiver Nutzung hat man Glück, wenn der Akku von morgens bis abends durchhält. Und selbst mäßige Nutzer müssen spätestens jeden zweiten Tag neuen Strom tanken. Energiesparfunktionen helfen etwas, aber mehr kann man durch geschicktes Verhalten selbst erreichen. Hier einige Tipps zum Stromsparen, von denen sich viele jederzeit per (erweiterter) Symbolleiste ❶ umsetzen lassen:

- Aktivieren Sie **WLAN** nur, wenn Sie es tatsächlich benötigen. In den WLAN-Einstellungen finden Sie einen Timer, der diese Funktion zu bestimmten Zeiten automatisch ein- und ausschalten kann ❷.

- Ein vorhandenes **GPS**-Modul wird automatisch nur aktiviert, wenn es tatsächlich von einer App benötigt wird. Allerdings setzen inzwischen viele Apps auf Standortdaten. Deshalb sollten Sie GPS ebenfalls – auch im Hinblick auf den Datenschutz – nur einschalten, wenn Sie es wirklich benötigen.

- **Bluetooth** braucht weniger Energie als WLAN und GPS. Wenn Sie es regelmäßig nutzen (z. B. für Headset oder Freisprecheinrichtung), kann es ruhig aktiviert bleiben. Ein wenig geht aber auch das zulasten des Akkus.

- Im Hintergrund laufende **Datendienste** erhöhen die Aktivität des Funkmodems und damit den Stromverbrauch. Das gilt für E-Mail-Abfragen, aber auch für Statusmeldungen von sozialen Netzwerken oder den beliebten Wetter-, Nachrichten- und Börsen-Widgets. Wer darauf verzichten kann, spart Strom.

- Für schmalbandige Datenübertragungen wie E-Mail oder Twitter reichen GSM-Übertragungen. Ihr Galaxy S5 bietet unter Einstellungen → Netzwerkverbindungen → Weitere Einstellungen → Mobile Netzwerke → Netzmodus die Möglichkeit, **Nur GSM** zu verwenden, was weniger Energie verbraucht ❸. Allerdings sollten Sie vor dem Surfen oder zum Videoschauen dann jeweils in den automatischen Modus wechseln.

- Bei schlechtem Empfang (WLAN oder GSM) regelt das S5 automatisch die Antennenleistung hoch, was den Verbrauch erhöht. Wenn Sie sich regelmäßig an Orten mit schlechtem oder keinem Empfang aufhalten, können Sie stattdessen den **Offline-Modus** wählen, der den Empfang ganz deaktiviert.

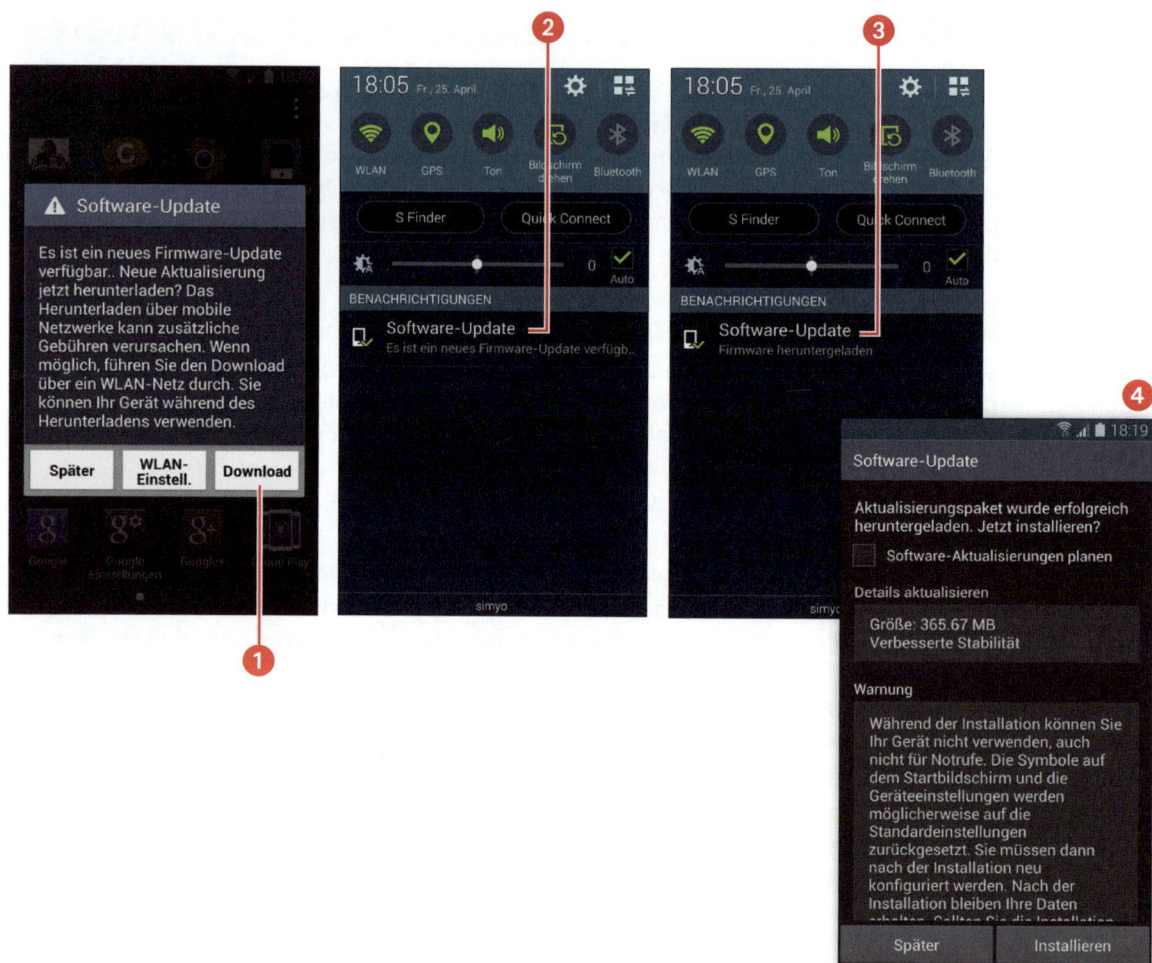

Neue Funktionen per Software-Update einspielen

Wenn eine neue Softwareversion des Betriebssystems zur Verfügung steht, erscheint ein Pop-up-Fenster mit dem Titel **Software-Update**. Sie können sofort ❶ mit dem Download der neuen Dateien starten (ist nur sinnvoll, wenn Sie sich in einem WLAN befinden) oder später ❷ über die Benachrichtigungsleiste (siehe Seite 65). Nach dem vollständigen Download starten Sie die Installation des Updates dann auch hier mit einem Tippen auf Firmware herunterladen ❸. Während der Installation können Sie das Smartphone allerdings nicht benutzen ❹. Zum Schluss werden Sie wahrscheinlich noch einmal den Samsung-Nutzungsbedingungen zustimmen müssen.

Überhaupt wird Ihnen das Zustimmen diverser Nutzungsbedingungen immer wieder begegnen. Die meisten Anbieter von Apps und Onlinediensten sichern sich auf diese Art und Weise ab. Wenn Sie sehr vorsichtig sind hinsichtlich Ihrer Privatsphäre, lohnt es sich durchaus, diese genau durchzulesen. Leider ist es nicht möglich, nur teilweise zuzustimmen. Es gilt fast immer: Ganz oder gar nicht! Wenn Sie nicht zustimmen, können Sie den entsprechenden Dienst oder die Software nicht nutzen.

Vorsichtsmaßnahmen bei Software-Updates

Ich habe bei mehreren Samsung-Geräten gute Erfahrungen mit Software-Updates gemacht. Sie klappten reibungslos, alle Daten und Einstellungen blieben unangetastet, und nach dem Update konnte ich sofort wie gewohnt weitermachen. Aber das muss nicht immer so sein, wie ich bei anderen Geräten auch schon erfahren musste. Da funktionierte nach einem Update plötzlich Bluetooth nicht mehr stabil, oder das Gerät musste nach dem Update zurückgesetzt werden, wodurch Einstellungen verloren gingen. Generell empfiehlt sich deshalb vor jedem Update eine Sicherung der wichtigen Daten (ab Seite 93). Man muss auch nicht jedes Update sofort mitmachen, sondern kann erst mal ein paar Tage abwarten und erste Rückmeldungen zum Update aus Blogs und Foren lesen, bevor man sich selbst ans Werk macht.

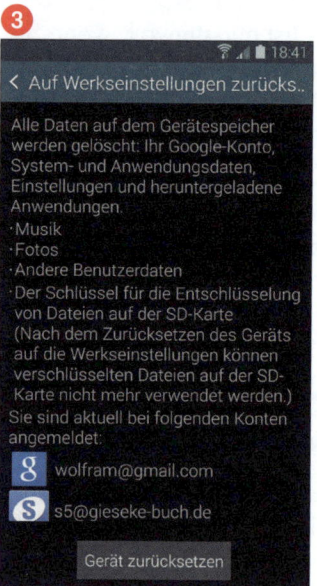

Schnelle Lösungen: Was tun bei Fehlfunktionen?

So fein das Galaxy S5 auch ist, die eine oder andere Fehlfunktion kann dennoch auftreten. Hier eine schnelle Anleitung für die gängigsten Probleme:

- **Eine App schließt sich nach dem Öffnen sofort wieder oder reagiert gar nicht mehr ❶:** Lesen Sie hierzu auf Seite 131 bei ❶ nach.

- **Das Telefon reagiert merkwürdig auf Standardbedienungen:** Halten Sie die Power-Taste gedrückt und wählen Sie Neustart aus ❷.

- **Das Telefon reagiert gar nicht mehr:** Nehmen Sie den Akku für wenigstens 60 Sekunden heraus und legen Sie ihn erneut ein. Starten Sie das Gerät dann neu.

- **Das Telefon scheint selbstständig von einer Anwendung zur nächsten zu navigieren:** Das kann durchaus passieren, da sich die Zurück-Taste (siehe Seite 37) unten rechts befindet und schon durch eine leichte Berührung ausgelöst wird. Auch hat man ganz schnell am Rand des Bildschirms eine Aktion durch »falsches« Halten des Geräts ausgelöst. Dabei handelt es sich aber eher um einen Designfehler als um einen Handhabungsfehler seitens des Nutzers.

- **Das Galaxy S5 reagiert zeitverzögert:** Das kann passieren, wenn Sie das Gerät viel benutzen. Versuchen Sie, alle Apps zu schließen. Eventuell hilft auch ein Neustart (siehe Seite 39). Irgendwann bleibt nur noch die Deinstallation von Apps, die Sie selten bis nie nutzen, beziehungsweise ganz zum Schluss das Zurücksetzen auf die Werkseinstellungen ❸ (siehe Seite 119).

Kapitel 7 | Die mitgelieferten Apps von Samsung

Das Besondere am Galaxy S5 liegt nicht nur in der **High-End-Hardware**, sondern auch in der Samsung-Bedienoberfläche **TouchWiz**, die Funktionen bietet, die man nur auf Samsung-Smartphones findet. Ich gehe in diesem Kapitel auf die wichtigsten Optionen ein und stelle zusätzlich noch Apps aus dem Hause Samsung vor. Allerdings bedeutet hier exklusiv nicht immer auch gut. Deshalb stelle ich bei Anwendungen, die meiner Meinung nach im praktischen Einsatz nicht überzeugen können, auch immer Alternativen vor. Die Samsung-Apps **Musik**, **Video** und **WatchON** erläutere ich näher im Entertainment-Kapitel ab Seite 233. Mehr über die Spracherkennungssoftware **S Voice** erfahren Sie auf Seite 61.

Samsung Link

Mit **Samsung Link** können Sie Medieninhalte zwischen Ihrem Galaxy S5 und Ihrem Rechner oder anderen Samsung-Geräten (Tablets, Fernsehern etc.) hin- und hertransportieren. Ich empfehle, den Dienst am Rechner nicht zu nutzen, da die Software relativ nutzerunfreundlich ist und in einigen Fällen schlicht nicht funktioniert. Medieninhalte können Sie auch auf anderen Wegen austauschen, zum Beispiel per **Dropbox** (Seite 271) oder schneller und einfacher per **USB** (siehe Seite 101). Sollten Sie weitere Samsung-Geräte verwenden, kann sich die Nutzung durchaus lohnen. So können Sie zum Beispiel Fotos vom Smartphone auf dem Fernseher ausgeben und vieles mehr. Hinter dem QR-Code geht es zur Samsung Link-Seite. Dort gibt es Anleitungen und Videos zum Thema.

Einfacher Modus für besonders unkomplizierte Bedienung

Zugegeben: Ihr Galaxy S5 lässt sich nicht immer ganz einfach bedienen. Dieses Buch soll Ihnen natürlich bei der Nutzung helfen, aber es gibt noch eine weitere Möglichkeit, die Dinge zu vereinfachen:

❶ Unter Einstellungen → Personalisierung → Einfacher Modus können Sie von Standardmodus auf Einfacher Modus wechseln. Hier stehen Ihnen nur noch drei Startbildschirme zur Verfügung, die Sie auch nur bedingt anpassen können, aber dafür wird alles etwas größer dargestellt (vor allem für Senioren sehr praktisch).

❷ Auf dem zentralen Bildschirm, den Sie über die Home-Taste ansteuern, werden Ihnen eine simple Uhr, das Datum sowie das Wetter angezeigt. Darunter finden Sie Verknüpfungen zu den sechs wichtigsten Programmen.

❸ Genauso wenig ändern wie den Bildschirm links davon können Sie diesen Bildschirm, in dem Sie lediglich Ihre neun wichtigsten Kontakte für schnelle Anrufe platzieren können (tippen Sie einfach auf ein Pluszeichen).

❹ Auf dem rechten Bildschirm können Sie elf weitere App-Verknüpfungen ablegen, indem Sie auch hier auf die Plustaste tippen. Weitere Möglichkeiten stehen Ihnen über die Menütaste oben rechts und dann Bearbeiten zur Verfügung. Entfernen Sie unerwünschte Verknüpfungen über das Minuszeichen und fügen Sie neue über ein Pluszeichen hinzu.

❺ Hinter Einfacher Modus finden Sie Verknüpfungen zu den am häufigsten genutzten Einstellungen. Dort können Sie auch wieder in den Standardmodus zurückwechseln.

Wenn Sie eine andere Optik als den Standardmodus bevorzugen, aber Ihnen der Einfache Modus nicht zusagt, lesen Sie auf Seite 283 über alternative Bedienoberflächen – sogenannte **Launcher**, mit denen Sie unter anderem das Aussehen des Startbildschirms noch detaillierter anpassen können.

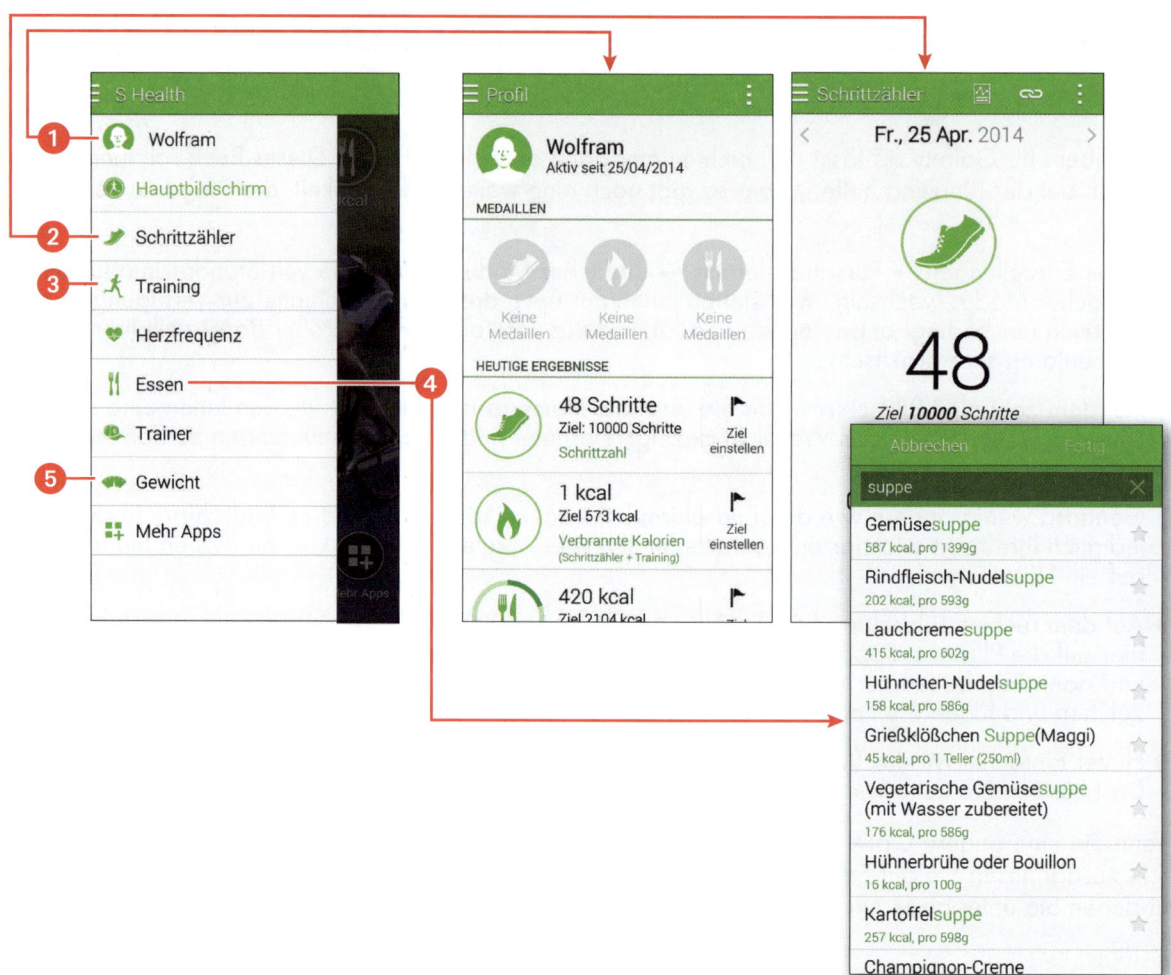

S Health: Gesundheit im Fokus

Mit der Samsung-App **S Health** wird das Galaxy S5 zum Fitness-Wachhund, der Ihnen dabei hilft, den Überblick über Ihre Gesundheit zu behalten. Zunächst muss die App eingerichtet und gegebenenfalls dabei auch aktualisiert werden (siehe Hinweisbox). Dann können Sie über das Symbol oben links jederzeit ein Menü mit allen Funktionen ausklappen:

❶ Ganz oben rufen Sie mit Ihrem Namen Ihren aktuellen, detaillierten Status ab. Hier ist genau zusammengefasst, wie viele Kalorien Sie verbraucht und wie viele Sie zu sich genommen haben.

❷ Haben Sie den **Schrittzähler** aktiviert, erfasst das Galaxy S5 anhand seines Bewegungssensors Ihre Schritte und zeigt Ihnen an, wie weit Sie seit dem Start der Funktion gelaufen sind und wie viele Kalorien Sie dadurch verbraucht haben. Das ist allerdings nur sinnvoll, wenn Sie das S5 in der Zeit immer bei sich tragen.

❸ Unter dem Menüpunkt **Training** können Sie Ziele festlegen und sich zum Erreichen motivieren oder mit Musik unterstützen lassen. Die Anwendung rechnet Ihnen aus, wie lange Sie welches Training machen müssen, um eine bestimmte Anzahl an Kalorien abzubauen.

❹ Mit dem Menüpunkt **Essen** können Sie zum Kalorienzähler werden, indem Sie eingeben, was Sie wann gegessen haben. Die App bringt dafür eine umfangreiche Speisedatenbank mit, oder Sie tragen das Gegessene manuell ein.

❺ Auch Ihr **Gewicht** können Sie regelmäßig eingeben und sich Statistiken dazu anzeigen lassen

S Health einrichten

Der Einstieg in S Health kann etwas mühsam sein. Zunächst müssen die App und der dazugehörige Dienst in der Regel erst mal aktualisiert werden. Dann geht es an das Einrichten und Füttern mit persönlichen Daten wie Geschlecht, Alter, Körpergröße und Gewicht. Wichtig: Wenn Sie das Profil für S Health erstellen, achten Sie auf die Option **Meine Profilinformationen für andere S Health-Benutzer ausblenden**!

1

2

Informationen

1. Der Herzfrequenzsensor ist auf der Geräterückseite.
2. Finger auf den Sensor legen.
3. Die Messung beginnt automatisch.
4. Versuchen Sie, das Gerät ruhig zu halten.

Nicht zum klinischen/medizin. Gebrauch

☐ Nicht erneut anzeigen

OK

3

≡ Herzfrequenz

Messung...
Bleiben Sie ruhig und leise.

4

≡ Herzfrequenz

Beendet

81 bpm

● Start

5

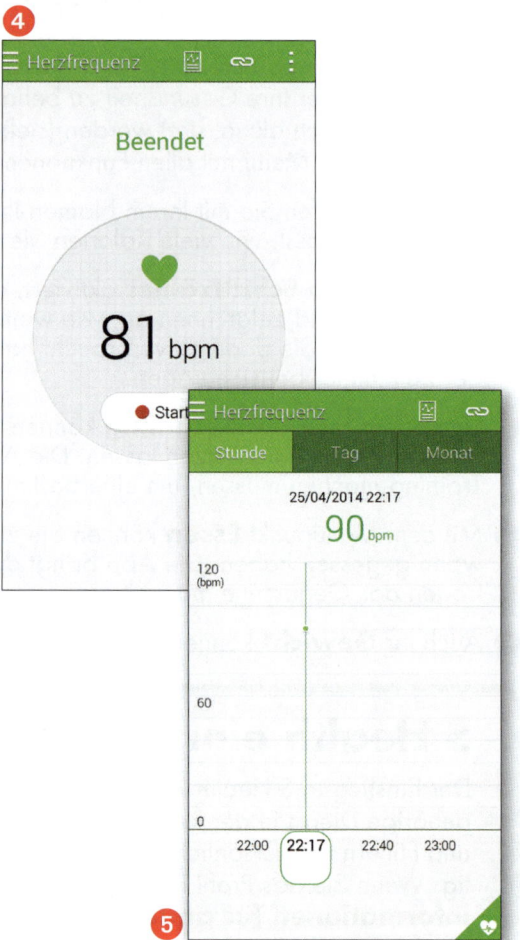

≡ Herzfrequenz

Stunde | Tag | Monat

25/04/2014 22:17
90 bpm

120 (bpm)

60

0

22:00 | 22:17 | 22:40 | 23:00

Mit dem Pulsmesser die Herzfrequenz messen

Bei der Vorstellung des Galaxy S5 hat Samsung den eingebauten Pulsmesser als eine der wichtigen neuen Funktionen besonders herausgestellt. Klar, bislang benötigte man dazu einen Brustgurt oder ähnliche zusätzliche Geräte. Da wäre es schon praktisch, wenn man das gleich mit dem Smartphone erledigen könnte, das man ohnehin dabeihat. Ganz so rosig ist die Wirklichkeit dann doch mal wieder nicht. Aber probieren Sie es einfach selbst mal aus, indem Sie in der App **S Health** (siehe vorhergehende Seite) auf der Startseite unten auf das Symbol für die Herzfrequenz tippen. Alternativ finden Sie diesen Eintrag auch im Hauptmenü der App.

❶ Daraufhin bekommen Sie erst mal eine kurze Einweisung, wie das Ganze funktioniert, aber ich erkläre es Ihnen gern mit eigenen Worten.

❷ Platzieren Sie die Kuppe des Zeigefingers auf der Rückseite des S5 auf der Mulde unterhalb der Kameralinse (Seite 33). Legen Sie den Finger dabei nur locker auf diese Mulde und üben Sie keinen Druck aus.

❸ Die Berührung wird automatisch erkannt, und die Messung beginnt. Wichtig: Das Gerät muss währenddessen ruhig gehalten werden, und auch Sie selbst müssen leise sein und sollten sich nicht bewegen.

❹ Nach wenigen Sekunden ist es auch schon vorbei, und Ihre Herzfrequenz wird auf dem Bildschirm angezeigt.

❺ Die App zeichnet jede Messung auf. Sollten Sie Ihre Herzfrequenz regelmäßig messen, können Sie in der unteren rechten Ecke des Ergebnisbildschirms eine grafische Darstellung des Verlaufs abrufen.

Die Pulsmessung funktioniert gut, solange die Rahmenbedingungen stimmen, das heißt, wenn das Gerät ruhig gehalten wird und auch die Umgebung leise und man selbst ruhig ist. Man kann damit also prima den Ruhepuls oder den Puls unmittelbar nach einer sportlichen Betätigung messen. Während des Sports ist der Sensor aber praktisch nicht zu gebrauchen. Interessierte Sportler sollten deshalb lieber beim Brustgurt bleiben. Immerhin lässt dieser sich direkt mit S Health kombinieren, wenn er den Funkstandard Ant+ unterstützt (in den Einstellungen der App unter Zubehör).

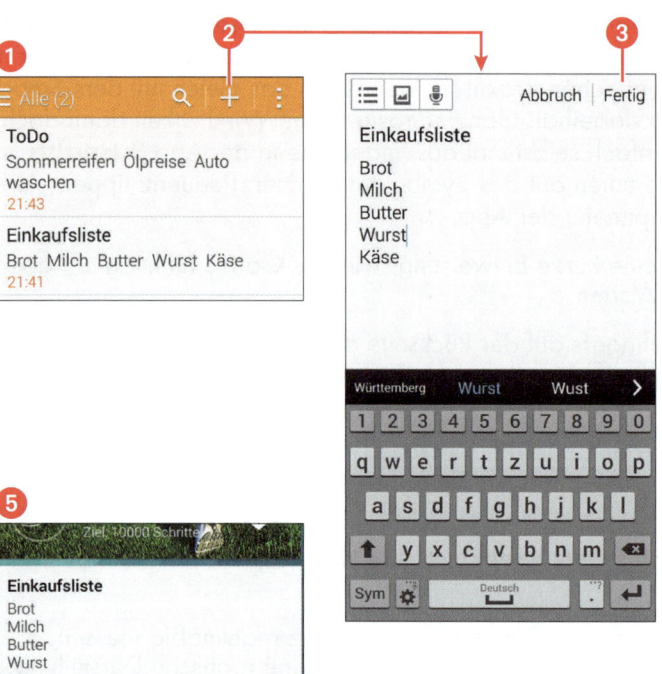

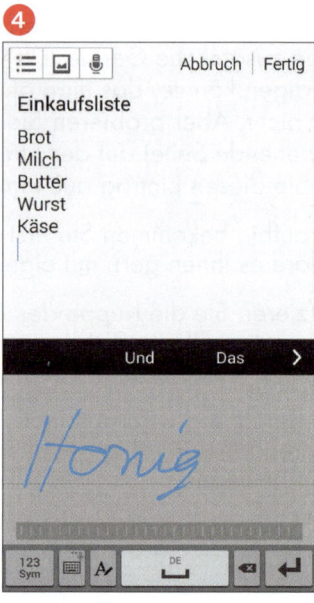

Memo: Schnelle Notizen

Kommt es vor, dass Sie unterwegs einfach mal etwas notieren möchten? Dann ist **Memo** wahrscheinlich genau das Richtige für Sie. Es handelt sich hierbei um eine Notiz-App, mit deren Hilfe Sie per Tastatur oder einfach mit dem Finger, alternativ mit einem Stift (siehe Seite 51) oder per Sprache (siehe Seite 61), kurze Nachrichten aufs virtuelle »Papier« bringen können. Zusätzlich gibt es Funktionen, mit denen Sie Bilder einfügen und das Ganze exportieren beziehungsweise teilen können (siehe Seite 203).

❶ Wenn Sie die App starten, gelangen Sie zur Übersicht der vorhandenen Memos.

❷ Mit dem Plussymbol oben rechts legen Sie ein neues Memo an. Dieses kann (optional) einen Titel bekommen. Neben einfachem Text können Sie mit dem Bildsymbol oben links Bilder einfügen. Das kann auch direkt per Kameraaufnahme erfolgen, was eine praktische Möglichkeit ist, unterwegs mal schnell einen Schnappschuss als Notiz zu speichern.

❸ Tippen Sie oben rechts auf Fertig, um die Notiz zu speichern.

❹ Echtes Notizbuch-Feeling kommt mit einem kleinen Stift und der Handschrifterkennung auf, da die handschriftlichen Notizen dann – wenn alles klappt – direkt in Klartext umgewandelt und in die Notiz eingefügt werden.

❺ Fertige Memos können Sie als Widget (Seite 163) auf den Startbildschirm legen. Wenn Sie es antippen, wird dieses Memo direkt im Editor geöffnet, sodass Sie beispielsweise eine Einkaufsliste auf diese Weise jederzeit schnell bearbeiten können.

Die Memo-App erfüllt ihre Aufgabe ganz ordentlich, wenn man keine allzu großen Ansprüche stellt. Es gibt im Play Store (siehe Seite 161) allerdings eine große Auswahl an Alternativen, die noch einiges mehr können. Zu den Klassikern gehört **Evernote**, das einen größeren Funktionsumfang bietet und sich nebenher auch noch ganz bequem mit anderen Mobilgeräten oder dem PC synchronisieren lässt.

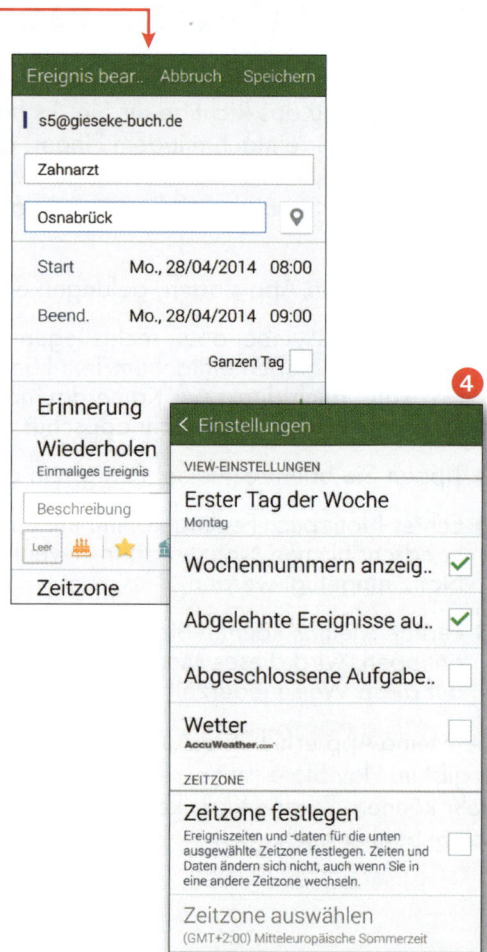

S Planner: Alternative zum Android Kalender

Das Galaxy S5 eignet sich perfekt dafür, die eigenen Termine – aber auch alle Familientermine – einzutragen und zu verwalten. Wenn Sie Google-Konten für den Kalender verwenden, können Sie die Termine sogar zwischen verschiedenen Geräten automatisch synchronisieren. Bei mir hängt beispielsweise ein Android-Tablet in der Küche, und wenn jemand dort einen Termin einträgt, erscheint er automatisch auch auf den Smartphones von mir und meiner Frau. Umgekehrt klappt es genauso. Also keine »doppelte Buchführung« oder Zettelwirtschaft mehr, und kein Termin wird mehr vergessen (meistens).

❶ Es gibt jeweils eine **Jahres**-, eine **Monats**-, eine **Wochen**- und eine **Tagesansicht**. Wenn Sie ganz oben links auf die entsprechende Bezeichnung tippen, wird ein Menü angezeigt, in dem Sie zu den anderen Varianten wechseln können. Leider sind alle diese Ansichten Samsung nicht besonders übersichtlich gelungen. Andere Apps machen das besser.

❷ Praxistauglicher ist die **Agenda**, die Sie ganz unten bei den Ansichten finden. Hier werden Ihnen einfach alle anstehenden Termine hintereinander angezeigt.

❸ Wenn Sie oben rechts auf das Pluszeichen tippen, können Sie einen **neuen Termin** anlegen. Achten Sie als Erstes oben darauf, dass dieser im richtigen Kalender landet. Anschließend können Sie das Datum etc. angeben. Welche Daten Sie eintragen können, hängt von dem Anbieter des Kalenders ab. Oft können Sie zum Beispiel Orte eingeben und dann den Termin mit teilnehmenden Gästen teilen. Diese wissen in dem Fall direkt, wo sie hinmüssen. Auch gibt es die Möglichkeit, mehrere Erinnerungen einzutragen, beispielsweise bei einem Geburtstag – das erste Mal eine Woche vorher, damit genug Zeit bleibt, ein Geschenk zu kaufen, das zweite Mal am eigentlichen Tag.

❹ In den **Einstellungen** (über die Menütaste) können Sie unter anderem noch festlegen, wie eine Erinnerung klingen und aussehen soll.

Im Google Play Store finden Sie natürlich jede Menge weiterer **Kalender-Apps**, die alle ähnlich arbeiten, teilweise aber Vorteile bieten. Ich persönlich nutze gern die App **Business Calendar**, die – auch in der kostenlosen Version – sehr flexibel konfigurierbar ist, sodass sich damit eine übersichtliche Anzeige auch von mehreren Kalendern und vielen Terminen erreichen lässt.

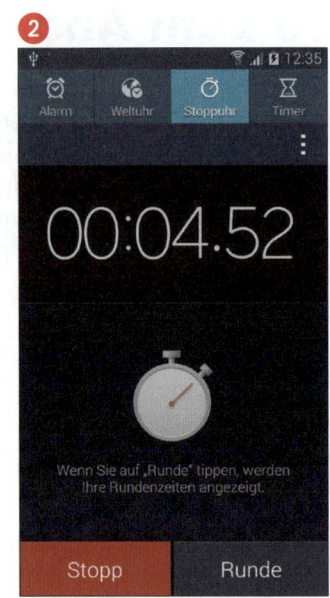

Uhr: Wecker, Eieruhr oder Countdown-Zähler

Die App **Uhr** übersieht man in der Übersicht leicht, dabei verbergen sich dahinter tolle Funktionen. Die Alarme funktionieren übrigens auch, wenn das Galaxy S5 auf lautlos gestellt wurde:

❶ **Timer:** Wählen Sie eine Zeitdauer aus und lassen Sie wie bei einem Countdown rückwärts lassen – perfekt für Eierkochen und ähnliche Aufgaben

❷ **Stoppuhr:** Einfach schnell eine Zeitdauer messen – und das ist nicht nur für Luftanhalten-Wettbewerbe und Sprintrunden geeignet.

❸ **Weltuhr:** Hier können Sie beliebig viele Orte einstellen, deren Ortszeit Sie im Auge behalten möchten. In den Widgets gibt es außerdem die **Dual-Uhr**, mit der Sie sich zwei verschiedene Ortszeiten direkt auf dem Startbildschirm anzeigen lassen können.

❹ **Alarm:** Mit dieser Funktion können Sie sich jeden Tag wecken oder an regelmäßige Ereignisse erinnern lassen. Die Wecktermine sind alle individuell einstellbar, ebenso die Töne (vorinstallierte Musik oder Geräusche sowie eigene Sounds), die Lautstärke, die Erinnerungsfunktion und mehr.

Einfach mal ausprobieren: **Intelligenter Alarm** (in den Eigenschaften eines Alarms ganz unten) soll Sie besonders sanft wecken, indem der Alarmton schon kurz vor dem eigentlichen Zeitpunkt beginnt. Zunächst ist er aber praktisch nicht hörbar und wird ganz langsam zur vollen Lautstärke gesteigert.

Mit anderen spielen und Musik hören per Group Play

Bei **Group Play** handelt es sich um eine weitere Samsung-App, die zwar von der Idee her gut, in der Praxis aber nicht wirklich attraktiv ist. Wenn Sie mehr als zwei Samsung-Smartphones darüber verbinden, können Sie Musikstücke aus allen Geräten für einen besseren Klang wiedergeben. Zudem können Sie mit Freunden spielen, die ebenfalls Group Play haben.

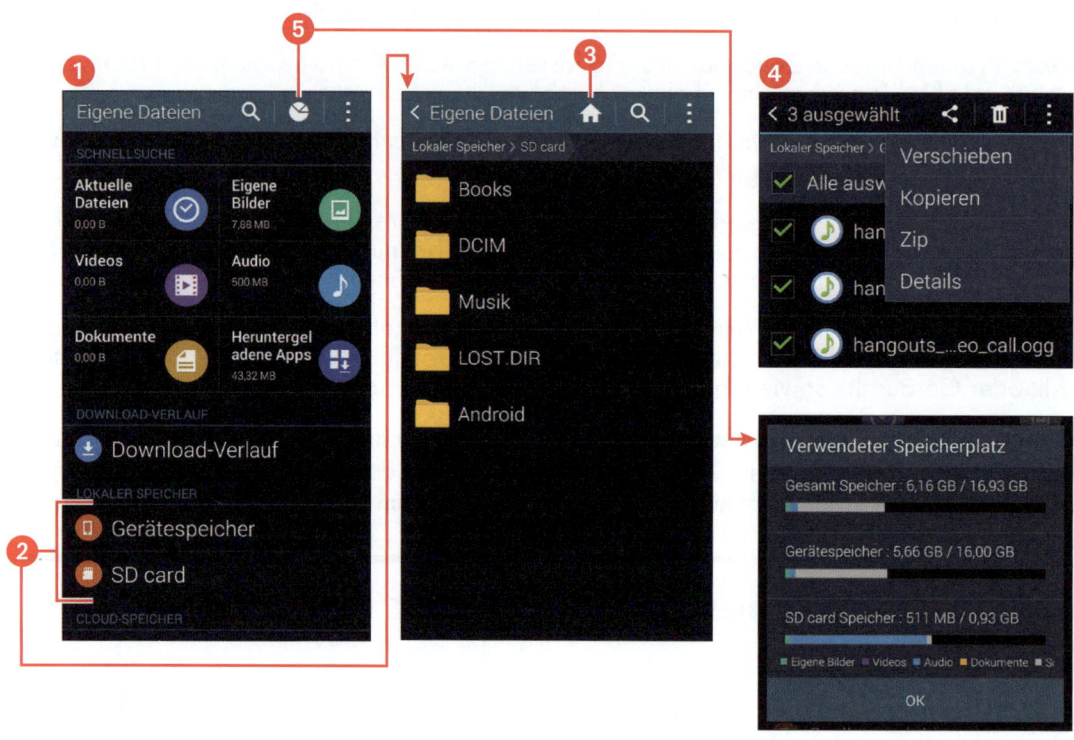

Eigene Dateien: Bilder, Musik, Dokumente organisieren

Die vorinstallierte App **Eigene Dateien** stellt eine gute Möglichkeit dar, auf die Anwendungsdateien auf Ihrem Galaxy S5 zuzugreifen. Noch einfacher geht das nur, wenn Sie das Smartphone per USB an den Rechner anschließen (siehe Seite 101).

❶ Wenn Sie die App öffnen, gelangen Sie zur Startseite mit den »offiziellen« Ordnern:

- **Aktuelle Dateien** sind die Dateien, die zuletzt erstellt oder bearbeitet wurden
- **Eigene Bilder** mit allen Fotos und Bildern
- **Videos** für heruntergeladene Filme
- **Audio** für Musik und Sprachaufnahmen
- **Dokumente** für Textdateien, PDFs usw.
- **Heruntergeladene Apps** für Downloads aus dem Play Store

Wenn Sie die Menütaste antippen, können Sie weitere Verknüpfungen zu Ordnern Ihrer Wahl anlegen, die auf der Startseite dann unter Schnellzugriffe angezeigt werden.

❷ Direkten Zugriff auf das Dateisystem erhalten Sie, wenn Sie unter Lokaler Speicher den (internen) Gerätespeicher oder die SD-Karte auswählen. Eine Übersicht über Ihre Inhalte bekommen Sie, wenn Sie auf Alle Dateien tippen.

❸ Oben rechts gelangen Sie über ⌂ immer zur Startseite zurück. Direkt darunter wird der Pfad angezeigt, in dem Sie sich aktuell befinden. Hier können Sie mit spitzem Finger eines der übergeordneten Verzeichnisse antippen, um direkt dorthin zu gelangen. Mit der Zurück-Taste kommen Sie außerdem jeweils einen Schritt zurück in den übergeordneten Ordner.

❹ Wenn Sie eine **Datei verschieben, versenden, löschen, kopieren** oder **umbenennen** möchten, halten Sie sie einfach gedrückt, bis das Pop-up-Fenster erscheint.

❺ Mit dem Tortengrafiksymbol auf der Startseite können Sie sich jederzeit den Überblick über die momentane Speicherbelegung sowohl im Gerät als auch auf der SD-Karte verschaffen.

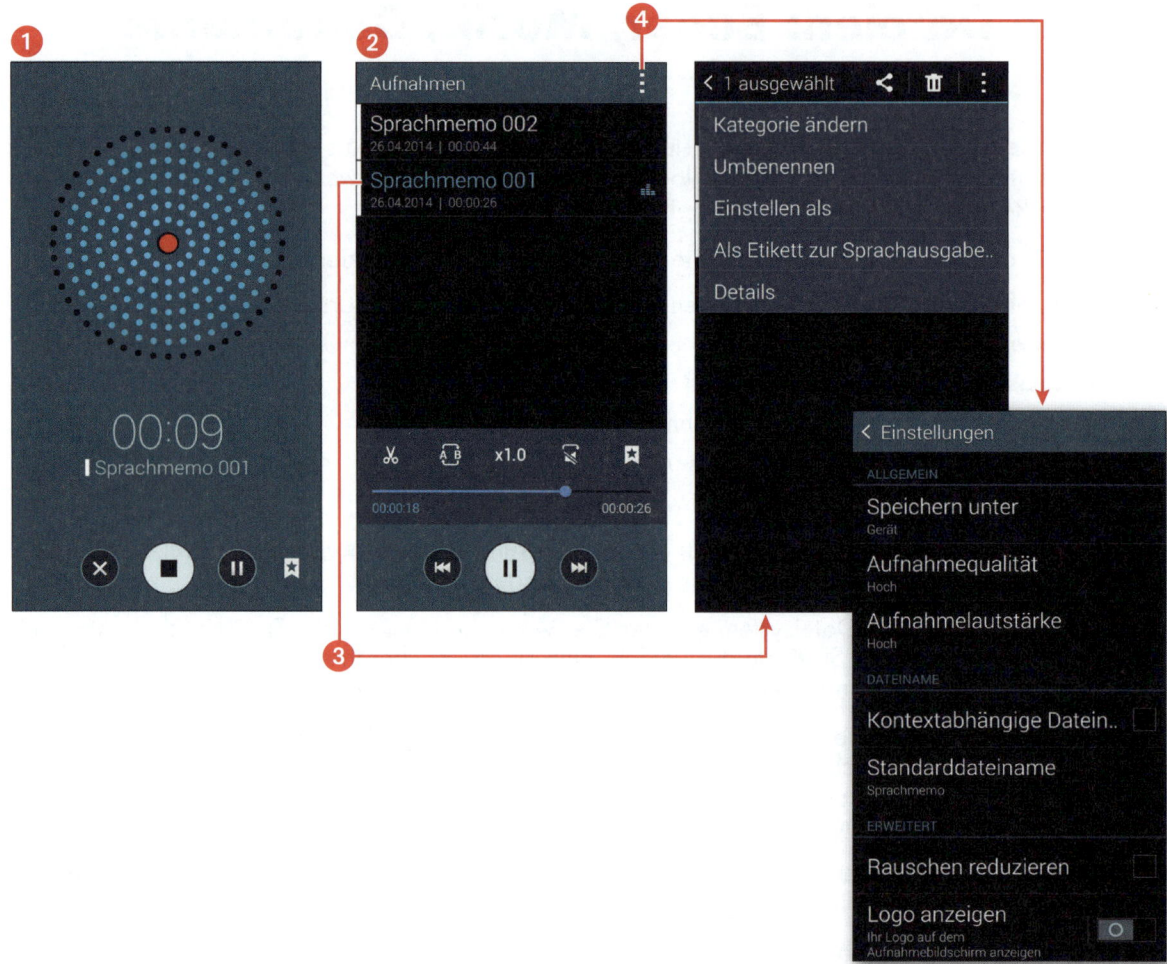

Diktiergerät: für Sprachnotizen, Interviews und mehr

In den Tiefen Ihres Galaxy S5 verbirgt sich auch eine Diktierfunktion. Die App mit dem Namen **Diktiergerät** erlaubt Ihnen, Interviews, kurze persönliche Nachrichten und Ähnliches mit dem Mikrofon des S5 aufzunehmen.

❶ Die App startet immer im Aufnahmemodus. Hier können Sie schnell eine Aufnahme machen, indem Sie in der Mitte unten auf den roten Punkt tippen. Während eine Aufnahme läuft, können Sie die Aufnahme links mit dem Kreuz ohne Speichern beenden, sie mit dem Symbol in der Mitte pausieren lassen und mit dem rechts beenden und speichern.

❷ Nach einer Aufnahme oder mit dem Symbol unten links auf der Startseite gelangen Sie zur Übersicht der aufgenommenen Sprachmemos. Diese können Sie per Antippen abspielen, außerdem vor- und zurückspulen sowie jeweils 60 Sekunden vor- oder zurückspringen. Über die Schere können Sie die Aufnahme sogar kürzen.

❸ Halten Sie eine Aufnahme gedrückt, um sie zu verschicken, zu löschen, als **Klingelton** einzustellen oder unter Details die Dateigröße und mehr zu erfahren.

❹ Die Einstellungen finden Sie wie meistens hinter dem Menüsymbol oben rechts. Sie können hier Qualität, Speicherort, Dateinamen etc. ändern. Ebenso können festlegen, ob die **Aufnahmequalität** hoch, normal oder begrenzt sein soll. Das kann von Vorteil sein, wenn zum Beispiel bereits viel Speicherplatz belegt ist. Dafür müssen Sie nur auf das Mikrofonsymbol oben rechts tippen.

Das Galaxy S5 eignet sich mit seinem guten Mikrofon durchaus als praktisches »Immer-dabei-Diktafon«, und diese App bietet eine zuverlässige Basis dafür. Wenn Sie Ihr S5 für diesen Zweck regelmäßig oder sogar beruflich einsetzen wollen, sollten Sie aber mal einen Blick in den **Google Play Store** werfen. Hier finden Sie noch leistungsfähigere Diktier-Apps, die weitere Speicherformate beherrschen, das Schneiden und Verwalten der Aufnahmen erleichtern oder andere Zusatzfunktionen bieten.

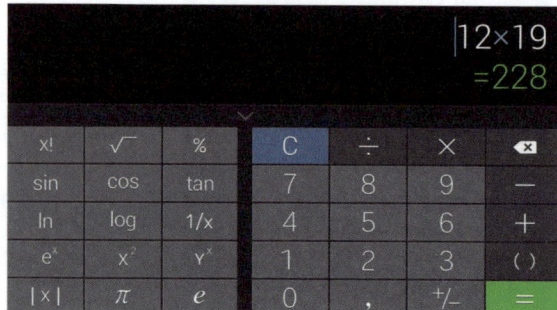

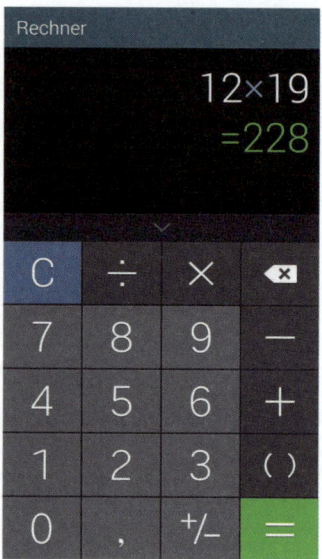

Taschenrechner inklusive

Einen Taschenrechner kann man immer mal gut gebrauchen, egal wie gut man im Kopfrechnen ist. Klar bringt auch das S5 ein solches Helferlein unter dem Namen **Rechner** mit. Und diese App kann mehr, als man ihr auf den ersten Blick zutraut. Es ist nämlich eine App, die den Rotationseffekt des Bildschirms mal richtig geschickt ausnutzt:

- Im Hochformat handelt es sich um einen Taschenrechner mit den wichtigsten Grundfunktionen. Nichts Besonderes, aber praktisch, und ich habe ihn bislang bei keinem Rechenfehler erwischt.
- Kippen Sie das S5 ins Querformat, wird es richtig interessant. Dann erweitert sich die App ganz automatisch um einige fortgeschrittene Rechenfunktionen wie Wurzel, Potenz, Logarithmus usw. Die aktuelle Rechnung bleibt dabei erhalten und kann mit den erweiterten Funktionen fortgesetzt werden. So können Sie jederzeit in den Rechenmodus wechseln, den Sie benötigen.

Wenn Ihnen selbst die erweiterten Funktionen noch nicht reichen: Im Play Store finden Sie weitere Taschenrechner-Apps, die teilweise noch mehr Rechenoperationen beherrschen und für Hobby-mathematiker interessante Zusatzfunktionen bieten.

1

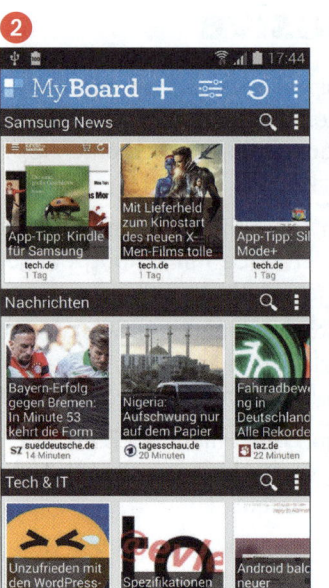

2

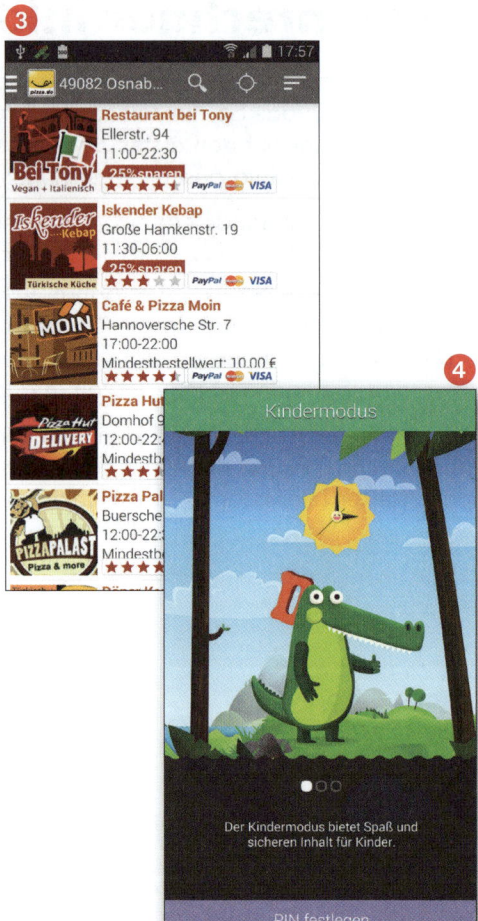

3

4

Weitere Apps: Flipboard, Kindermodus & Co.

Das Galaxy S5 bringt ab Werk schon eine ganze Reihe von Apps mit. Die nützlicheren davon habe ich in diesem Kapitel oder auch an anderer Stelle in diesem Buch vorgestellt. Es gibt noch einige weitere, die nicht »schlecht« sind, aber vielleicht nicht unbedingt für jeden von Nutzen. Diese möchte ich hier zumindest kurz vorstellen, damit Sie wissen, wo sich ein gründlicheres Hineinschnuppern lohnt.

❶ Flipboard: Mit dieser News-App können Sie sich aus einer großen Zahl von Onlinemagazinen und Nachrichtenquellen Ihr persönliches Nachrichtenmagazin zusammenstellen. Sie brauchen dafür ein Konto, können aber auch Ihr Facebook-Konto nutzen. Etwas Ähnliches, wenn auch längst nicht so umfangreich, versucht die Funktion **My Magazine** (Seite 45) zu bieten.

❷ MyBoard: Das ist sozusagen Samsungs Versuch, die erfolgreiche Flipboard-App zu kopieren. Dass man dem S5 beides beilegt, sagt vielleicht schon etwas über das Gelingen aus. Aber sicher sollte man sie mal ausprobieren, wenn man diese Art von App mag.

❸ Essen bestellen: Wenn es mal wieder schnell gehen muss, ist diese App ein kurzer Weg zum nächsten Anbieter mit Lieferservice.

❹ Kindermodus: Falls Sie Ihr S5 hin und wieder mal in Kinderhände geben wollen (wirklich?), sorgt diese App dafür, dass die Kleinen nur Dinge zu sehen und zu spielen bekommen, die für sie geeignet sind.

Weitere Apps ohne Abbildung:

- **CEWE smartphoto:** Zum Erstellen von echten Fotos, Fotobüchern, Postkarten etc. (siehe auch Seite 229).
- **HRS Hotels:** Übersichtliche App, um schnell ein Hotel in Ihrer Nähe (oder auch woanders) zu finden und zu buchen.
- **KaufDA:** Wenn die Standortdienste (siehe Seite 123) aktiviert sind, weiß diese App, welche Läden sich in Ihrer Nähe befinden, und zeigt Ihnen entsprechende Angebote an.

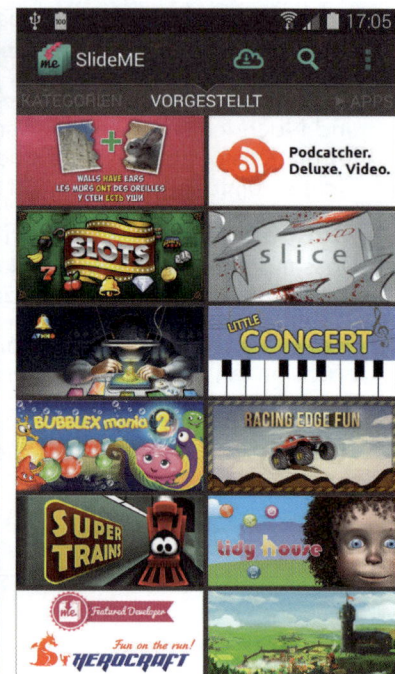

Kapitel 8 | Weitere Apps im Play Store und anderswo finden

Bei Apps handelt sich um **Anwendungsprogramme**, kleine Werkzeuge oder auch **Spiele**, wie Sie sie auch auf Ihrem PC finden. Einige wichtige Apps sind bereits vorinstalliert, damit Sie sofort loslegen können. Das Tolle an Apps ist aber: Es gibt noch viel, viel mehr davon, mit denen Sie Ihr Smartphone für fast jeden Zweck einsetzen können. Viele davon sind sogar kostenlos, andere gibt es als leicht begrenzte Testversion, die Sie bei Gefallen zur Vollversion aufwerten können.

Ich zeige in diesem Kapitel, wo Sie die bereits vorhandenen Apps finden, wie Sie sie verwalten und sich mit dazugehörigen Widgets leichtere Zugangswege zu Informationen und Funktionen verschaffen. Dann gehe ich auf App-Stores und ihre guten, aber auch gefährlichen Seiten ein. Konkrete App-Tipps zu hilfreichen Anwendungen finden Sie schwerpunktmäßig im letzten Kapitel dieses Buchs, ich habe aber auch sonst immer mal wieder Tipps zu sinnvollen Ergänzungen oder guten Alternativen zu mitgelieferten Apps in den Text eingestreut (gut am jeweiligen QR-Code zu erkennen).

Bearbeiten ②

Ordner erstellen ③

Anzeigen als ④

Heruntergeladene Apps ⑤

Apps deinstallieren/de..

Apps ausblenden

Deaktivierte Apps anzei..

Verborgene Apps anzei..

GALAXY Essentials ⑧

Hilfe

⑥ ⑦

①

< 2 ausgewählt   Fertig

Ordner erstellen   App-Info   Deinstallieren

Apps verwalten und deinstallieren: die App-Übersicht

In der App-Übersicht finden Sie alle (vor)installierten Apps samt Widgets (siehe nächste Seite). Tippen Sie dafür einfach auf das Symbol unten rechts auf dem Startbildschirm, unter dem **Menü** steht ❶. Wenn Sie dann auf das Menüsymbol oben links tippen, erwarten Sie hier folgende Funktionen:

❷ **Bearbeiten:** Halten Sie in diesem Modus eine App gedrückt und schieben Sie sie oben auf das entsprechende Symbol, um sie in einen neuen Ordner zu verschieben, sich Informationen über die Anwendung anzuschauen (siehe Seite 131) oder sie zu deinstallieren.

❸ **Ordner erstellen:** Hier können Sie Ordner anlegen, in die Sie Ihre eigene Auswahl an Apps aufnehmen können. Jeder Ordner bekommt einen Namen und wird am Ende der App-Übersicht eingefügt. Tippen Sie dort darauf und dann auf das Pluszeichen, damit Sie die gewünschten Apps hinzufügen können. Diese Ordner können Sie auch auf den Startbildschirm legen (siehe Seite 41).

❹ **Anzeigen als:** Je nach den eigenen Wünschen und Vorlieben wählen Sie für eine bessere Übersicht hier zwischen alphabetischer Liste und Raster sowie einem anpassbaren Raster aus.

❺ **Heruntergeladene Apps:** Wie der Name schon sagt, verbirgt sich hier eine Übersicht aller Apps, die deinstalliert werden können. Alle anderen gehören zum Betriebssystem und können höchstens deaktiviert werden. Mehr dazu lesen Sie auf Seite 131.

❻ **Apps deinstallieren/deaktivieren:** Tippen Sie erst diese Option an und dann nacheinander die entsprechenden Apps, die Sie nicht mehr benötigen.

❼ **Apps ausblenden:** Für mehr Übersicht können Sie Apps, die Sie ohnehin nie in der Übersicht aufrufen, ausblenden. Unter diesem Punkt finden Sie noch die Möglichkeit, ausgeblendete sowie deaktivierte Apps wieder sichtbar zu machen.

❽ **GALAXY Essentials:** Dieser Menüpunkt bringt Sie in einen App-Store von Samsung mit einer kleinen Auswahl an Apps, die Samsung als essenziell für die Galaxy-Serie betrachtet.

Widgets für schnelle Infos und kurze Wege

Bei Widgets handelt es sich um kleine Programme, die meistens eine Art Vorschau für die dazugehörige App bieten. Sie zeigen Informationen kompakt an und/oder stellen die wichtigsten Funktionen einer App schnell bereit. Es gibt aber auch Widgets, die nur zur Verschönerung des Startbildschirms gedacht sind.

❶ Alle auf Ihrem Smartphone verfügbaren Widgets finden Sie in der **Widget-Übersicht**. Tippen Sie, um die Widgets aufzurufen, auf der Startseite lange auf die Anwendungen-Taste (siehe Seite 41) und wählen Sie dann Widgets aus.

❷ Die Widgets sind unterschiedlich groß. Einige können in der Größe auch angepasst werden. Bevor Sie ein Widget per Gedrückthalten auf einem Startbildschirm platzieren, bedenken Sie immer, dass Sie dort nur jeweils **4 x 4** Einheiten Platz haben. Apps und Widgets müssen dementsprechend zusammenpassen. Eine App-Verknüpfung nimmt immer **1 x 1** ein. Es gibt Widgets für fast alles in allen Farben und Formen: Uhrzeit, Wetter, eingegangene E-Mails, anstehende Kalendertermine, Schnellzugriffe auf Kontakte, die Steuerung für Musik, die unkomplizierte Eingabe eines Facebook- oder Twitter-Eintrags und so weiter **❷**.

❸ Die meisten von Samsung vorinstallierten Widgets belegen viel Platz auf den Startbildschirmen, haben aber nicht unbedingt praktischen Nutzen im täglichen Einsatz. Sie können diese wie Apps (siehe Seite 163) ganz schnell entfernen. Für viele Bereiche gibt es außerdem gute und bessere Alternativen im Play Store (siehe nächste Seite), die Sie in unzähligen Varianten anpassen können.

❹ Wenn Sie einzelne Widgets deinstallieren möchten, tippen Sie auf das Menüsymbol oben rechts und dann auf Deinstallieren. Widgets, die eine Deinstallation erlauben, zeigen nun ein rotes Minuszeichen oben rechts an, das Sie antippen können.

Tipp: Wenn Sie eine neue App installiert haben, schauen Sie gleich mal nach, ob diese Widgets mitbringt, die Sie vielleicht gewinnbringend auf Ihrer Startseite platzieren können.

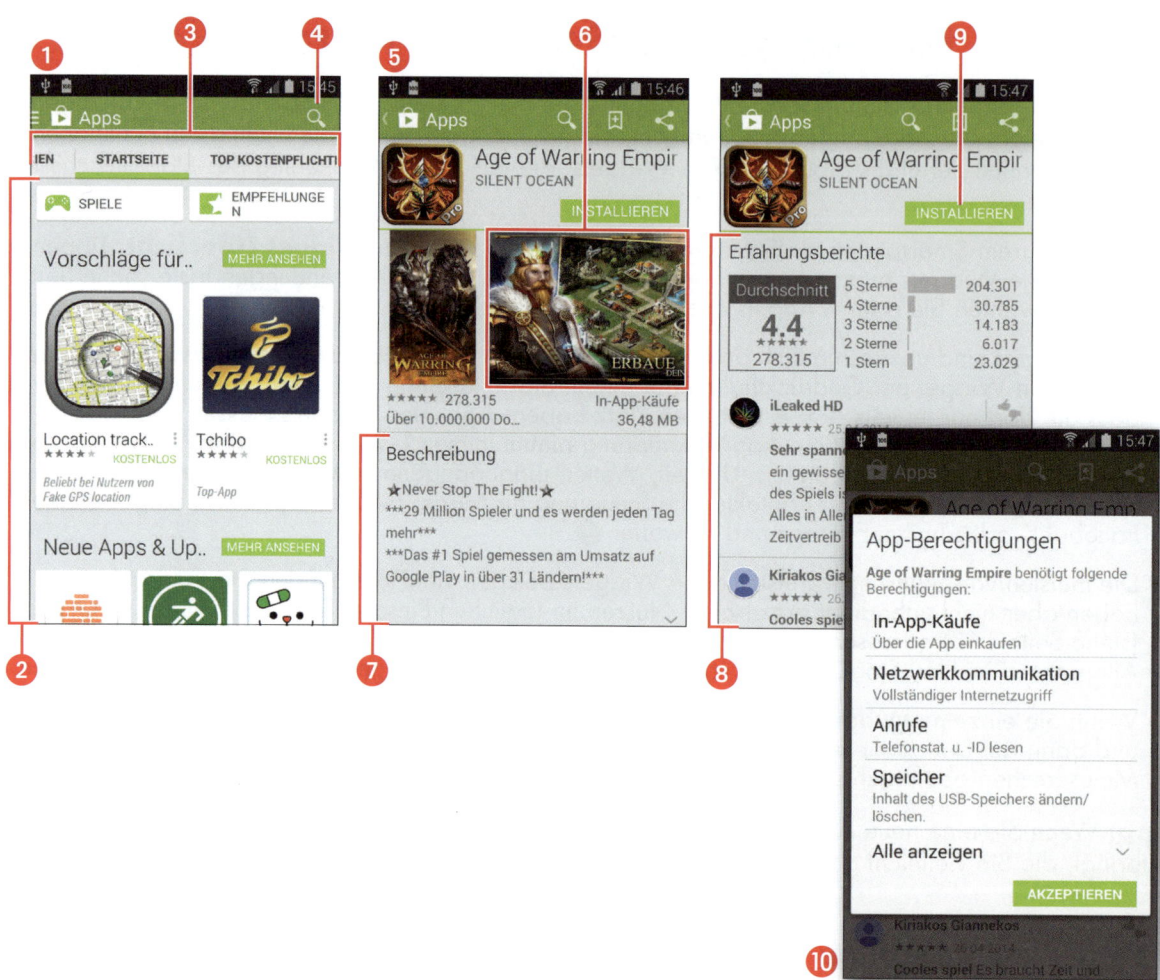

Spannende Apps im Google Play Store finden

Die beste Anlaufstelle für Apps und Widgets ist der Play Store von Google ❶. Hier finden Sie die größte Auswahl an Apps, viele davon kostenlos. Wenn Sie den Store das erste Mal starten, landen Sie auf der Startseite. Wählen Sie ganz oben **Apps** aus, sofern Sie sich nicht schon im entsprechenden Bereich befinden ❷. Hier finden Sie erst allgemeine und dann individualisierte Empfehlungen, und wenn Sie weiter hinunterwischen, die erfolgreichsten, besten Apps aus den einzelnen Kategorien. Weitere Sortierungen finden Sie in der Kopfzeile links (Kategorien) und rechts von der Rubrik **Startseite** ❸. Über die Lupe ❹ oben rechts starten Sie eine gezielte Suche. Wenn eine App interessant aussieht, tippen Sie sie an, um mehr Informationen zu erhalten ❺. Als Erstes können Sie sich **Screenshots** und oft auch ein **Video** anschauen ❻ – einfach antippen für den Vollbildmodus und mit der Zurück-Taste wieder schließen. Darunter finden Sie eine **Beschreibung** ❼. Hier sollte idealerweise alles stehen, was für die App wichtig ist. Unter der Beschreibung sehen Sie die **Bewertungen** ❽, die meistens noch mehr verdeutlichen, ob es sich um die richtige App für Sie handelt oder nicht (mehr dazu auf der nächsten Seite). Wenn Sie sich sicher sind, dass Sie die App herunterladen möchten, tippen Sie auf Installieren oder den Preis ❾. Als Nächstes müssen Sie den **Berechtigungen** zustimmen ❿. Auch die erkläre ich auf der nächsten Seite genauer. Die App wird nun installiert. Danach ändert sich der Installieren-Button in einen Öffnen-Button.

Tippen Sie auf das Listensymbol oben links, wird ein Menü angezeigt, in dem Sie unter **Meine Apps** alle Apps einsehen können, die auf dem Gerät installiert sind. Hier können Sie Apps aktualisieren, was in der Regel aber automatisch bzw. per Benachrichtigung geschieht. Sie können die Apps von hier aus auch deinstallieren.

In den **Einstellungen**, die Sie ebenfalls in diesem Menü finden, besteht außerdem die Möglichkeit, Update-Benachrichtigungen in der Benachrichtigungsleiste (siehe Seite 65) abzuschalten oder Updates direkt automatisch ausführen zu lassen. Das gelingt aber nicht, wenn Sie neuen Nutzungsbedingungen zustimmen müssen, bevor die App erneuert wird.

Worauf Sie achten müssen: Berechtigungen, Bewertungen und In-App-Käufe

Die Hinweise hier gelten nicht nur für den Google Play Store, sondern auch für die alternativen Märkte, die ich auf der nächsten Seite vorstelle.

- **Bewertungen:** Ob eine App wirklich taugt, können Sie recht schnell den abgegebenen Bewertungen entnehmen. Allerdings müssen Sie hier zwischen zwei Bewertungstypen unterscheiden: Da gibt es einmal die, die generell nur ganz wenig schreiben (super, doof, klappt nicht), das sind aber oft die, die bewerten, bevor sie sich die App richtig angeschaut haben. Zum Glück gibt es genug Bewerter, die wissen, wovon sie reden. Diese erkennen Sie an ausformulierten Texten, in denen positive wie negative Aspekte genauer ausgeführt werden.

- **Beispiel:** Die Screenshots nebenan gehören alle zur gleichen App: ein kostenlos herunterladbares Live-Wallpaper zu einem Film. Oben sehen Sie bereits, dass die App keine volle Punktzahl vorweisen kann und die 1-Sterne-Bewertungen nicht gerade wenig sind ❶. Darunter können Sie die Bewertungen nach Datum, Gerät etc. sortieren ❷. Eine der weniger begeisterten Bewertungen weist schon darauf hin, dass für ein Wallpaper viele Berechtigungen gefordert werden. Wenn man herunterscrollt, wird klar, dass es sich hier um eine Abofalle handelt (siehe auch In-App-Käufe weiter unten).

- **Berechtigungen ❸:** Darum braucht diese App auch so viele Berechtigungen. Besonders In-App-Käufe und Netzwerkkommunikation sind bedenklich, denn damit erlauben Sie Zugriff auf den Google Play-Rechnungsdienst – also Ihre Kreditkarte! Auch der Zugriff auf SMS- und Anrufdaten erschließt sich bei einem Live-Hintergrund nicht so recht. Tippen Sie eine Berechtigung an, um herauszufinden, was Sie der App damit erlauben. **Tipp:** Die App **Clueful** warnt Sie, wenn eine Anwendung zu frech ist – auch noch nach der Installation. Scannen Sie den QR-Code ein, um sich diese kostenlose Anwendung zu holen.

- **In-App-Käufe:** Es gibt leider viele Apps, die man kostenlos herunterladen kann, aber um weitere Funktionen dieser App nutzen zu können, wird man erst zur Kasse gebeten. Um dem vorzubeugen, öffnen Sie die Google Play Store-Einstellungen und aktivieren unter Nutzersteuerung die Passwortbeschränkung.

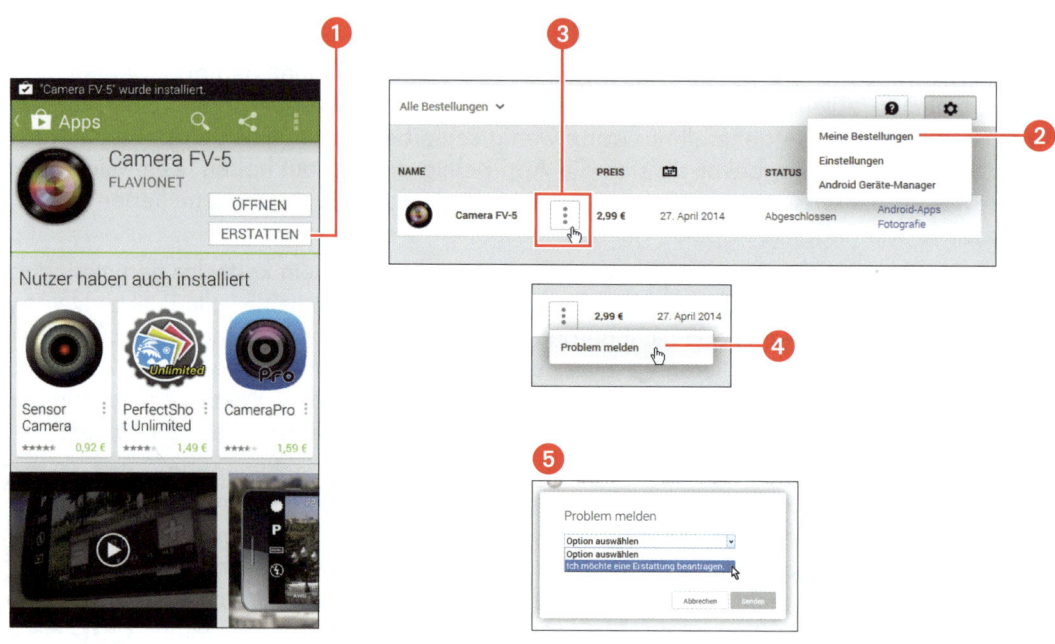

Kauf-Apps testen und bei Nichtgefallen oder Problemen zurückgeben

Manchmal merkt man erst, dass eine App nicht das ist, was man gesucht hat, oder schlicht nicht funktioniert, nachdem man sie gekauft hat. Dann können Sie innerhalb von 15 Minuten nach dem Kauf diese App erneut im Play Store aufrufen und auf die nun angezeigte Erstatten-Schaltfläche ❶ klicken, um den Kauf rückgängig zu machen. Nach diesen 15 Minuten wird es ein klein wenig schwieriger. Öffnen Sie den Google Play Store am Rechner (play.google.com), loggen Sie sich ein, klicken Sie auf das Einstellungssymbol oben rechts und dann auf Meine Bestellungen ❷. Scrollen Sie zu der entsprechenden App und fahren Sie mit dem Cursor über den Bereich links neben dem Preis, bis die drei Quadrate erscheinen ❸. Klicken Sie diese an und dann auf Problem melden ❹. Als Nächstes müssen Sie Ich möchte eine Erstattung beantragen auswählen und dann auf Senden klicken ❺. Schließlich erscheint ein Feld, in das Sie eintragen müssen, warum Sie Ihr Geld zurückbekommen möchten. Da die Entwickler nichts mehr fürchten als eine schlechte Bewertung, stehen die Chancen gut, dass das klappt.

Bezahlen im Play Store

Das Kaufen von kostenpflichtigen Apps im Play Store unterscheidet sich praktisch nicht vom Herunterladen kostenloser Apps. Anstelle der Installieren-Schaltfläche finden Sie dann eben eine Schaltfläche mit dem Kaufpreis der App. Anschließend ist noch ein zusätzliches Bestätigen des Kaufvorgangs erforderlich, und dann wird die neu erworbene App auch schon heruntergeladen. Damit das klappt, müssen Sie lediglich einmal Ihre Kreditkarte hinterlegt haben, da dies nach wie vor die einzige zulässige Bezahlart ist. Lediglich einige Mobilfunkprovider bieten zusätzlich die Möglichkeit, App-Käufe über die Telefonrechnung zu begleichen. Die gekauften Apps sind mit dem Google-Konto verknüpft, das auf dem Gerät eingerichtet ist. Sie können diese Apps also später und auch auf anderen Geräten mit demselben Google-Konto immer wieder installieren.

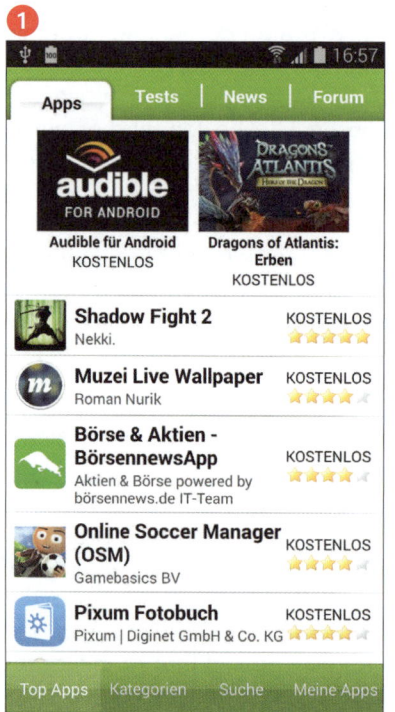

Alternative App-Quellen

Zwei Seiten zuvor beschreibe ich ja einige negative Aspekte des Play Store. Wenn Sie ihn deswegen nicht nutzen möchten oder können, gibt es zum Glück genug Alternativen. Zuerst müssen Sie allerdings unter Einstellungen → System → Sicherheit bei **Unbekannte Quellen** das Häkchen setzen. Lassen Sie sich nicht von der Warnung, die dann erscheint, verunsichern. Wenn Sie meine Hinweise auf der vorherigen Seite beherzigen und nur die hier beschriebenen App-Märkte nutzen, besteht nicht mehr oder weniger Gefahr als bei der Nutzung des Google Play Store.

Für jeden externen Markt gilt: Wenn Sie eine App herunterladen möchten, müssen Sie zunächst die dazugehörige Markt-App herunterladen. Darum finden Sie hier für jeden Markt einen QR-Code. Scannen Sie diesen ein und folgen Sie den Beschreibungen auf Seite 167 zum Download von App-Dateien. Des Weiteren finden Sie in jedem Markt einige Apps, die es woanders eventuell nicht gibt, da nicht alle Entwickler die gleichen Märkte nutzen. Außerdem gilt: Alle Apps, die Sie kaufen, gehören zu dem jeweiligen Account und können immer wieder heruntergeladen werden – auch auf neue oder andere Geräte.

❶ **Androidpit:** Dies ist einer der größten App-Märkte und liegt auch auf Deutsch vor. Hier können Sie per PayPal oder mit Kreditkarte bezahlen. Für kostenlose Apps müssen Sie sich gar nicht erst anmelden. Einziger Nachteil: Bei einigen Apps werden Sie trotzdem noch zum Google Play Store weitergeleitet. Ansonsten finden Sie hier tolle Reviews und immer die aktuellen Android-News.

❷ **SlideMe:** Sie können unter www.slideme.org zum Beispiel am Rechner stöbern und dann bei kostenlosen Apps einfach den QR-Code mit dem Smartphone einscannen – schon wird die Installationsdatei heruntergeladen. Für Apps, die etwas kosten, müssen Sie den App-Markt installieren und sich einloggen. Leider gibt es SlideMe nur auf Englisch.

Alternative App-Quellen – Fortsetzung

❸ **Amazon-App-Store:** Die Auswahl hier ist zwar eher klein, aber dafür kann man sich ganz flott mit einem bestehenden Amazon-Account einloggen und mit den dort hinterlegten Bezahldaten (Kreditkarte, Bankeinzug, Gutschein) kostenpflichtige Apps erwerben. Zudem kann man auf der Webseite von Amazon nach tollen Apps stöbern. Allerdings muss der Amazon-App-Store auf dem Gerät installiert bleiben, damit Sie die Apps, die Sie darüber heruntergeladen haben, nutzen können. Dafür gekaufte Apps können Sie natürlich auch auf anderen Android-Geräten verwenden, wenn Sie sich dort mit dem gleichen Amazon-Konto einloggen.

❹ **1Mobile.com:** Ein weiterer großer App-Markt, bei dem Sie sich nicht anmelden müssen. Das Angebot ist zwar sehr umfangreich, bis auf wenige Worte aber leider komplett auf Englisch.

Minimaler Nutzen: Samsung Apps

In Ihrer App-Übersicht finden Sie auch die Anwendung **Samsung Apps** sowie wenige Apps von Drittanbietern. Hier können Sie lediglich mit Kreditkarte zahlen oder mit einem Gutschein, den es von Samsung zu besonderen Anlässen gibt. Haben Sie keine Zahlungsmethode hinterlegt, werden Sie bei Kauf-Apps einfach zu Google weitergeleitet. Manchmal werden Sie eine Zahl über dem Symbol von Samsung Apps sehen, die Sie darauf hinweist, dass ein Update einer vorinstallierten Samsung-Anwendung verfügbar ist. Ansonsten können Sie den Store getrost ignorieren.

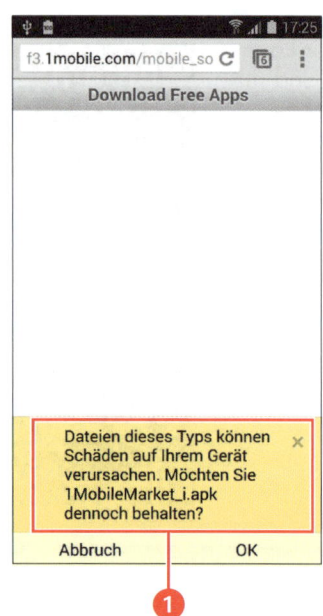

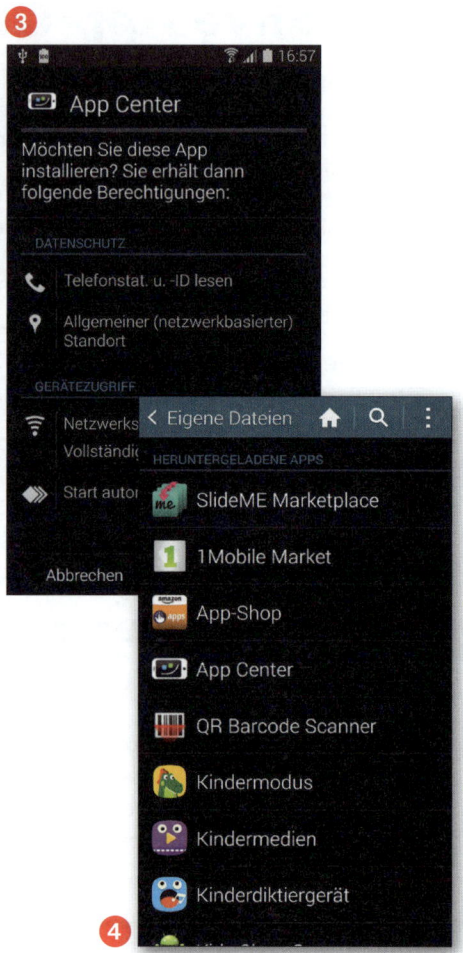

Mit Vorsicht genießen: Apps direkt aus dem Internet

Sie müssen nicht unbedingt einen App-Markt betreten, um neue Anwendungen zu installieren. Oft finden Sie die entsprechenden Installationsdateien auch auf den Webseiten der jeweiligen Entwickler. Die Dateiendung für Android-Apps ist **.apk**. Natürlich sollten Sie nicht jede APK-Datei wahllos installieren. Aber gerade Anwendungen wie die auf den vorherigen Seiten beschriebenen App-Markets müssen Sie als APK-Datei herunterladen.

❶ Sobald Sie eine APK-Datei für den Download angeklickt haben, weist gegebenenfalls der Browser (beispielsweise Chrome) darauf hin, dass so eine Datei potenziell schädlich für Ihr Smartphone ist. Wenn Sie auf OK tippen …

❷ … wird die Datei trotzdem auf Ihr Smartphone geladen. Öffnen Sie das Benachrichtigungsfeld (siehe Seite 65), um den Fortschritt der Installation zu verfolgen. Sobald diese fertiggestellt ist, können Sie den Eintrag dort antippen.

❸ Vor der Installation werden Ihnen noch die Berechtigungen der App (siehe Seite 169) angezeigt. Tippen Sie unten rechts auf Weiter, dann auf Installation und zum Schluss auf Öffnen, um die App zu benutzen.

❹ Wenn Sie den Download nicht im Benachrichtigungsfeld finden, öffnen Sie die App-Übersicht (siehe Seite 163) und suchen nach der App **Eigene Dateien**. Öffnen Sie hier den Bereich Heruntergeladene Apps, und Sie finden alle heruntergeladenen Dateien.

Achtung: Viele Webseiten bieten Sammlungen von APK-Dateien an, aber diese werden gern auch mal genutzt, um einzelne Schadsoftware auf Ihr Smartphone zu schmuggeln. Nutzen Sie daher nur seriöse Anbieter oder verzichten Sie im Zweifelsfall auf das Herunterladen von APK-Dateien, die nicht direkt von einem vertrauenswürdigen Anbieter kommen.

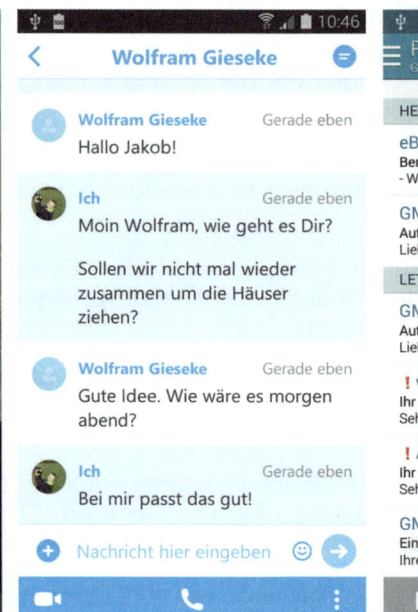

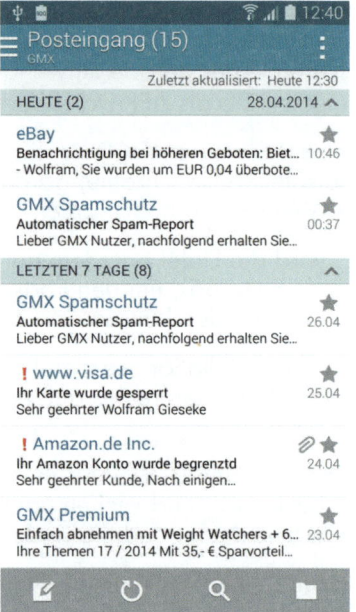

Kapitel 9 | Mit dem Galaxy S5 auf allen Kanälen kommunizieren

Gerüchteweise soll es Menschen geben, die ihr Smartphone hin und wieder sogar zum Telefonieren benutzen. Und dann gibt es noch die, die damit sonst nichts machen, außer zu telefonieren. Egal zu welcher Gruppe Sie gehören, in irgendeiner Form werden Sie Ihr Galaxy S5 zur Kommunikation nutzen. Daher fasse ich in diesem Kapitel die gängigsten Formen der Kontaktaufnahme zusammen.

Weitere Arten der Kommunikation, die in anderen Kapiteln erklärt werden, da es sich dabei um spezielle Hardwarelösungen handelt, sind:

- **Bluetooth:** Kabellos Daten direkt von Gerät zu Gerät in nächster Nähe austauschen (Seite 95).
- **NFC:** Daten per Berührung von Gerät zu Gerät austauschen (Seite 99).
- **USB:** Daten per Kabel auf den Computer kopieren (ab Seite 101).

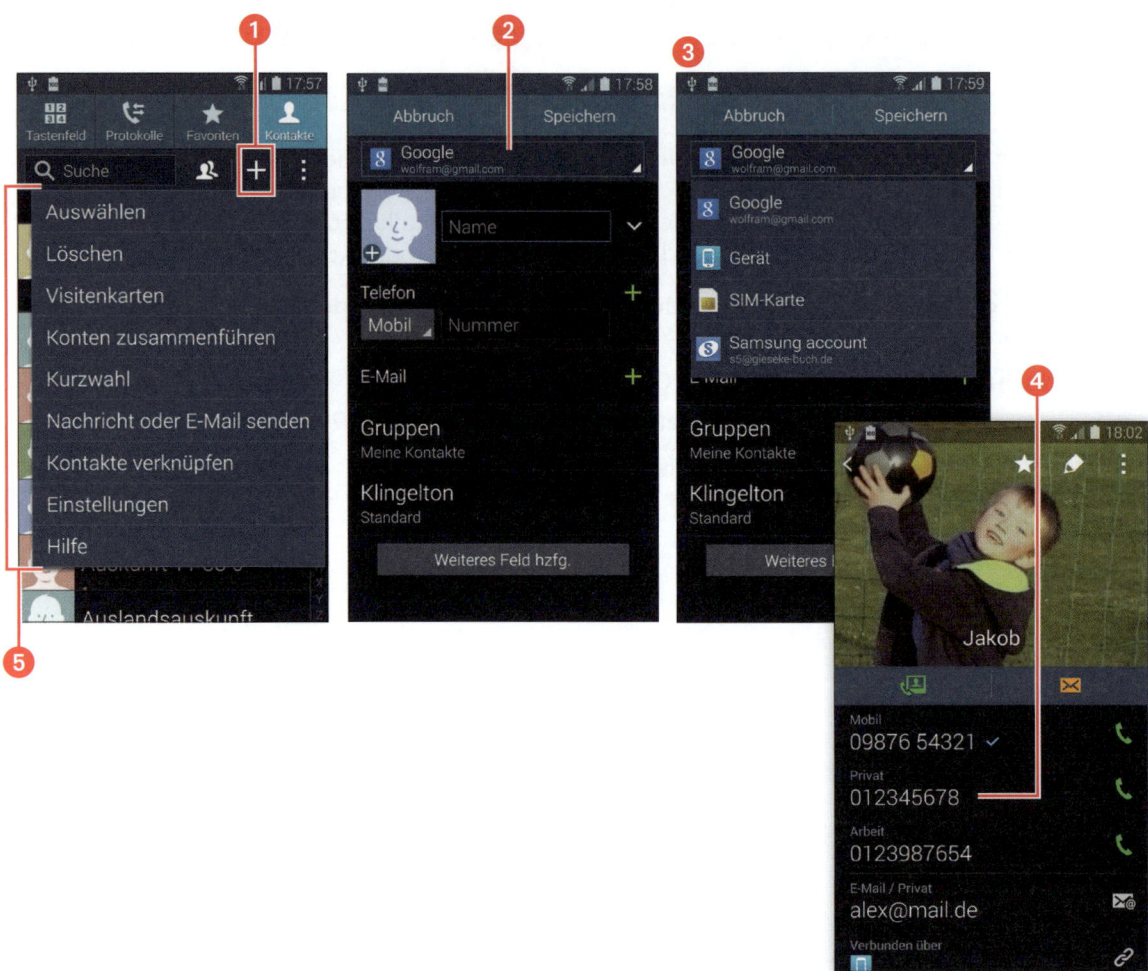

Wichtiger, als man denkt: Kontakte

Die vorinstallierte **Kontakte-App** bietet die Grundfunktion für fast jede Art des **Kommunizierens** per Smartphone. Hier können Sie Telefonnummern, Adressen, aber auch Verknüpfungen zu Skype, WhatsApp & Co. für Ihre Kontakte anlegen. Die meisten in diesem Kapitel beschriebenen Anwendungen greifen dann darauf zu. Viele legen aber bereits vorhandene Kontakte ungefragt ab – so werden Sie zum Beispiel Ihre Skype- oder Facebook-Freunde plötzlich in der App finden.

❶ Wenn Sie ein Google- oder Samsung-Konto auf dem Galaxy S5 eingerichtet haben und darüber auch Ihre Kontakte verwalten, sind diese direkt in der Kontakte-App vorhanden. Möchten Sie aber Kontakte ganz **neu auf Ihrem Gerät einrichten**, tippen Sie auf das Plussymbol rechts neben der Suchleiste, nachdem Sie die App geöffnet haben.

❷ Sie können beliebig viele **Informationen** zu dieser Person anlegen – ganz unten über Weiteres Feld hzfg. besteht zusätzlich die Möglichkeit, jedem Kontakt einen separaten Ton und ein Vibrationsmuster für Anrufe und SMS zuzuweisen.

❸ Wichtig ist hierbei, dass Sie den Kontakt richtig **abspeichern**. Sie haben die Möglichkeit, ihn einem eingerichteten Konto (Samsung, Google etc.) zuzuordnen oder ihn auf dem Gerät beziehungsweise der SIM-Karte lokal zu speichern. Letzteres ist allerdings wenig zweckmäßig, da Sie so nur Name und Nummer ablegen können. Am bequemsten finde ich ein Google-Konto. Damit können Sie plattformübergreifend auf Ihre Kontakte (und die dazugehörigen Termine und E-Mails) zugreifen und diese sogar am PC im Webbrowser bearbeiten.

❹ Im fertigen Kontakt müssen Sie noch die **Telefonnummer** antippen. Wenn Sie zum Beispiel Skype installiert haben, fragt Sie das Smartphone, ob Sie zum Telefonieren diese App oder die Standardanwendung nutzen möchten. Tippen Sie den Wohnort an, wird eine Karten-App (etwa Google Maps) geöffnet.

❺ Über das **Menüsymbol** gelangen Sie zu weiteren Optionen. Hier können Sie mehrere Kontakte gleichzeitig löschen oder sie per E-Mail beziehungsweise Kurznachricht anschreiben.

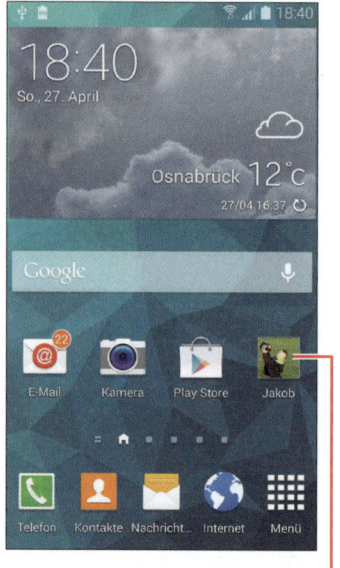

Kontakte – Fortsetzung

6 Über das Menüsymbol und Einstellungen → Kontakte können Sie auch eine Vielzahl von Optionen für die Kontaktverwaltung bearbeiten. Hier lässt sich beispielsweise die Sortierung und Darstellung der Liste beeinflussen (nach Vorname oder Nachname). Praktisch ist auch das Ausblenden von Kontakten, denen keine Telefonnummer zugeordnet ist, sondern beispielsweise nur eine E-Mail-Adresse.

7 Wenn Sie einen Kontakt lange berühren und dann das Menüsymbol oben rechts antippen, können Sie mit Verknüpfung erstellen ein Symbol für diesen Kontakt auf dem Startbildschirm platzieren.

8 Nun können Sie den Kontakt jederzeit durch einfaches Antippen des Symbols herstellen. Sie müssen dann nur noch auswählen, welchen der gespeicherten Kanäle (Telefonnummer, Skype-Konto, E-Mail-Adresse) sie diesmal verwenden möchten.

Tipp 1: In der Übersicht Ihrer Kontakte gibt es ganz oben das Feld Ich. Geben Sie dort Ihre eigenen Kontaktdaten ein, damit das Galaxy S5 und die entsprechenden Apps wissen, wo Sie wohnen. Das macht vieles einfacher. Zudem können Sie diese Kontaktkarteikarte bei Bedarf schnell an eine E-Mail etc. anhängen und verschicken.

Tipp 2: Wenn Sie ein hübsches Bild eines Kontakts aufgenommen haben, gehen Sie in die Galerie, öffnen das Foto und tippen auf das Menüsymbol. Wählen Sie hier Einstellen als aus und tippen Sie den entsprechenden Kontakt an, um ihm das Foto zuzuweisen. Es erscheint dann in der Kontaktübersicht sowie bei jeder Kontaktaufnahme via Telefon, SMS, E-Mail und so weiter.

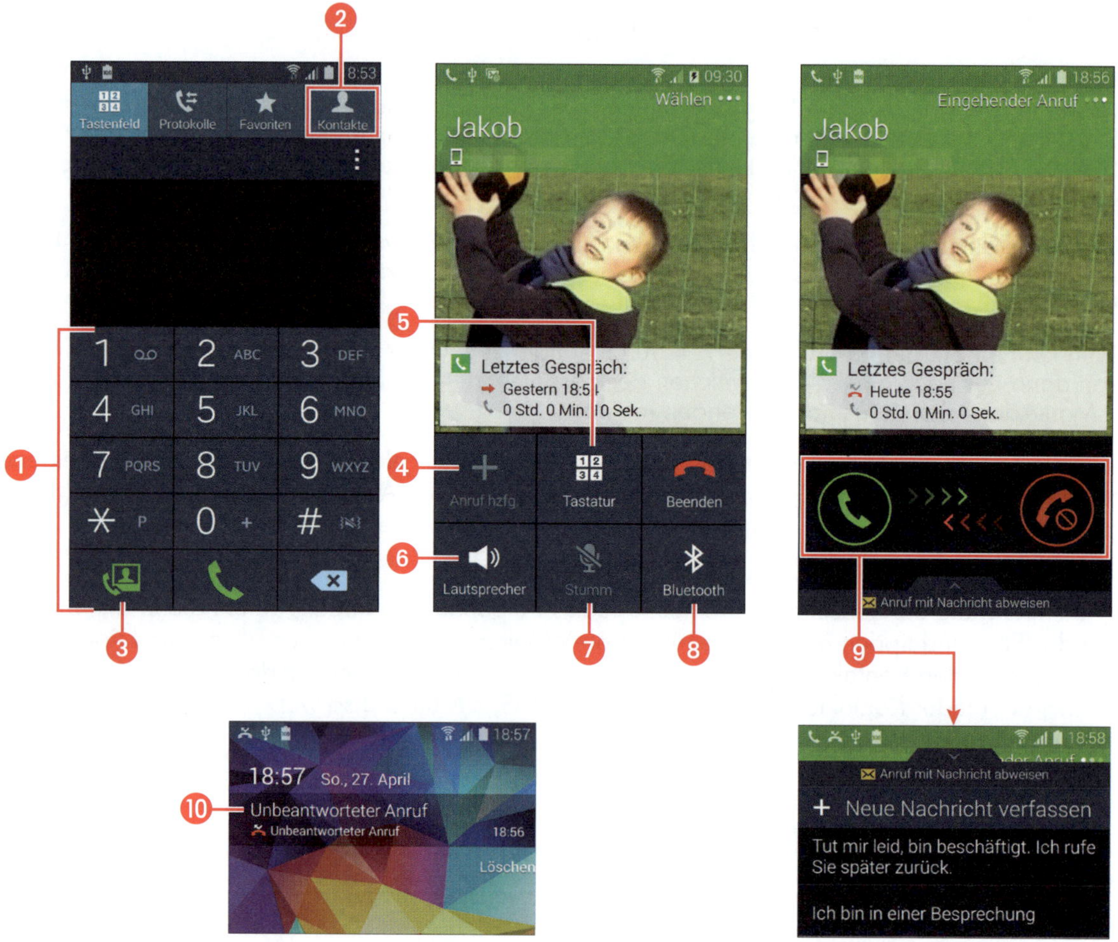

Anrufe ausführen und entgegennehmen

Das **Telefonieren** mit Ihrem Galaxy S5 ist denkbar einfach. Wenn Sie die **Telefonieren-App** auf Ihrem Startbildschirm antippen, gelangen Sie direkt zum **Tastenfeld** ❶, über das Sie in gewohnter Weise eine Nummer eingeben, um im Anschluss den grünen Hörer anzutippen. Alternativ suchen Sie den entsprechenden **Kontakt** ❷ heraus (mehr dazu auf der vorherigen Seite). Theoretisch können Sie auch die **Videotelefonie** ❸ starten, aber dafür braucht Ihr Gegenüber ebenfalls ein Samsung-Gerät. Nutzen Sie besser das plattformübergreifende Skype, das ich auf Seite 187 beschreibe.

Wenn der Anruf dann läuft, haben Sie folgende Optionen: Sie können einen Anrufer dazuschalten ❹. Das nennt sich **Konferenzschaltung** und kann bei Bedarf mehrmals wiederholt werden. Mit der Tastatur ❺ hangeln Sie sich bei Servicenummern von Menü zu Menü. Sie können den **Lautsprecher** ❻ des Smartphones aktivieren, damit Sie telefonieren können, ohne das Gerät direkt ans Ohr zu halten, oder Sie schalten das Mikro ab ❼, wenn Sie nicht möchten, dass der andere Teilnehmer hört, was Sie sagen. Sollte ein Bluetooth-Headset mit dem Galaxy S5 verbunden sein (siehe Seite 285), können Sie hier ❽ zwischen diesem und den Lautsprechern des Geräts hin- und herschalten.

Erhalten Sie selbst einen Anruf, können Sie diesen wie gewohnt **annehmen**, **ablehnen** oder aber ablehnen und mit einer automatischen SMS beantworten ❾. Ziehen Sie dafür die Lasche nach oben und tippen Sie eine der vorgefertigten Kurznachrichten an. Unbeantwortete Anrufe werden Ihnen dann im Sperrbildschirm angezeigt ❿, und über der Telefon-App erscheint eine Zahl, die erst verschwindet, wenn Sie die Anwendung öffnen.

Über das Menüsymbol und Einstellungen → Anruf gelangen Sie zu den sehr umfangreichen, aber selbsterklärenden **Anrufeinstellungen**. Sie können hier einzelne Nummern sperren, unterschiedliche Arten von Anrufen (zum Beispiel aus dem Ausland oder in Roaming-Netzen) deaktivieren, Töne und Vibrationen ändern sowie Ihre Mailbox oder eine Rufweiterleitung konfigurieren.

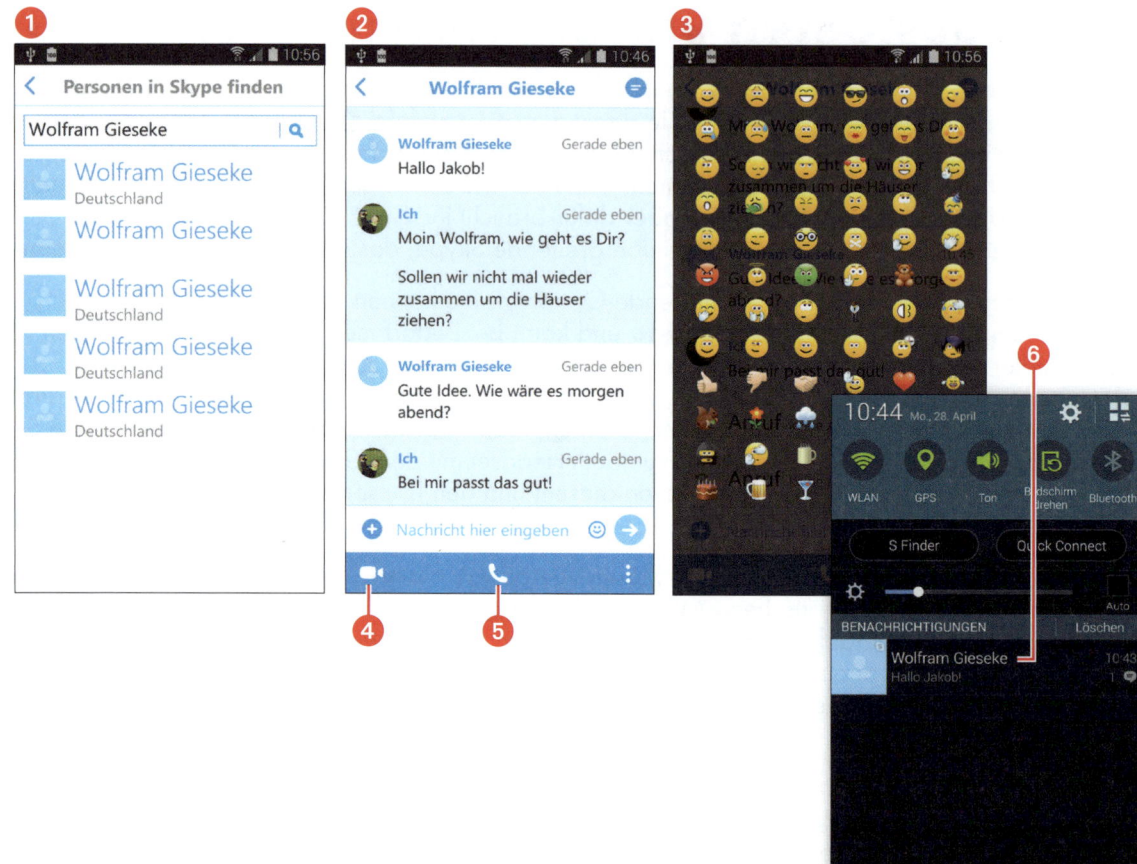

Chats und Videokonferenzen mit Skype

Skype bietet plattformübergreifende Kommunikation von einfachen Textnachrichten über Internettelefonie mit Festnetzanrufen bis hin zu Videochats. Sie benötigen dafür ein **Skype-Konto**, das Sie einfach anlegen können, oder Sie nutzen ein bestehendes **Microsoft-Konto**. Sie können dann Ihren Freunden, die bereits bei Skype sind, Einladungen schicken. Wählen Sie dazu im Menü Kontakte hinzufügen und suchen Sie nach den gewünschten Namen ❶. Oder Sie lassen sich selbst einladen. Sowie die Einladungen ausgetauscht sind, kann die Kommunikation aufgenommen werden:

- **Chatten:** Tauschen Sie kurze Textnachrichten aus ❷ – solange Sie online sind, geht das ruck, zuck. Ihr Gegenüber kann dabei an einem aktuellen Smartphone, das Skype installiert hat, tippen oder am Computer beziehungsweise Tablet. Zusätzlich stehen lustige Smileys ❸ für jede Lebenssituation zur Verfügung.

- **Videotelefonie:** Wenn Ihr Gegenüber ein Smartphone/Tablet mit Frontkamera oder einen PC/Laptop mit Webcam besitzt, können Sie von Angesicht zu Angesicht reden ❹.

- **Telefonieren:** Sie können auch ohne Bild (oder wenn nur eine Partei eine Kamera hat) über das Internet telefonieren ❺. Von Skype zu Skype ist das kostenlos. Wollen Sie Festnetz- oder Mobilfunknummern anrufen, müssen Sie zuvor Ihr Skype-Konto mit Geld aufladen (PayPal, Kreditkarte und viele weitere Zahlungsmethoden). Sie können auch selbst eine weltweit verfügbare Telefonnummer bekommen. Das ist gerade für Auslandsreisen toll, sofern Sie dort über Internet verfügen. Dann telefonieren Sie auf diese Weise günstiger und einfacher, als sich jeweils ins lokale Mobilfunknetz einzukaufen.

- **Skype WiFi:** Mit Ihrem Skype-Guthaben können Sie sich weltweit in viele WLANs einloggen. Skype übernimmt dann für Sie die Bezahlung.

Standardmäßig sind Sie mit Skype immer online. Es sieht also für Ihre Kontakte so aus, als wären Sie permanent da. Sie können das in den Einstellungen abstellen, sofern es nicht erwünscht ist. Andererseits können Sie aber auf empfangene Nachrichten auch jederzeit antworten. Dazu muss die App weder aktiv noch im Vordergrund sein. Sie erhalten dann eine Benachrichtigung über neue Kontaktversuche ❻.

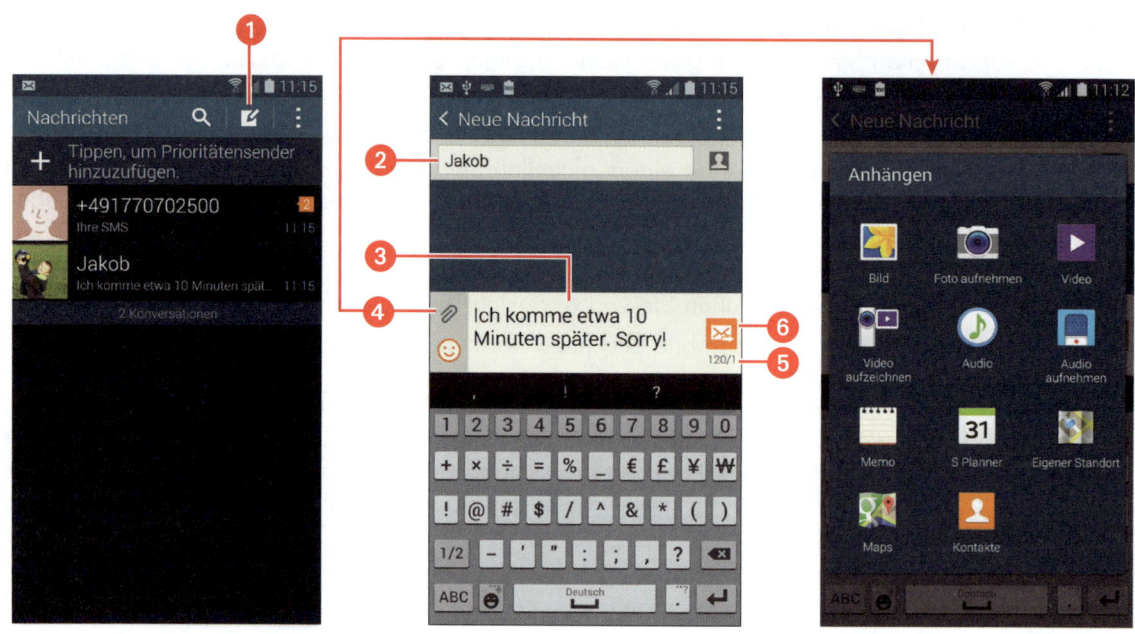

SMS: Kurznachrichten schreiben

Die SMS sowie ihre teure Schwester, die MMS (SMS mit Bildern), sind inzwischen vom Aussterben bedroht. Die App **WhatsApp**, die ich auf der nächsten Seite beschreibe, hat ihr schon weitestgehend den Rang abgelaufen. Denn jede SMS und MMS kostet Geld, und außerdem sind sie größenbeschränkt.

❶ Wenn Sie trotzdem eine SMS schreiben müssen, öffnen Sie dafür die App mit dem Namen **Nachrichten** und tippen oben rechts auf das Symbol für einen neue Nachricht.

❷ Geben Sie dann den Namen der Zielperson ein, sofern diese in den Kontakten mit einer Handynummer vorhanden ist. Dann werden Ihnen entsprechende Vorschläge gemacht, aus denen Sie die richtige Nummer auswählen können. Ansonsten müssen Sie die Nummer manuell eingeben.

❸ Tippen Sie nun einfach den Text mit der virtuellen Tastatur ein, die automatisch angezeigt wird.

❹ Wählen Sie gegebenenfalls noch einen Anhang aus. In dem Fall wird die SMS automatisch in eine MMS umformatiert.

❺ Neben dem Text wird Ihnen angezeigt, wie viele Zeichen Sie noch schreiben können, bevor die Gebühr für eine weitere SMS fällig wird.

❻ Zum Schluss tippen Sie auf das Abschicken-Symbol, und wenn der Empfänger sein Handy aktiviert hat, sollte ihn die Nachricht recht schnell erreichen.

Wie viel eine SMS kostet, hängt von Ihrem Mobilfunkanbieter ab. Die meisten bieten auch SMS-Pakete mit begrenzter Stückzahl an. Aber wie gesagt, wenn Ihre Zielperson ein Smartphone besitzt, das WhatsApp installiert hat oder einfach nur E-Mails empfangen kann, nutzen Sie diese kostengünstigeren Optionen.

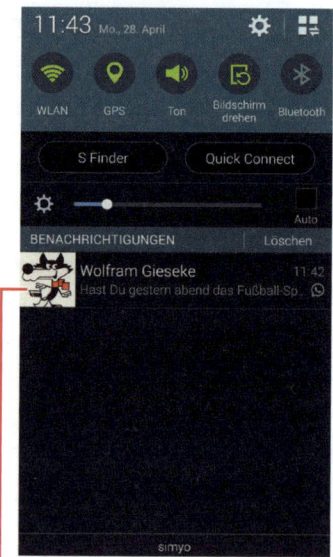

WhatsApp: Kostenlose Kurznachrichten

Diese App ist aus folgenden Gründen sehr beliebt und daher weit verbreitet:

- Sie können damit **kostenlos Kurznachrichten** an eine oder mehrere Personen (Gruppenchat) ohne Zeichenbegrenzung verschicken, es fallen keine SMS-Gebühren an.
- Stattdessen werden die Mobilfunkdaten (oder WLAN) benutzt, allerdings nur minimal, wenn nicht gerade große Dateien verschickt werden.
- Es gibt die App sowohl für iPhone, BlackBerry und Windows Phone als auch für Android-Smartphones.
- Man kann Bilder, Videos, Sound, Orte (Google Maps) und Kontakte anhängen ❶.
- Man erkennt, ob die Nachricht verschickt worden ist (ein Häkchen) und auch empfangen wurde (zwei Häkchen) ❷. Das gilt allerdings nicht für den Gruppenchat.

Die Nachteile:

- Man kann nur Kurznachrichten an Personen verschicken, die ebenfalls WhatsApp benutzen.
- Man muss online sein für Versand und Empfang.
- Die App ist nur im ersten Jahr der Nutzung kostenlos, danach fällt eine jährliche Gebühr an.

Nachdem Sie die App installiert haben, müssen Sie zunächst Ihr **Smartphone verifizieren**. Das funktioniert über die Handynummer (darum gibt es WhatsApp auch nur auf Smartphones). Denken Sie daran, dass Sie das internationale Telefonnummernformat eingeben müssen: also die Vorwahl für Deutschland – **+49** – am Anfang einfügen und dafür die erste Null bei der Vorwahl weglassen (beispielsweise »+49173« statt »0173«). Die App leitet Sie durch diesen Vorgang. Ihre Kontakte, deren Handynummern WhatsApp als angemeldet identifiziert, sind sofort verfügbar ❸. Erhalten Sie eine Nachricht, ertönt ein Pfeifen, und im Benachrichtigungsfeld erscheint ein Hinweis mit Vorschau ❹. Durch Antippen gelangen Sie zur App und zur aktuellen Nachricht. In den Einstellungen können Sie die Art der Benachrichtigung(en) beliebig anpassen: gar kein oder ein anderer Ton oder zusätzlich/stattdessen ein Pop-up, in dem Sie dann direkt antworten können ❺.

Hangouts: Google-Chat unter vier Augen oder in Gruppen

Auch Google bietet eine Plattform für kostenlose Kurznachrichten und Videochats namens **Hangouts** an. Nachteil dabei ist, dass Sie darüber nur mit Leuten kommunizieren können, die ebenfalls ein Google-Konto besitzen. Das macht den Einstieg etwas umständlicher als beispielsweise bei WhatsApp. Ein großer Vorteil gegenüber WhatsApp ist aber, dass Hangouts nicht an Smartphones und Mobilfunknummern gebunden ist. Sie können es auf allen Smartphones, Tablets und sogar PCs (im Browser) verwenden, auf denen Sie mit diesem Konto angemeldet sind. Das macht es besonders für Bildschirmarbeiter interessant, die ihre Nachrichten zu Hause und im Büro nebenbei am PC verfolgen können. Und unterwegs greift man eben zum Smartphone, wenn Neuigkeiten eintreffen.

❶ Genau wie bei Skype (siehe Seite 187) müssen Kontakte zu anderen erst mal per Einladung hergestellt werden. Das kann per E-Mail oder SMS erfolgen.

❷ Besteht der Kontakt, können Sie jederzeit einen Chat aufnehmen bzw. weiterführen.

❸ Mit dem Kamerasymbol schalten Sie auf einen Videochat um.

❹ Mit der Büroklammer können Sie Bilder oder Ihren aktuelle Standort per Hangouts mit anderen teilen.

Samsung will auch mitreden: ChatON

Mit ChatON ❹ versucht Samsung, Hangouts und Skype zu ersetzen. Daher können Sie hiermit chatten, telefonieren und per Videotelefonie von Angesicht zu Angesicht mit Ihrem Gegenüber kommunizieren, sofern dieser ebenfalls ChatON nutzt. Allerdings ist ChatON kaum verbreitet, obwohl man hierfür nicht einmal ein Android- oder Samsung-Telefon besitzen muss. Auch iPhone-, BlackBerry-, PC- und Windows Phone-Nutzer können diese App verwenden.

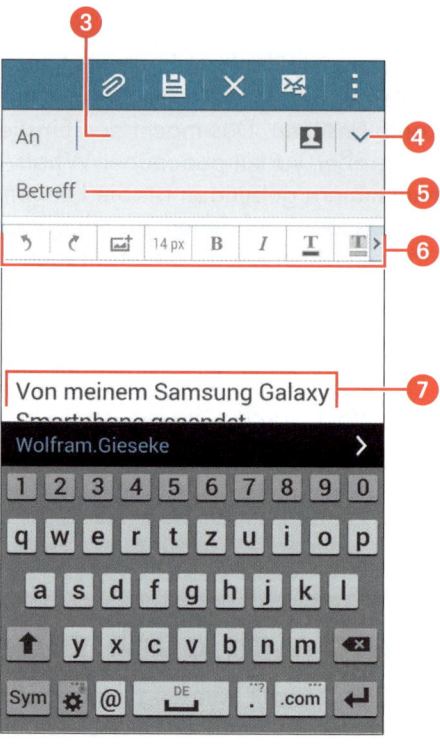

E-Mails schreiben

Auf dieser Seite erkläre ich die vorinstallierte **E-Mail-App** von Samsung, mit der Sie ein oder mehrere E-Mail-Konten einrichten und nutzen können. Wenn Sie stattdessen **Gmail** oder gar eine ganz andere App aus dem Google Play Store verwenden, wird diese ähnlich funktionieren, aber anders aufgebaut sein. Letzteres ist besonders sinnvoll, wenn Sie Ihre E-Mails zum Beispiel über **GMX**, **Hotmail** und **AOL** empfangen, da Sie mit den entsprechenden Apps die höchste Kompatibilität erreichen. Mehr zum Thema E-Mails erfahren Sie auch auf Seite 27.

❶ Wenn Sie die App öffnen, landen Sie direkt im **Posteingang**. Gelesene E-Mails sind grau hinterlegt, ungelesene weiß mit blauer Schrift. Über den jeweiligen Stern ganz rechts können Sie Nachrichten als wichtig markieren. Tippen Sie auf das Listensymbol oben links, um die Übersicht aller verfügbaren Ordner zu öffnen.

❷ Unten links können Sie eine neue, **leere E-Mail** öffnen.

❸ Hier geben Sie ganz oben die E-Mail-Adresse manuell ein oder suchen sie über das Symbol rechts aus Ihren Kontakten (siehe Seite 181) heraus.

❹ Sollen weitere Kontakte die E-Mail entweder als Kopie (**Cc**) oder als Blindkopie (**Bcc**) erhalten, blenden Sie mit dem Pfeilsymbol zusätzliche Felder dafür ein.

❺ Beschreiben Sie im **Betreff** idealerweise kurz den Inhalt der E-Mail. Sie können dieses Feld aber auch leer lassen.

❻ Der Text, den Sie hier eingeben, kann mit den Werkzeugen in der Leiste darüber bearbeitet werden. Mit dabei sind: Schriftgröße, Schriftfarbe, Aufzählungen sowie Einrücken. Das kleine Bildsymbol ermöglicht Ihnen, Bilder, Termine, Kontakte, Orte und mehr direkt in die E-Mail einzufügen (das ist ein Unterschied zum Anhang – siehe Seite 199). Rechts daneben können Sie über das T-Symbol eine vorgefertigte Kurznachricht (Schnellantwort) einfügen.

❼ Hierbei handelt es sich um die voreingestellte **E-Mail-Signatur**. Diese können Sie ändern, indem Sie im Posteingang auf die Menütaste tippen, dann Einstellungen auswählen und als Nächstes auf das entsprechende E-Mail-Konto tippen.

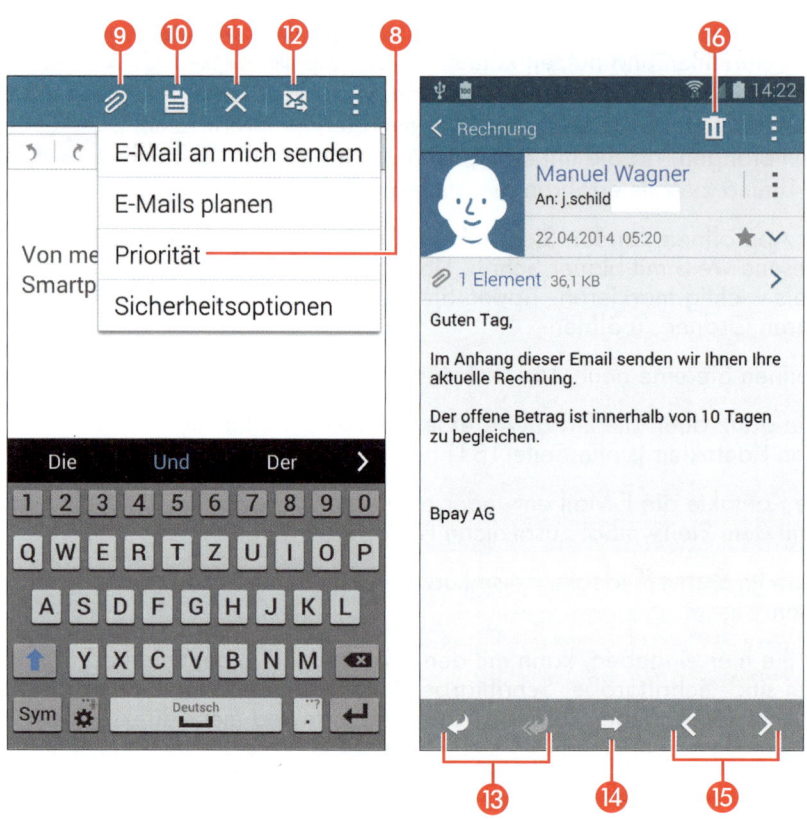

E-Mails schreiben – Fortsetzung

8 Bevor Sie die E-Mail abschicken, stehen Ihnen hinter der Menütaste noch weitere Optionen zur Verfügung. Hier können Sie beispielsweise eine Priorität festlegen oder die Nachricht erst zu einem bestimmten Zeitpunkt verschicken lassen.

9 Über dieses Symbol können Sie eine Datei auswählen, die als **Anhang** mit der E-Mail verschickt werden soll.

10 **Speichern** Sie die E-Mail hier ab, sofern Sie sie später weiterschreiben beziehungsweise verschicken möchten.

11 Haben Sie es sich anders überlegt? Hier können Sie den ungesendeten **Entwurf löschen**.

12 Mit diesem Symbol **senden** Sie die fertige E-Mail ab.

13 Wenn Sie eine erhaltene E-Mail **beantworten** möchten, tippen Sie auf den Linkspfeil, um nur dem Versender zu antworten, und auf den doppelten Pfeil, um dem Versender und weiteren Empfängern der E-Mail gleichzeitig zu antworten.

14 Mit dem Rechtspfeil **leiten** Sie die erhaltene E-Mail und eventuelle Anhänge **weiter** (siehe nächste Seite). In den Einstellungen können Sie das automatische Weiterleiten von Anhängen deaktivieren.

15 Hier können Sie zur vorherigen beziehungsweise zur nächsten E-Mail navigieren.

16 Mit dem Papierkorbsymbol **löschen** Sie die geöffnete E-Mail auf der Stelle – zum Beispiel bei unerwünschter Werbung.

Tipp: Über das Menüsymbol rechts oben im Posteingang gelangen Sie zu weiteren Funktionen und den Einstellungen für die E-Mail-App. Hier gibt es selbsterklärende allgemeine Einstellungen sowie spezifische für Ihre einzelnen Konten. Sie können beispielsweise festlegen, ob Nachrichten beim Abruf automatisch vom Mailserver gelöscht werden oder ob sie dort verbleiben sollen, damit Sie sie vielleicht später noch mit dem PC abrufen und archivieren können.

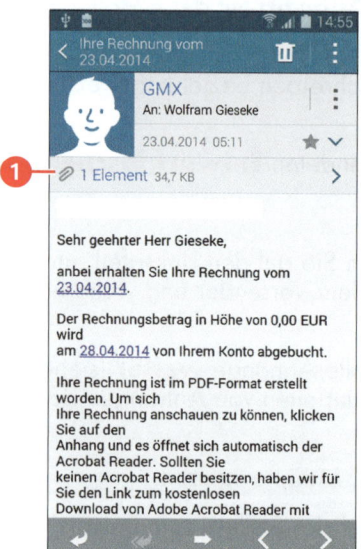

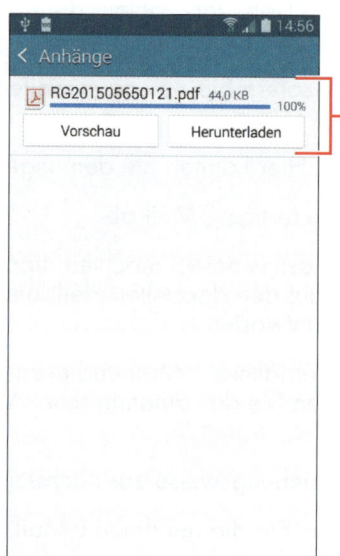

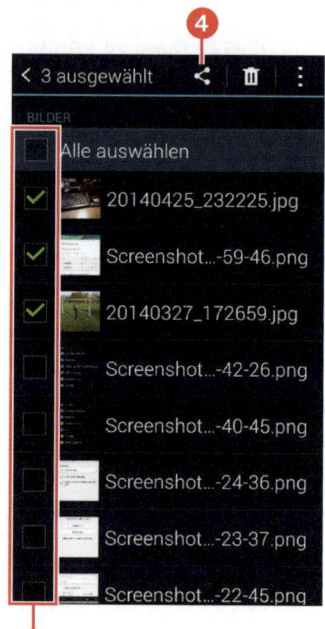

Anhänge empfangen und verschicken

Ihr Galaxy S5 eignet sich ganz hervorragend für das Versenden und Empfangen von Fotos und anderen Dateien per E-Mail.

❶ Eine E-Mail mit Anhang, die Ihnen zugeschickt wurde, erkennen Sie an der zusätzlichen Zeile mit dem Büroklammersymbol und einem Dateinamen. Hierbei müssen Sie unterscheiden zwischen Dateien, die in die E-Mail eingefügt wurden, und solchen, die angehängt wurden. Beide werden standardmäßig nicht heruntergeladen, aber die eingefügten können in der E-Mail angezeigt werden. Wenn Sie einen ganz normalen Anhang empfangen haben, tippen Sie auf diese zusätzliche Zeile.

❷ Sie können dann alle Anhänge gleichzeitig oder einzeln herunterladen. Alternativ besteht die Möglichkeit einer Vorschau, diese unterstützt allerdings nicht alle Formate bzw. erfordert eine installierte App, die das jeweilige Format des Anhangs beherrscht. Heruntergeladene Dateien landen im Download-Ordner und können über die App **Eigene Dateien** gefunden werden. Fotos werden zusätzlich noch in der **Galerie**-App angezeigt (Seite 217). Empfangene Dateien können Sie an andere Personen weiterleiten (siehe vorherige Seite ⓮).

❸ **Selbst Anhänge verschicken können Sie mit dem Büroklammersymbol im Maileditor** (siehe vorherige Seite ❿). Ebenso können Sie aber aus vielen Apps heraus mittels der Teilen-Funktion (Seite 203) deren Inhalte per E-Mail verschicken. Ich zeige dieses Vorgehen anhand der App **Eigene Dateien** (Seite 153), mit der Sie im Zweifelsfall jede Datei auf Ihrem S5 finden und verschicken können. Öffnen Sie den entsprechenden Ordner und setzen Sie Haken neben alle Dateien, die verschickt werden sollen.

❹ Tippen Sie dann auf das Teilen-Symbol – mehr dazu auf der übernächsten Seite – und wählen Sie die E-Mail-App aus. Es wird sofort eine neue E-Mail erstellt, und die ausgewählten Dateien werden bereits als Anhang eingefügt. Sie brauchen nur noch die Empfängeradressen sowie gegebenenfalls einen Nachrichtentext zu ergänzen.

Achtung: Bedenken Sie beim Verschicken von großen Dateien, dass jeder E-Mail-Anbieter unterschiedliche Dateigrößen zulässt.

Soziale Netzwerke nutzen: Facebook, Twitter, Google+ & Co.

Mit Ihrem Galaxy S5 können Sie Freunde und Verwandte prima über Ihren Alltag, den Urlaub und mehr immer auf dem Laufenden halten – oder eben selbst jederzeit auf dem Laufenden bleiben, wenn Sie das wollen. Das ist der typische Anwendungszweck **sozialer Netzwerke**. Hier können Sie überall **Statusmeldungen** posten – von »Es regnet!« bis zu »Kühlschrank zu verkaufen« –, Bilder hochladen, Webseiten teilen und in einigen Fällen auch chatten. Ich erkläre im Folgenden die Unterschiede zwischen den beliebtesten Netzwerken. Im Endeffekt kommt es aber darauf an, wo sich die meisten Ihrer Freunde befinden. Bei allen Netzwerken gilt: Behalten Sie Ihre **Privatsphäre-Ein-stellungen** im Blick!

❶ **Facebook:** Nach wie vor das größte soziale Netzwerk, daher finden Sie hier auch am ehesten alte und neue Freunde. Sie können News, Webseiten, Status-Updates und Bilder sowie die Meldungen Ihrer Freunde teilen. Alles kann bewertet und kommentiert werden.

❷ **Twitter:** Hier können lediglich kurze Nachrichten (140 Zeichen) und Links zu Bildern oder Webseiten veröffentlicht werden. Ich persönlich benutze Twitter allerdings nur, um herauszufinden, was Firmen und berühmte Personen zu sagen haben.

❸ **Tumblr:** Sie können Texte, Fotos, Zitate, Links sowie Audio- und Videodateien in Ihrem eigenen Tumblr-Blog posten. In dieser Community haben Sie die beste Chance, Follower (zu Deutsch Anhänger) zu bekommen, die Sie persönlich nicht kennen – zum Beispiel indem Ihr Blog spezielle Informationen für Fans liefert. Es bietet aber auch eine tolle Möglichkeit, Fotos und Geschichten aus dem Urlaub Freunden und der Familie zur Verfügung zu stellen. Diese müssen dafür nämlich keinen Tumblr-Account besitzen.

❹ **Google+:** Jeder, der einen Google-Account besitzt, hat auch eine Google+-Seite und ist Teil der Community – und das ist nicht das Einzige, was Google ohne direkte Zustimmung einfach so durchsetzt. Wie alle anderen sozialen Netzwerke muss man hier sehr aufpassen, was die Privatsphäre angeht.

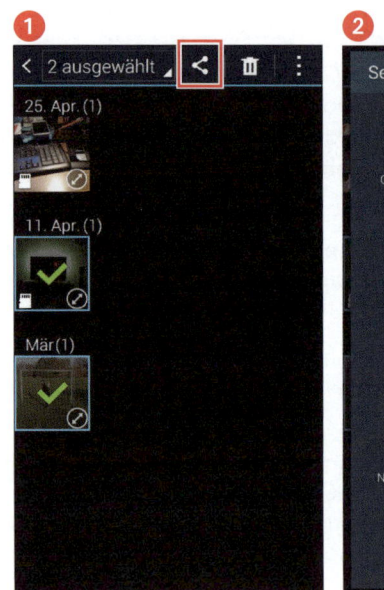

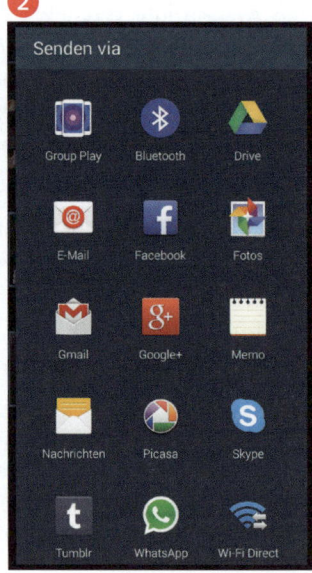

Inhalte auf allen Kanälen mit anderen teilen

Egal ob Foto, Webseite, Kontakt oder Zitat: Mit Ihrem Galaxy S5 können Sie fast jeden Inhalt mit der ganzen Welt oder einfach nur mit bestimmten Freunden teilen beziehungsweise ihnen zur Verfügung stellen (der Begriff Teilen ist die Übersetzung des englischen Worts Share).

❶ Ob Sie etwas an andere weitergeben können, erkennen Sie an dem **Teilen-Symbol**. In diesem Fall würden Sie die zwei mit grünen Haken versehenen Bilder auf einmal aus der Galerie heraus teilen (siehe Seite 217). Wenn Sie das Teilen-Symbol antippen …

❷ … öffnet sich eine Übersicht aller Apps, mit denen Sie den entsprechenden Inhalt teilen können. Tippen Sie das Symbol der Anwendung an, die Sie für den Vorgang nutzen möchten.

❸ Sie werden zu der App weitergeleitet und können nun meistens noch weitere Informationen eingeben und mit wem genau geteilt werden soll.

Einige Beispiele:

- **Facebook, Twitter, Tumblr:** Sie können Bilder und Videos, aber auch einfach nur Texte, Orte oder Webseiten teilen. Unten rechts (über der Tastatur) besteht jedes Mal die Möglichkeit, einzustellen, mit wem geteilt wird.
- **E-Mail:** Die geteilten Inhalte werden als Anhang an eine neue E-Mail angehängt (mehr dazu auf Seite 27).
- **Google Drive:** Die Inhalte werden auf die zu dem Google-Account gehörende Cloud-Lösung hochgeladen.
- **Dropbox:** Siehe Google Drive.
- **Bluetooth:** Wie Sie die Datei kabellos mit einem anderen Gerät teilen, erfahren Sie auf Seite 95.
- **MMS/Nachrichten:** Die Datei wird an eine Kurznachricht angehängt. Es handelt sich dann nicht mehr um eine SMS, sondern um eine teurere MMS. Verwenden Sie hierfür lieber WhatsApp (siehe Seite 191).

Kapitel 10 | Fotos und Videos

Dass Ihr Galaxy S5 über zwei Kameras verfügt, ist Ihnen ja bereits bekannt, aber wissen Sie auch, was Sie damit alles machen können? In diesem Kapitel zeige ich, was die **Kamera-Anwendung** alles kann – inklusive Panoramaaufnahmen und Videos – und wie Sie fertige Fotos hinterher bearbeiten. Danach gibt es noch einige Empfehlungen zu hilfreichen Bildbearbeitungs-Apps aus dem Play Store, und ganz zum Schluss erkläre ich, wie Sie digitale Fotos unkompliziert ausdrucken und sogar verschicken.

Mit Stativ und Objektiv

Gerade viele Fotomodi (siehe Seite 209) verlangen, dass man die Kamera ganz ruhig hält, damit die Aufnahmen gelingen. Da das aus der Hand nahezu unmöglich ist, empfiehlt sich hier ein **Stativ**. Das bekommen Sie zusammen mit einem Zoomobjektiv für 40 Euro von Arktis (siehe QR-Code). Alternativ können Sie natürlich auch jeden anderen passenden Smartphone-Ständer nutzen, solange dieser die Kameras freilässt. Wichtig ist, dass Sie für das Fotografieren zusätzlich noch den Selbstauslöser mit kurzer Verzögerung verwenden. Wenn Sie die Aufnahme direkt auslösen, reicht bereits die Berührung des Displays meist schon für einen leichten Verwackler.

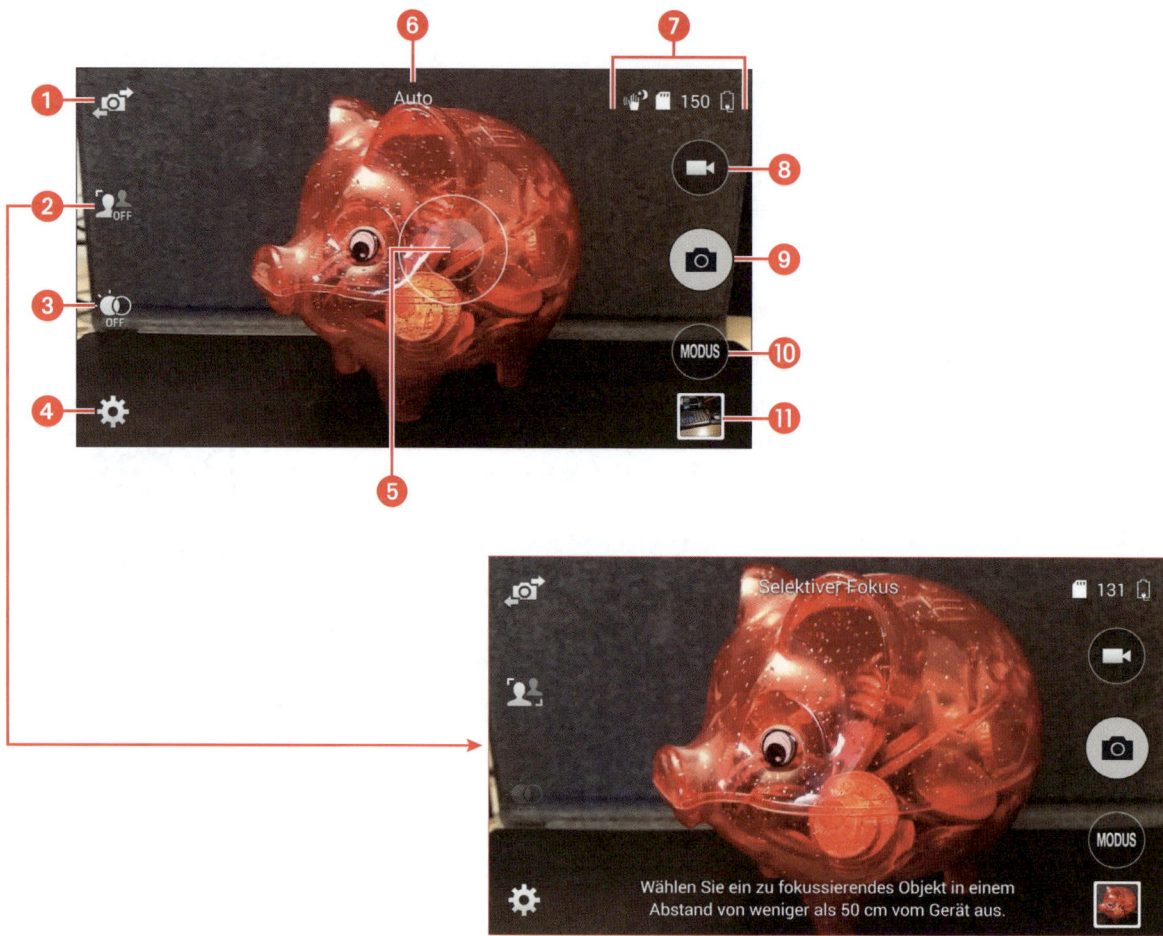

Auto

MODUS

Selektiver Fokus

MODUS

Wählen Sie ein zu fokussierendes Objekt in einem
Abstand von weniger als 50 cm vom Gerät aus.

Mit der S5-Kamera Bilder aufnehmen

Die Kamera bietet zwar jede Menge tolle Funktionen, lässt sich aber auch vom unerfahreneren Fotografen schnell und eingängig bedienen. Ich zeige die wesentlichen Bedienelemente hier im für Fotos gängigeren Querformat. Sie können selbstverständlich genauso hochkant fotografieren, nur verschieben sich die Elemente dann etwas.

1 Oben links können Sie zwischen der Rückseitenkamera und der Frontkamera (zum Beispiel für Selbstaufnahmen) hin- und herwechseln.

2 Diese Schnelleinstellung aktiviert den selektiven Fokus, mit dem Sie einen Tiefenunschärfeeffekt (fast) wie mit einer echten Spiegelreflexkamera erreichen können. Wählen Sie dazu (durch Antippen auf dem Bildschirm) ein Objekt im Bild aus, das sich weniger als 50 Zentimeter von der Linse und mindestens dreimal so weit vom Hintergrund entfernt befindet.

3 Mit dieser Schnelleinstellung aktivieren Sie die HDR-Funktion der Kamera. Diese erhöht künstlich den Kontrastumfang der Aufnahme, sodass sehr dunkle und sehr helle Bildbereiche gleichzeitig abgebildet werden können.

4 Hier geht es zu den **Einstellungen**. Mehr dazu auf Seite 211.

5 Der Kreis liegt über dem Bildbereich, der während der Aufnahme scharf dargestellt (fokussiert) wird. Tippen Sie mit dem Finger auf eine andere Stelle, um den **Fokuspunkt** dorthin zu verlegen.

6 Hier steht, welcher **Modus** (siehe **10**) eingestellt ist.

7 In der Ecke werden ständig einige wichtige Informationen wie die Anzahl der noch möglichen Aufnahmen (Speicherplatz!) und der Akkuladestand angezeigt.

8 Hier wechseln Sie vom Fotografieren zur **Videoaufnahme**. Mehr dazu auf Seite 215.

9 Der **Kameraauslöser**! Antippen, um das angezeigte Motiv aufzunehmen.

10 Hier geht es zu den **Aufnahmemodi**. Darauf gehe ich auf der nächsten Seite genauer ein.

11 Hier sehen Sie immer eine **Miniatur** der letzten Aufnahme. Tippen Sie sie an, um die große Version in der Galerie (siehe Seite 217) aufzurufen.

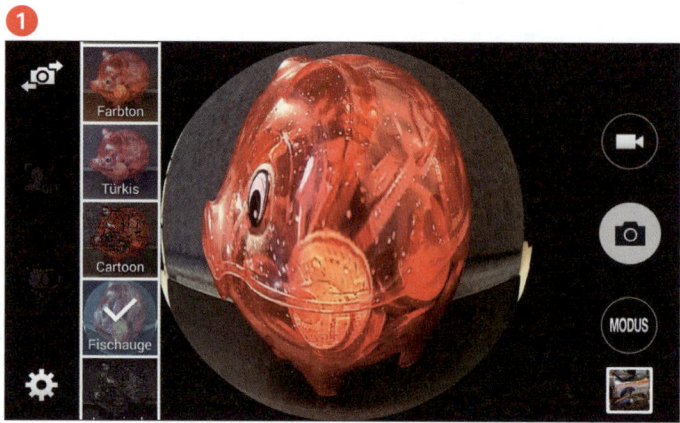

Verschiedene Fotomodi und Filter einsetzen

Zwar wissen Sie nun, wie Sie fast nebenbei ein Foto aufnehmen, aber einige Aufnahmen wollen ja gut überlegt und sollen ganz besonders gut gelungen sein. Dafür gibt es verschiedene **Fotomodi** (siehe ❿ auf Seite 207) und tolle **Filter**. Dabei können Sie schon vor der Aufnahme sehen, welchen Effekt Sie damit erzeugen ❶. Ein wenig komplexer geht es bei den Fotomodi zu ❷:

- **Auto:** Die Standardeinstellung, bei der die Kamera versucht, Fokuspunkt und Belichtung bestmöglich selbst zu bestimmen.

- **Schönes Porträt:** Die Kamera zeigt Ihnen mit einem gelben Rahmen, wann eine Aufnahme für ein Porträtfoto geeignet ist.

- **Shot and more:** Eine weiterentwickelte Serienbildfunktion, die Ihnen im Anschluss an die Aufnahme verschiedene einfache Optimierungsmöglichkeiten bietet:

- **Bestes Foto:** Suchen Sie von mehreren Bilder das beste aus.

- **Best Face:** Insbesondere bei Gruppenaufnahmen können Sie die Gesichter aus mehreren Aufnahmen für ein gelungenes Gesamtbild komponieren – irgendwer guckt ja immer gerade unpassend.

- **Radierer:** Bewegte Objekte (beispielsweise vorbeifahrende Autos) können nach der Aufnahme entfernt werden, was aber nur unter optimalen Bedingungen klappt.

- **Drama-Aufnahme:** Machen Sie eine Aufnahme, die ein bewegtes Objekt in mehreren Stadien zeigt. Auch hier müssen die Rahmenbedingungen stimmen.

- **Panoramaschwenk:** Ein schneller Schwenk kann nach der Aufnahme zu einem kleinen Panorama zusammengesetzt werden.

- **Panorama:** Hiermit werden schnell, einfach und sehr verlässlich Breitbildaufnahmen erstellt.

- **Virt. Tour:** Sie erzeugen aus mehreren Bildern eine dreidimensionale Tour durch einen Raum, die dem Betrachter einen besseren Eindruck verschafft als simple Fotos.

- **Dual Camera:** Das Bild der Frontkamera wird in die Aufnahme der Hauptkamera eingeblendet, sodass Sie sich selbst im Moment der Aufnahme mitfotografieren können.

- **Download:** Hierunter verbirgt sich die Möglichkeit, weitere Modi herunterzuladen.

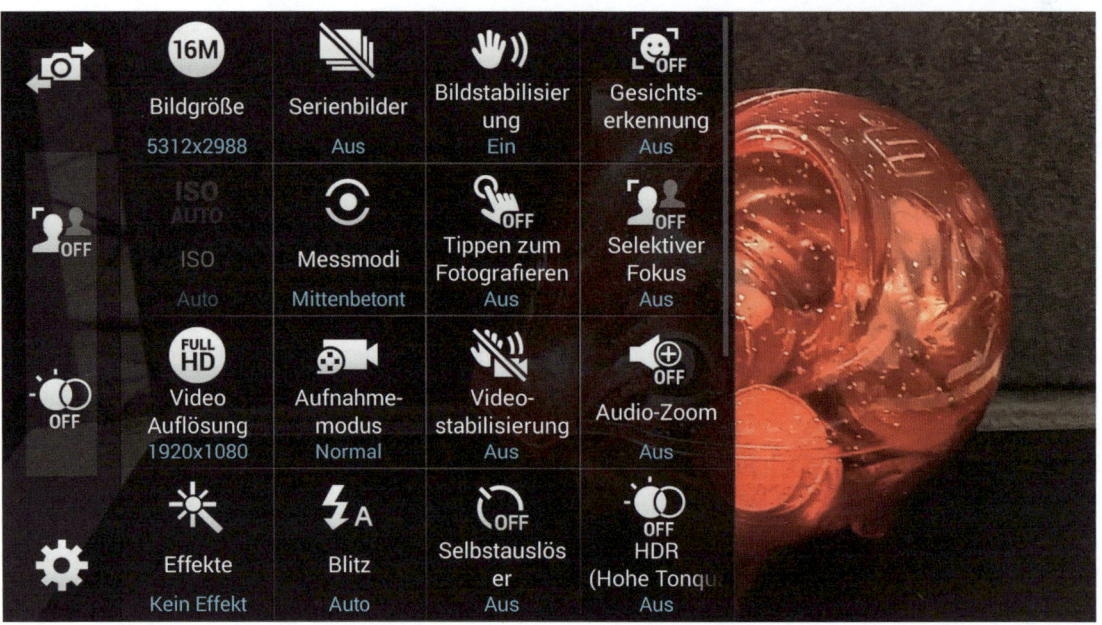

16M Bildgröße 5312x2988	Serienbilder Aus	Bildstabilisier ung Ein	Gesichts- erkennung Aus
ISO AUTO ISO Auto	Messmodi Mittenbetont	Tippen zum Fotografieren Aus	Selektiver Fokus Aus
FULL HD Video Auflösung 1920x1080	Aufnahme- modus Normal	Video- stabilisierung Aus	Audio-Zoom Aus
Effekte Kein Effekt	Blitz Auto	Selbstauslös er Aus	HDR (Hohe Tonqu Aus

Erweiterte Kameraeinstellungen

Mit Filtern und Aufnahmemodi haben Sie das Potenzial der Kamera noch lange nicht ausgeschöpft. Wenn Sie die Menütaste antippen, werden die Einstellungen angezeigt. Einige der Optionen sind nur abhängig vom gewählten Modus verfügbar. Für andere wiederum ist es empfehlenswert, sich mit dem Thema Fotografie etwas ausführlicher auseinanderzusetzen, da es sich um Einstellungen für Fortgeschrittene (ISO, Messmodi, Belichtungswert) handelt.

- **Bildgröße:** Format und Qualität der Fotoaufnahme, was den Speicherbedarf beeinflusst.
- **Serienbilder:** Fotoserie eines sich bewegenden Motivs aufnehmen.
- **Bildstabilisierung:** Bei Aufnahmen aus der Hand Verwacklungseffekte reduzieren.
- **Gesichtserkennung:** Soll die Kamera bei Gesichtern im Bild Zusatzfunktionen bereitstellen?
- **ISO:** Der ISO-Wert steuert die Lichtempfindlichkeit der Kamera.
- **Messmodi:** Die Kamera kennt verschiedene Methoden, die Belichtungsstärke zu ermitteln.
- **Tippen zum Fotografieren:** Einfach auf den Bildschirm tippen, um Fotos aufzunehmen.
- **Selektiver Fokus:** Mit dieser Funktion nehmen Sie Fotos mit Unschärfeeffekt auf.
- **Video Auflösung:** Auch für Videos kann die Qualität und damit der benötigte Speicherplatz gewählt werden.
- **Aufnahmemodus:** Hier können verschiedene Videoaufnahmevarianten aktiviert werden.
- **Videostabilisierung:** Sorgt für ruhigere Bilder.
- **Audio-Zoom:** Die Lautstärke der Tonaufnahme wird beim Zoomen des Motivs automatisch erhöht.
- **Effekte:** Auswahl aus verschiedenen verfügbaren Effekten treffen (siehe Seite 207 ❷).
- **Blitz:** Soll Blitzlicht verwendet werden oder nicht? Mit Auto entscheidet die Kamera jeweils selbst.
- **Selbstauslöser:** Wichtig für Gruppenfotos oder wenn Sie ganz sicher verwackelungsfrei aufnehmen wollen.
- **HDR:** Durch einen erweiterten Kontrastumfang können besonders eindrucksvolle Bilder entstehen.

Erweiterte Kameraeinstellungen – Fortsetzung

Weiter geht's mit den vielfältigen Kameraeinstellungen:

- **Standort-Tags:** Wenn Sie diese Option aktivieren, wird in jedem Foto die geografische Position gespeichert. Beachten Sie das, falls Sie Fotos im Internet veröffentlichen möchten!
- **Speicher:** Legen Sie fest, ob Bilder im internen Speicher oder auf einer Micro-SD-Karte abgelegt werden sollen.
- **Fotos/Videos prüfen:** Nach jeder Aufnahme wird das neue Bild/Video automatisch angezeigt.
- **Remote-Sucher:** Fernsteuerung der Kamerafunktion von einem anderen Gerät.
- **Weißabgleich:** Hier stellen Sie die Kamera-App auf die aktuelle Lichtsituation ein.
- **Belichtungswert:** Der Belichtungswert wird automatisch ermittelt, kann hier aber beeinflusst werden.
- **Richtlinien:** Blendet Hilfslinien beispielsweise für einen geraden Horizont ein.
- **Sprachsteuerung:** Lösen Sie eine Aufnahme mit »Lächeln«, »Bitte lächeln«, »Klick« oder »Aufnahme« aus.
- **Hilfe:** Hilfeinformationen zur Verwendung der Kamera anzeigen.
- **Zurücksetzen:** Kameraeinstellungen zurücksetzen.

Wichtige Funktionen als Schnelleinstellungen wählen

Wenn Sie bestimmte Einstellungen regelmäßig verändern, ist der Weg über die Einstellungen unnötig umständlich. In diesem Fall können Sie – während die Einstellungen geöffnet sind – bis zu drei dieser Schaltflächen nach links an den Rand auf eines der vorhandenen Symbole ziehen. Es übernimmt dann dessen Platz und kann ab sofort durch einfaches Antippen vor einer Aufnahme aktiviert bzw. eingestellt werden.

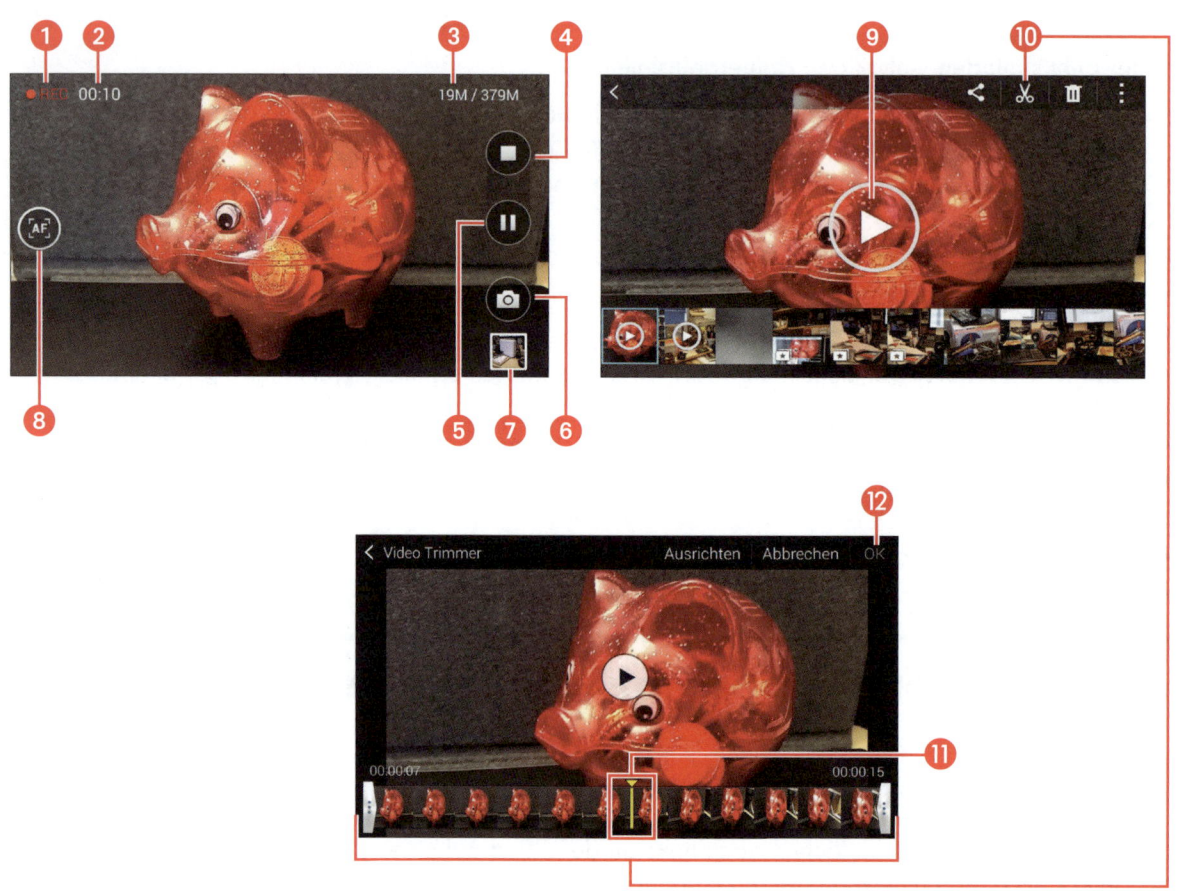

Videos aufnehmen und zuschneiden

Für Videoaufnahmen stehen Ihnen nicht ganz so viele Möglichkeiten wie für die klassische Fotografie zur Verfügung. Sie können Filter (siehe Seite 209) verwenden, die Sie vorher im Fotomodus einstellen, und auch den Dual-Modus nutzen. Um eine Videoaufnahme zu starten, müssen Sie im Fotografieren-Modus auf das Kamerasymbol über dem Auslöser tippen:

❶ Das rote **REC** links oben bedeutet, dass »die Kamera läuft«, also aufgenommen wird.

❷ Direkt daneben sehen Sie die Länge der Aufnahme. Hier wird die **Zeit** hochgezählt, analog zur stetig steigenden **Dateigröße** ❸.

❹ Tippen Sie auf das Quadrat, um die Aufnahme zu beenden und das Video **abzuspeichern**.

❺ Pausieren Sie die Aufnahme. Über dieselbe Taste starten Sie sie dann auch wieder.

❻ Hier können Sie während der Videoaufnahme zusätzlich noch Fotos anfertigen.

❼ Ganz unten wird ein **Miniaturbild** der letzten Aufnahme gezeigt. Wenn das Video fertig ist, können Sie das Fenster antippen, um es sich anzuschauen ❾ und/oder grob zuzuschneiden ❿.

❽ Mit diesem Symbol können Sie während der Aufnahme den Autofokus abschalten und **manuell scharf stellen**.

❿ Sie können mit den beiden Reglern links und rechts festlegen, wo das Video anfangen und aufhören soll.

⓫ Mit dem Regler in der Mitte können Sie durch das Video **navigieren**.

⓬ Zum Schluss tippen Sie oben auf **OK**, um das Video abzuspeichern und eventuell neu zu benennen.

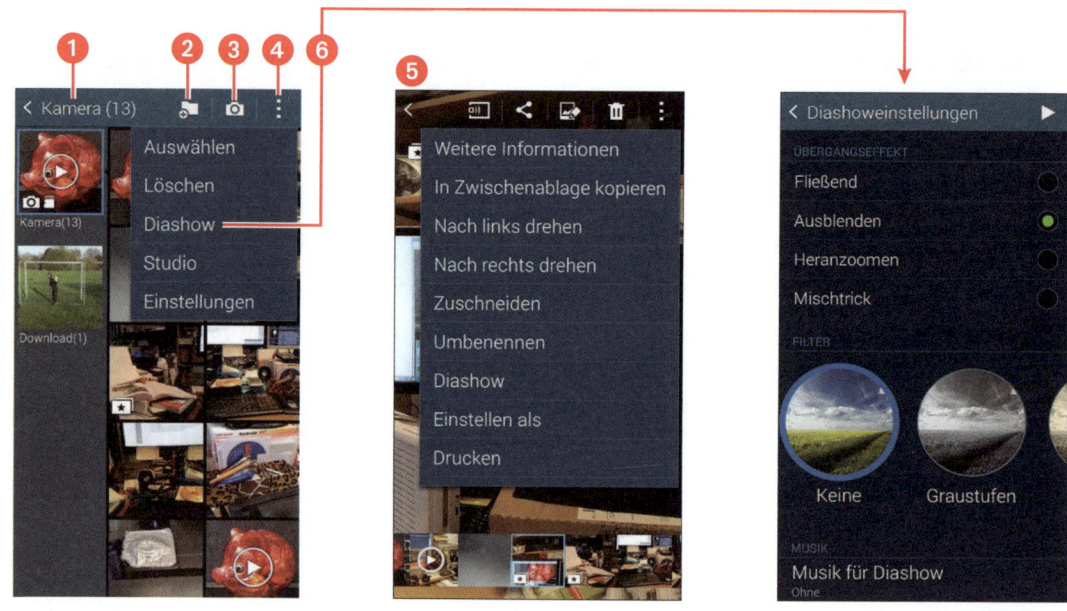

Auswählen
Löschen
Diashow
Studio
Einstellungen

Weitere Informationen
In Zwischenablage kopieren
Nach links drehen
Nach rechts drehen
Zuschneiden
Umbenennen
Diashow
Einstellen als
Drucken

‹ Diashoweinstellungen

ÜBERGANGSEFFEKT

Fließend
Ausblenden
Heranzoomen
Mischtrick

FILTER

Keine   Graustufen

MUSIK

Musik für Diashow
Ohne

Bilder in der Galerie betrachten

Bei der vorinstallierten App mit dem Namen **Galerie** handelt es sich um den Sammelort für Bilder jeglicher Art und selbst erstellte Videos. Hier landen Fotos, Screenshots sowie Bilder von Picasa, Facebook und Dropbox (siehe ❻). Folgende Möglichkeiten haben Sie in der Galerie:

❶ Sie können Fotos unterschiedlich **sortieren** (etwa nach Alben oder Aufnahmedatum), dementsprechend ändert sich die Darstellung der Bildübersicht. In der Übersicht können Sie einzelne Fotos oder Videos antippen, um sie bildschirmfüllend anzuzeigen. Oder Sie tippen länger darauf, um in den Auswahlmodus zu gelangen. Besteht eine Auswahl, werden zusätzlich Symbole zum Teilen und Löschen angezeigt.

❷ Um Ihre Bildersammlung zu strukturieren, können Sie **neue Ordner** erstellen.

❸ Wenn Sie aus der **Kamera-App** in die Galerie geraten sind, können Sie auch schnell wieder dorthin zurückkehren.

❹ Im Menü finden Sie weitere Funktionen wie die **Diashow** ❻ sowie einige Einstellungen für die Galerie.

❺ Lassen Sie sich ein Bild oder Video in groß anzeigen, bietet das Menü weitere Funktionen, die sich auf das jeweilige Bild beziehen. So können Sie das Bild rotieren oder zuschneiden. Praktisch ist auch Einstellen als, womit Sie das gewählte Bild ganz schnell zum Hintergrund für den Start- oder Sperrbildschirm erklären können.

❻ Die Diashow lässt sich mithilfe einiger Optionen mit Übergangseffekten, Filtern und Hintergrundmusik versehen. Insbesondere wenn Sie den Bildschirminhalt per Screen Mirroring auf ein TV-Gerät übertragen, können Sie damit tolle Bildpräsentationen »aus dem Handgelenk schütteln« (Seite 93).

Die Galerie bietet auch **Bildbearbeitungswerkzeuge** (siehe nächste Seite) sowie die Möglichkeit, aufgenommene Videos grob zu schneiden (siehe vorherige Seite).

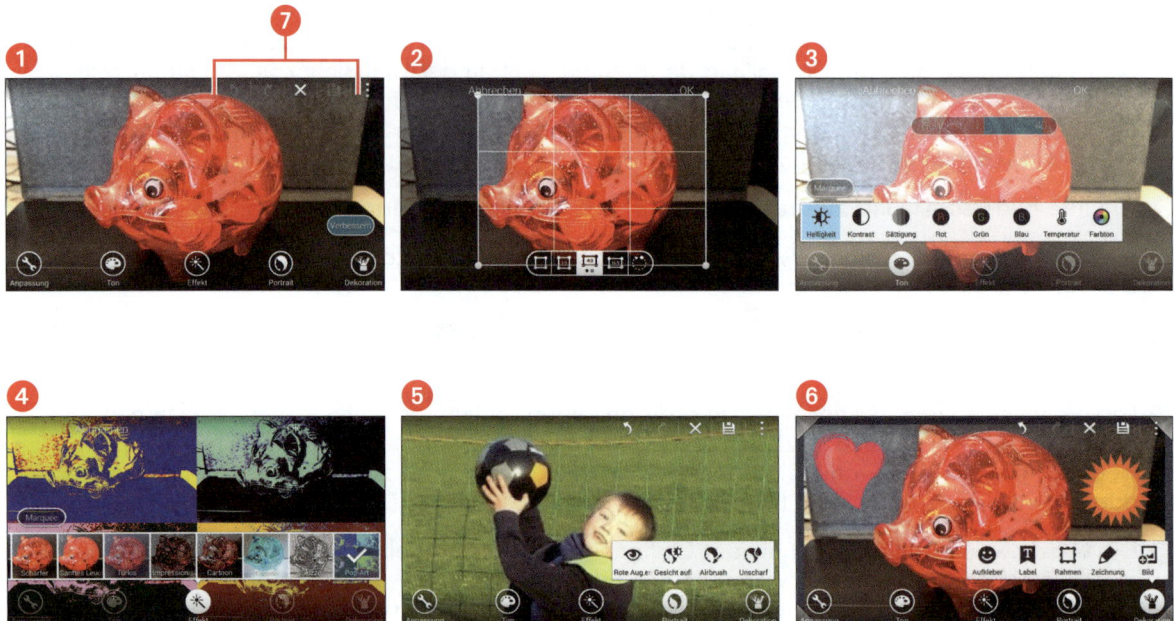

Bilder bearbeiten

Wenn Sie in der Galerie ein Bild antippen, erscheint es in einer großen Ansicht, in der oben rechts ein Stiftsymbol zum Bearbeiten zur Verfügung gestellt wird. Tippen Sie es an, um das Bild zu verbessern, zu verändern oder einfach mit lustigen Elementen zu versehen:

❶ Auf der Bearbeitungsseite sehen Sie das gewählte Bild und unten Symbole für die verschiedenen Eingriffsmöglichkeiten.

❷ Anpassung: Hier können Sie das Bild drehen, einen Bildausschnitt festlegen sowie die Größe anpassen.

❸ Ton: Spielen Sie mit Kontrast, Sättigung, Helligkeit und den Farbtönen, um Farbstiche auszugleichen oder dem Bild eine ganz eigene Note zu verleihen.

❹ Effekt: Hier können Sie Ihr Foto unter vielem anderen wie ein Comic, eine Skizze, eine Gravur oder eine historische Aufnahme aussehen lassen. Durch Ziehen des Fingers verändern Sie die Intensität des Effekts.

❺ Portrait: Über diese Option können Sie nicht nur rote Augen entfernen, sondern auch Nasen etc. verkleinern und Unreinheiten retuschieren.

❻ Dekoration: Hier können Sie das Bild mit Rahmen, Text, lustigen Stickern mit Motiven aus allen Bereichen oder Zeichnungselementen versehen. Oder bauen Sie ein anderes Bild als Verzierung in dieses Bild ein.

❼ Vor und Zurück: Über die beiden Pfeile oben in der Mitte können Sie jede Veränderung rückgängig machen. Daneben finden Sie Symbole zum Speichern und Verwerfen der Änderungen. Innerhalb der einzelnen Funktionen können Sie immer oben den aktuellen Stand mit OK übernehmen oder diesen Bearbeitungsschritt abbrechen.

Alternative Kamera-Apps

Ab Seite 205 erkläre ich, wie die vorinstallierte Kamera-Anwendung funktioniert. Das Schöne an Android: Im Google Play Store finden Sie jede Menge ähnliche Apps, die weitere beziehungsweise andere Funktionen bieten, um kreative Fotografien zu erstellen. Viele beinhalten außerdem Bildbearbeitungsoptionen:

❶ Papier Kamera (1,79 Euro): Mit dieser einfachen, aber ungewöhnlichen Kamera können Sie nur Aufnahmen machen, die bereits einen Filter beinhalten. Mit dabei sind Bleistift- und Pastellzeichnungen, aber auch ungewöhnliche Effekte mit Namen wie Neon Cola und Comic Boom. Bildbearbeitungsfunktionen fehlen hier allerdings. Die App beinhaltet wenig Text, der teils auf Englisch, teils auf Deutsch vorliegt.

❷ Instagram (kostenlos): Wenn Sie einfach nur unkompliziert drauflosknipsen möchten und dann in wenigen Sekunden mit einem Filter und einigen anderen Korrekturen das Foto verbessern möchten, sind Sie bei Instagram genau richtig. Das fertige Bild können Sie dann auf Ihrer Instagram-Seite zeigen, sodass es die dazugehörige Community bewerten kann, aber zusätzlich auch auf Facebook, Twitter, Tumblr & Co. posten (siehe Seite 201). Die App bietet wenige Erklärungstexte, ist dafür aber komplett auf Deutsch verfügbar.

❸ Camera ZOOM FX (1,99 Euro): Diese Kamera bietet neben umfassenden Aufnahmeoptionen auch ein sehr gutes Bildbearbeitungsprogramm – inklusive einer großartigen Collage-Funktion. Standardmäßig werden bereits einige Filter, Rahmen und mehr mitgeliefert. Im Google Play Store finden Sie für diese App kostenlose Add-ons mit weiteren tollen Bildverschönerungselementen. Die App ist zwar auf Deutsch, aber ab und zu ist ein Ausdruck nicht ganz eindeutig. Man kann hier jedoch jede Handlung rückgängig machen.

Sie finden in den App-Stores natürlich Tausende von Kamera-Apps, und die meisten sind kostenlos. Achten Sie aber unbedingt auf die Bewertungen (siehe auch Seite 169). Viele Anwendungen enthalten sehr viel Werbung und bieten kaum Mehrwert.

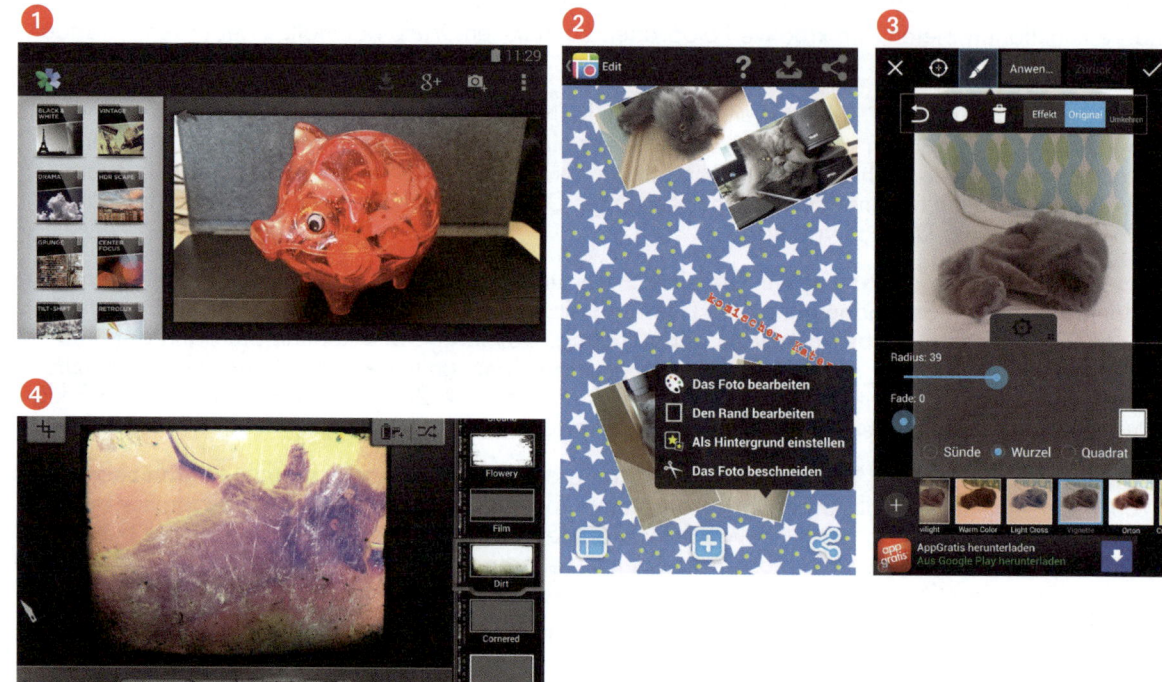

Die besten Apps für die Bildbearbeitung

Im Google Play Store gibt es natürlich nicht nur tolle Kamera-Apps (siehe vorherige Seite), sondern auch Apps, die sich nur auf die Bildbearbeitung konzentrieren. Hier vier Empfehlungen für kostenlose Anwendungen:

❶ Snapseed: Das meiner Meinung nach beste Bildbearbeitungsprogramm, das man kostenlos herunterladen kann. Es beinhaltet nicht nur Grundfunktionen wie Zuschneiden, Drehen und das Anpassen von Kontrast, Sättigung & Co., sondern auch Filter und Rahmen. Die Effekte werden erst mit einem Wischen nach unten ausgesucht und dann mit Wischen nach rechts oder links eingestellt. Die App ist auf Deutsch, hat keine Werbung und sieht schick aus.

❷ PicCollage: Eine App in deutscher Sprache, mit der Sie tolle Collagen aus Ihren Fotos erstellen können. Sie haben die Möglichkeit, jedes Bild einzeln zu bearbeiten und Rahmen, Text sowie Hintergründe individuell anzupassen. Das Ergebnis können Sie dann ganz schnell im Internet oder per E-Mail etc. teilen (siehe Seite 203).

❸ PicsArt Photo Studio: Eine sehr umfangreiche App, die ein wenig gewöhnungsbedürftig ist. Aber dafür ist sie auf Deutsch und bietet detaillierte Bearbeitungswerkzeuge an – unter anderem auch Collagen. Hinter der Anwendung steht eine Fotocommunity, deren Bilder Ihnen als Inspiration dienen können. Allerdings finden Sie hier Werbung am unteren Rand.

❹ Pixlr-o-matic: Diese App verschönert Bilder in fünf schnellen Schritten: 1. Bild aufnehmen (mit einer anderen Kamera-App) oder aus der Galerie aussuchen, 2. Filter auswählen, 3. Effekt auswählen, 4. Rahmen auswählen und 5. abspeichern und/oder teilen. Alternativ kann das Bild auch im Netz hochgeladen werden und erhält dann eine Webseitenadresse auf imm.io, die nur für dieses Bild gilt. Über die App können Sie Hunderte von neuen Filtern, Effekten und Rahmen kostenfrei herunterladen. Die App ist zwar auf Englisch, aber es gibt kaum relevanten Text, da alles mithilfe von Symbolen dargestellt wird. Das Programm gibt es übrigens auch für den Browser: http://pixlr.com/o-matic.

Fotos mit dem Smartphone präsentieren

Der Bildschirm des Galaxy S5 zeigt Ihre Bilder zwar gestochen scharf an, aber für eine Präsentation der schönsten Urlaubsfotos im größeren Kreis ist das keine optimale Lösung. Wenn Sie jedoch gerade einen SmartTV in der Nähe (und im selben Netzwerk) haben, der DLNA unterstützt, können Sie den Inhalt des Smartphone-Bildschirms einfach auf dessen großen Schirm beamen. Das funktioniert mit Fotos ebenso wie mit Videos:

➊ Wann immer Sie ein Foto oder Video zum Anzeigen auswählen, wird oben das **Senden-Symbol** angezeigt. Teilweise erscheint es nur kurz, dann tippen Sie kurz auf den Bildschirm, um es wieder anzuzeigen.

➋ Das S5 sucht dann im lokalen Netzwerk nach Geräten, die als Wiedergabemedium zur Verfügung stehen. Wählen Sie beispielsweise Ihr SmartTV-Gerät aus, um es zum Abspielen zu verwenden. Bildschirminhalt und Ton des S5 werden dann gleichzeitig auch auf dem Fernseher ausgegeben.

➌ Eine weitere Möglichkeit, schöne Bilder lustbringend auf Ihrem S5 zu verwenden, ist das Widget **Bilderrahmen**. Hier können Sie alle Bilder oder einzelne Alben abwechselnd auf dem Startbildschirm anzeigen lassen. Beim Einfügen auf dem Startbildschirm können Sie festlegen, ob das Widget nur aus Ihren eigenen Bildern, aus einem bestimmten Album oder einfach aus allen Bildern auf dem S5 wählen soll. Das Widget wechselt regelmäßig per Zufall das Motiv. Über das kleine Einstellungssymbol unten rechts können Sie die Darstellung noch etwas anpassen.

So klappt das Senden an TV-Geräte

Voraussetzung für das beschriebene Senden an TV-Geräte ist, dass S5 und TV-Geräte sich im selben lokalen Netzwerk befinden. Das TV-Gerät muss DLNA beherrschen, um Daten als Stream vom S5 entgegennehmen zu können. Werden Fotos oder Videos auf dem Fernseher angezeigt, können Sie den Bildschirm des S5 abschalten oder auch etwas anderes damit machen. Die Wiedergabe auf dem Fernseher läuft automatisch weiter. Um sie abzubrechen, benutzen Sie gegebenenfalls die Exit-Taste oder Ähnliches auf dessen Fernbedienung.

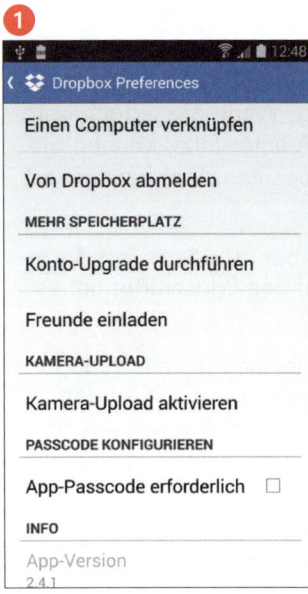

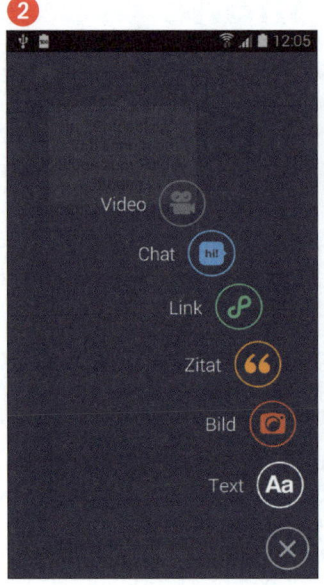

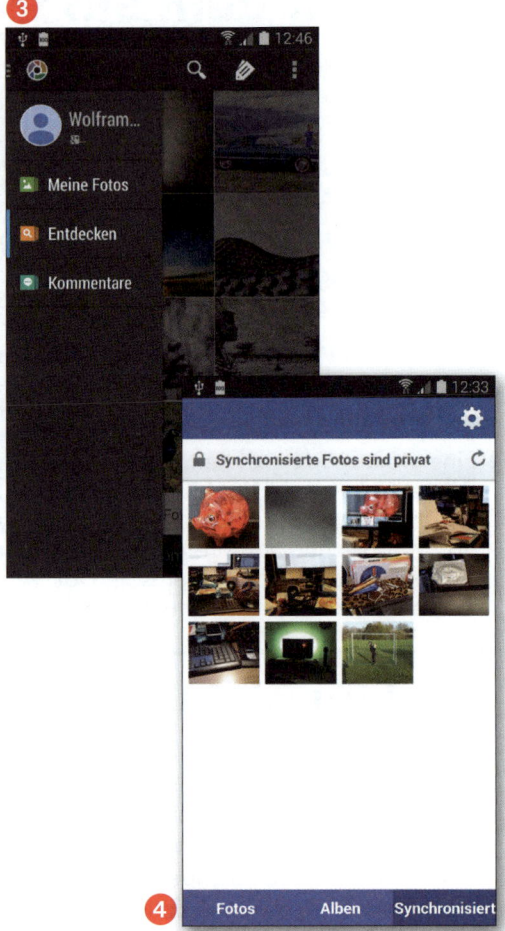

Fotos mit anderen online teilen

Wenn Sie Ihre Bilder nicht nur einmalig vorführen, sondern dauerhaft mit Familie und Freunden teilen möchten, stehen Ihnen dafür dank Internet, sozialen Netzwerken und Cloud verschiedene Möglichkeiten zur Verfügung.

❶ **Dropbox:** Diese Cloud-App erkläre ich auf Seite 271 genauer. Um Fotoalben zum Beispiel aus dem Urlaub zu erstellen, stellen Sie den automatischen Kamera-Upload (am besten nur per WLAN, sonst wird es teuer) an. Damit werden alle Fotos, die Sie machen, sofort in den entsprechenden Ordner geladen, sofern Sie sich mit dem Smartphone in einem WLAN befinden. Jeder, für den Sie den Ordner freigeben, kann sich die Bilder dann in Albumform in einem Browser anschauen und herunterladen.

❷ **Tumblr:** Wenn Sie die Bilder auf Tumblr hochladen, können Sie zu jedem Bild noch einen passenden Text verfassen. Die Fotos sind dann aber für jeden zugänglich. Dafür können Sie Ihr Tumblr-Blog richtig schick ganz nach den eigenen Wünschen gestalten. Außerdem ist hier auch Platz für selbst erstellte Videos.

❸ **Picasa/Google+:** Da Picasa zu Google gehört, sind diese beiden Dienste ineinander verwoben, was seine Vor- und Nachteile hat. Picasa selbst bietet sehr viele Optionen, was den Einstieg etwas unübersichtlich macht. Andererseits ist es das perfekte Programm, um eine große Anzahl von Bildern zu verwalten. Allerdings empfehle ich dafür die PC-/Mac-Version. Das Galaxy S5 wird bei vielen Bildern irgendwann einfach zu langsam.

❹ **Facebook:** Laden Sie neue Bilder einfach auf Facebook hoch. Dort können Sie bestimmen, wer (alle, Facebook-Freunde, nur Sie) diese einsehen und Kommentare abgeben kann.

Im Google Play Store finden Sie natürlich noch weitere Alben-Apps. Auch hier gilt: Schauen Sie sich vor dem Download die Bewertungen (siehe Seite 169) gut an.

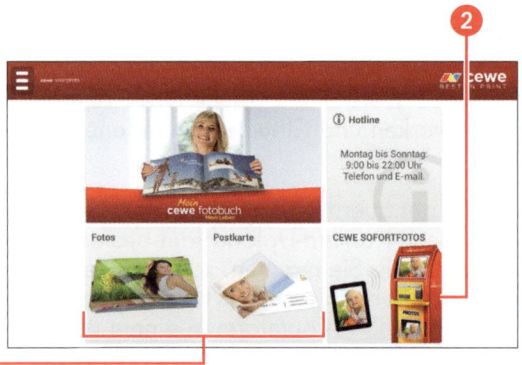

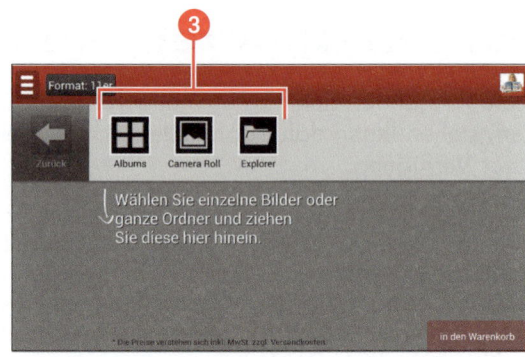

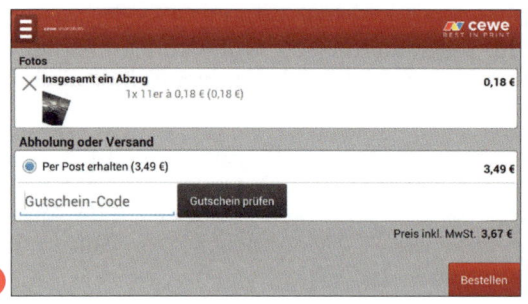

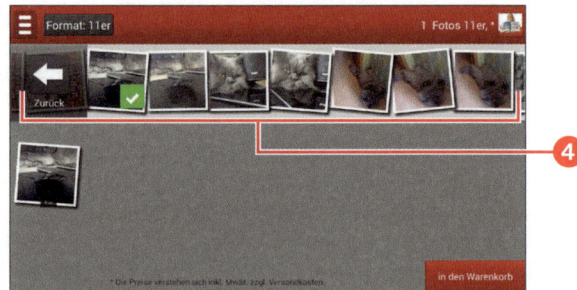

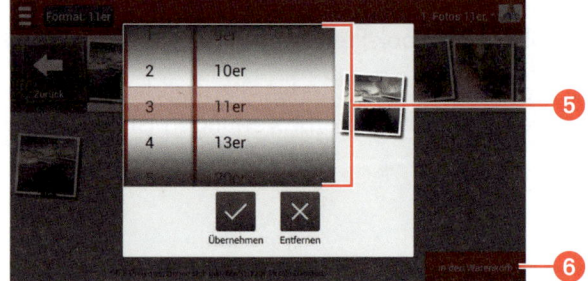

Fotos ausdrucken mit der CEWE-App

Mit der vorinstallierten Software von CEWE können Sie Ihre mit dem Galaxy S5 aufgenommenen Fotos sogar Realität werden lassen, und zwar mit nur wenigen Handgriffen:

❶ Entscheiden Sie zunächst, ob Sie ein Fotoalbum oder einzelne Fotos ausdrucken lassen möchten. Es ist auch möglich, eine **Postkarte** zu entwerfen, die für Sie dann direkt verschickt wird – ähnlich wie auf der nächsten Seite beschrieben.

❷ Wenn Sie die Fotos sofort benötigen, nutzen Sie den **Sofortfoto-Service**. Dafür gehen Sie in einen Laden mit einem entsprechenden Gerät und können dort per WLAN die Fotos darauf übertragen und ausdrucken. Wie das genau geht und wo das nächste Geschäft ist, erfahren Sie in der App.

❸ Oben können Sie – von links nach rechts – ganze Alben oder einzelne Bilder aus der Galerie oder ganz rechts aus einem anderen Ordner auf Ihrem Smartphone auswählen.

❹ Wischen Sie in der oberen Reihe mit dem Finger nach rechts oder links – aber passen Sie auf, dass Sie nicht aus Versehen eine Auswahl treffen, erkennbar an dem grünen Pfeil. Das ausgewählte Foto erscheint dann im unteren Bereich.

❺ Sie können jedes Foto einzeln antippen und die Größe festlegen sowie die Anzahl, die Sie drucken möchten.

❻ Wenn Sie mit allem fertig sind, geht es weiter zum **Warenkorb**.

❼ Hier erfahren Sie den Komplettpreis und können dann zum abschließenden Bestellvorgang weitergehen. Dort können Sie sich entweder an einem bestehenden Account anmelden oder einen neuen anlegen. Letzteres ist einfach über die Webseite http://www.cewe-fotobuch.de/ am Computer durchzuführen.

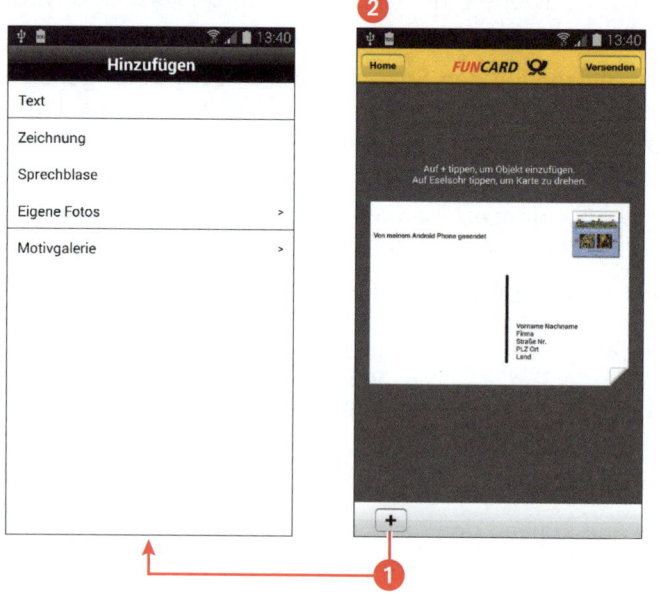

Vom Smartphone aus Postkarten verschicken

Wenn Sie Ihr Galaxy S5 mit in den Urlaub nehmen, können Sie es benutzen, um schnellere und (je nach Urlaubsland) auch günstigere Postkarten mit individuellen Motiven zu verschicken. Mit der **App Funcard** der Deutschen Post müssen Sie nur ein Urlaubsfoto aussuchen und nach Bedarf noch mit Text, Farben und anderen Gimmicks verzieren. Egal wo Sie sind, jede Karte kostet 1,45 Euro zuzüglich 45 Cent Porto für Deutschland und 75 Cent für internationale Empfänger und kann per Kreditkarte, PayPal oder ClickandBuy direkt über das Handy bezahlt werden. Die Bedienung ist denkbar einfach:

❶ In die Postkarte können Sie beliebig Text, Zeichnungen, Sprechblasen und selbstverständlich eigene Bilder einfügen.

❷ So können Sie Vorder- und Rückseite ganz individuell gestalten.

❸ Wenn alles Ihren Vorstellungen entspricht, können Sie die Karte mit Versenden oben rechts abschicken.

Der Druck dauert laut Post nur einen Werktag, sodass Karten innerhalb Deutschlands meistens nicht länger als drei Tage bis zum Empfänger brauchen. Zudem erhalten Sie eine Versandbestätigung.

Sie finden im Google Play Store natürlich noch ähnliche Apps. Achten Sie hier immer unbedingt neben den Bewertungen auf Preise und Bezahlmöglichkeiten.

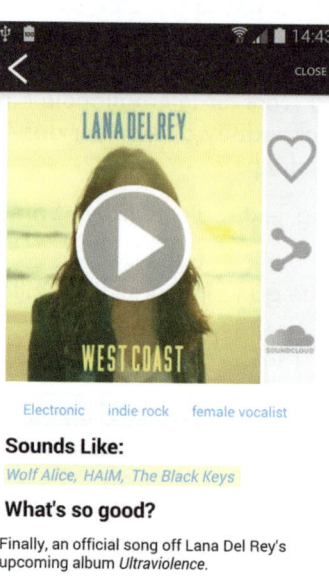

Electronic   indie rock   female vocalist

Sounds Like:

Wolf Alice, HAIM, The Black Keys

What's so good?

Finally, an official song off Lana Del Rey's upcoming album *Ultraviolence*.

"West Coast" is the first single to released by the incredibly popular artist, and I'm going to go ahead and assert that it's actually pretty

Kapitel 11 | Medien, Spaß & Spiel – die besten Apps

Aufgrund seiner eindrucksvollen Hardware und des großen Displays ist das Galaxy S5 der perfekte **Mini-Entertainer** für unterwegs. Sie können mit dem Smartphone nicht nur spielen, sondern auch Filme und kurze Videos anschauen sowie Musik hören und Bücher lesen. Langweilig wird Ihnen also ganz bestimmt nicht. Ich stelle in diesem Kapitel die vorinstallierten Anbieter sowie die meist kostengünstigeren Alternativen für alle Bereiche vor.

Nicht immer erste Wahl: Samsung Hub und Google Play

Sowohl Samsung als auch Google versuchen, auf dem Android-Markt digitale Medien an den Mann zu bringen. Sie finden diese sowohl in der App **Samsung Hub** als auch im **Google Play Store**. Dazu gehören dann jeweils Apps, mit denen Sie die Medien nutzen können. Allerdings können beide Anbieter weder ein besonders gutes noch ein günstiges Sortiment vorweisen. Dazu kommt, dass Sie in beiden Shops momentan nur mit Kreditkarte bezahlen können. Natürlich ist es einfacher, hier einen Film oder ein E-Book zu kaufen, da die dazugehörigen Anwendungen bereits installiert sind, aber mit den Anbietertipps, die Sie in diesem Kapitel finden, sind Sie deutlich besser bedient. Daher stelle ich einige vorinstallierte Apps zu den entsprechenden Google- und Samsung-Diensten gar nicht erst vor. Möchten Sie diese trotzdem ausprobieren, werden Sie merken, dass sie ähnlich funktionieren wie die hier empfohlenen Alternativen.

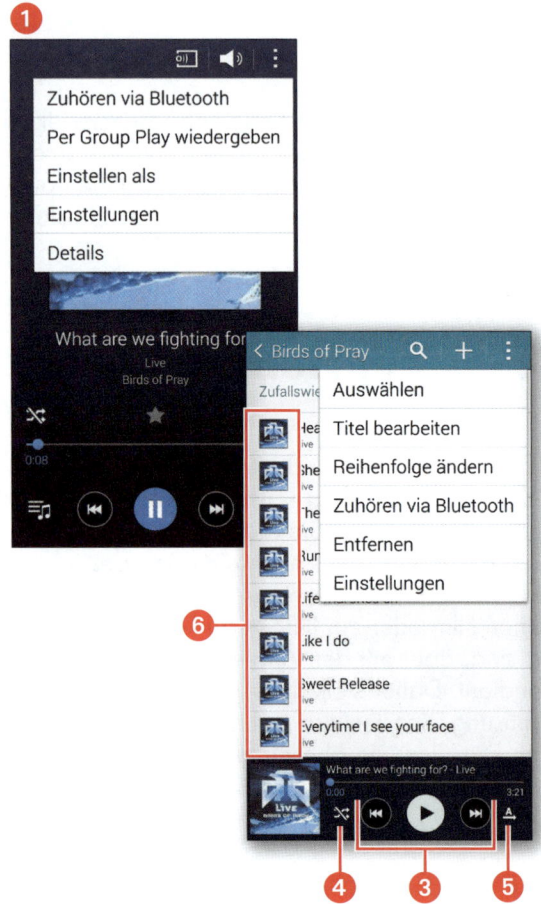

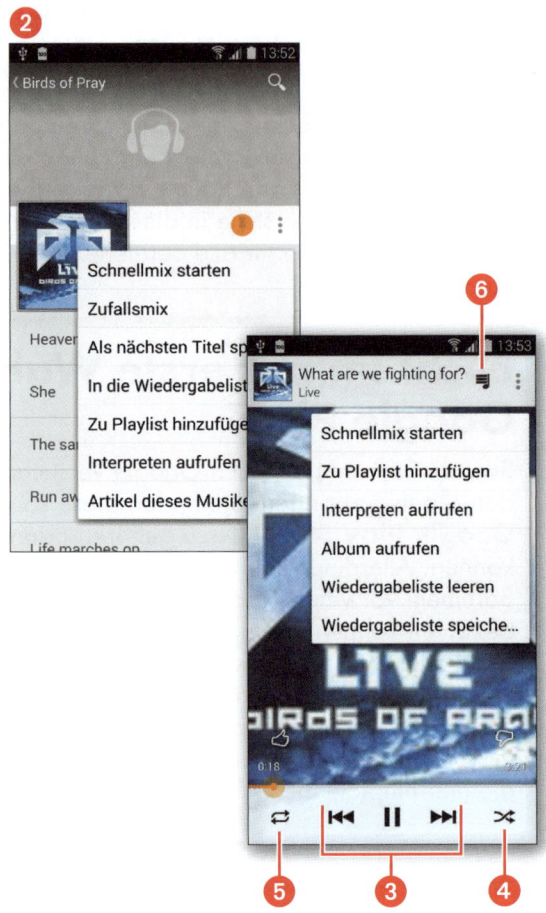

Mit an Bord: Musik von Samsung und Google

In Ihrer App-Übersicht finden Sie zwei Apps zum Thema Musik: **Musik ❶** von Samsung und **Play Music ❷** von Google. Wenn Sie einfach nur Ihre MP3s auf das Gerät kopieren (zum Beispiel per USB – mehr dazu auf Seite 101) und irgendwie abspielen möchten, ist es einerlei, welches Programm Sie nutzen. Beide Apps zeigen Ihnen alle MP3s auf dem Galaxy S5 an, egal in welchem Ordner sie liegen. Beide Apps spielen im Hintergrund weiter, auch wenn sich das Smartphone im Ruhezustand (siehe Seite 39) befindet, und besitzen natürlich die Grundfunktionen zum Abspielen von Musik:

❸ Die Abspiel-/Stopptaste. Links und rechts davon befinden sich jeweils Vor- und Zurückspultasten.

❹ Die Zufallswiedergabe.

❺ Der Wiederholungsmodus.

❻ Die Wiedergabeliste.

Beide Anwendungen bieten gegen eine Abogebühr die Möglichkeit, eigene Musik in eine Cloud, die mit dem eigenen Konto verknüpft ist, hochzuladen und dann auf das Galaxy S5 herunterzuladen oder – sofern Sie sich in einem WLAN befinden – zu streamen. Letzteres spart Speicherplatz. Musik, die Sie in der App **Play Store** herunterladen, wird jedoch so verschlüsselt, dass sie in anderen Apps nicht abspielbar ist. Am PC können Sie im Play Store hingegen gewöhnliche MP3s herunterladen und auf das Smartphone kopieren.

Tipp: Musik, die gerade läuft, kann bei den meisten Apps direkt im Sperrbildschirm (siehe Seite 47) sowie in der Benachrichtigungsleiste (siehe Seite 65) kontrolliert werden, auch wenn die App selbst gerade nicht auf dem Bildschirm angezeigt wird. Dort können Sie zumindest die Samsung-Musik-App auch direkt beenden. Bei Play Music hingegen müssen Sie immer erst in die App zurückkehren, dort die Wiedergabe unterbrechen und können dann mit der Zurück-Taste die App verlassen.

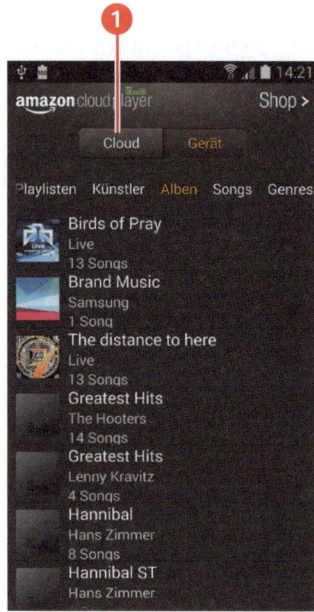

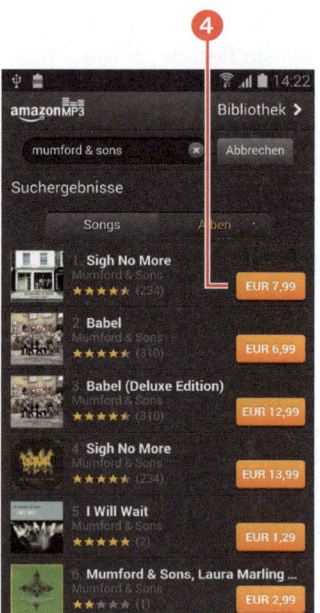

Mit Amazon Musik kaufen und abspielen

Mit seinem **Cloud Player** hat Amazon alles richtig gemacht, was hinsichtlich Bedienung, Kundenfreundlichkeit und Preis-Leistungs-Verhältnis nur möglich ist. Hier die wichtigsten Features:

- Der Cloud Player ist nicht nur für **Android**, sondern auch auf **iOS**, **Mac** und **PC** nutzbar – bis zu zehn Geräte können Sie mit einem Account nutzen.

- Bis zu 250 Songs sind kostenlos, danach zahlen Sie 25 Euro pro Jahr für bis zu 250.000 Songs.

- Sofern als MP3 verfügbar, werden Ihnen alle CDs, die Sie bei Amazon kaufen (oder mal gekauft haben), im Cloud Player automatisch zur Verfügung gestellt, und Sie erhalten die Möglichkeit, diese oder einzelne Songs daraus **herunterzuladen**.

- Sie können am Rechner eigene MP3s **hochladen**, egal woher Sie sie haben. Standardmäßig werden Songs in schlechter Qualität durch bessere ersetzt, sofern verfügbar.

- Die Songs, die Sie zu Ihrem Account hinzufügen, sind auf allen Geräten, auf denen Sie den Account einrichten, sowie in jedem Browser zum **Streamen über die Amazon-Cloud** ❶ verfügbar. Sie können jeden Song einzeln oder ganze Alben aber auch auf Ihr Galaxy S5 herunterladen ❷, damit zum Abspielen keine Internetverbindung benötigt wird.

- Der **MP3-Shop** befindet sich direkt in der App ❸. Hier kaufen Sie einzelne Songs oder ganze Alben mit nur einem Klick ❹. Sowohl preislich als auch inhaltlich ist das MP3-Angebot von Amazon in Deutschland attraktiv, teilweise gibt es sogar neue, erfolgreiche Songs gratis. Gekaufte Inhalte werden dem Cloud Player sofort hinzugefügt.

- Bei Amazon können Sie per Kreditkarte, Lastschrift oder Gutschein bezahlen.

- Mit demselben Amazon-Konto bekommen Sie auch Spiele und Apps (siehe Seite 167) sowie E-Books (siehe Seite 255) für Ihr Galaxy S5.

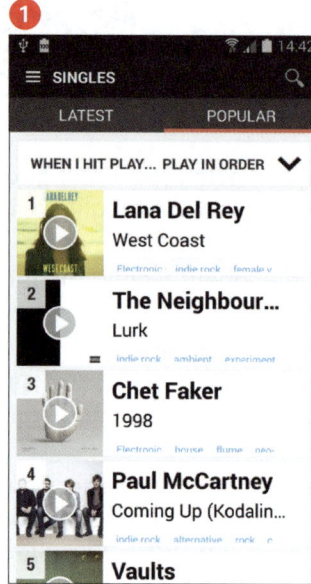

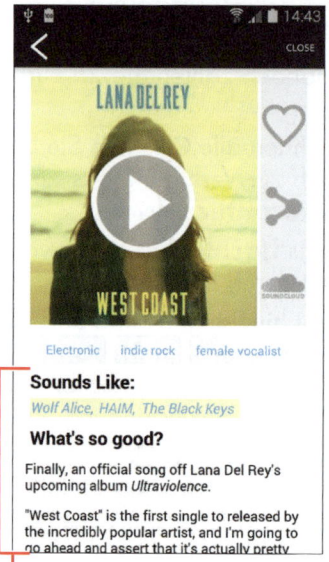

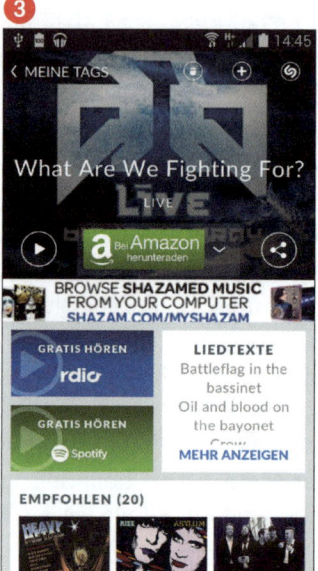

Kostenlos neue Musik entdecken mit Indie Shuffle

Wenn Sie gern neue Musik von bekannten oder auch unbekannten internationalen Musikern entdecken möchten, sollten Sie unbedingt **Indie Shuffle** ausprobieren ❶. Spielen Sie, ohne eingeloggt zu sein, einfach drauflos, hören Sie sich beliebte und neue Stücke an oder suchen Sie nach Künstlern. Wenn Sie sich einen Account zulegen oder sich mit Facebook beziehungsweise Twitter einloggen, besteht außerdem die Möglichkeit, Songs als Favoriten abzuspeichern und alle Stücke hintereinander abzuspielen. Das alles ist kostenlos und kann auch im Browser genutzt werden. Das Besondere an Indie Shuffle: Die Macher und die Nutzer bewerten die Musik auch. Oft finden Sie ausführliche Essays zu neuen Alben – allerdings fast immer nur auf Englisch ❷.

Musik mit Shazam erkennen

Ihnen ist es bestimmt auch schon mal so gegangen, dass Sie unterwegs einen Song gehört haben und unbedingt wissen wollten, um welches Stück es sich handelte. Wenn Sie die kostenlose App **Shazam** auf Ihrem Galaxy S5 installiert haben, können Sie diese starten und »zuhören« lassen. Innerhalb von Sekunden weiß die Anwendung, um welchen Song es sich handelt. Sie können diesen dann direkt bei Amazon kaufen, sofern die entsprechende App installiert ist (siehe vorherige Seite), sich das YouTube-Video anschauen (siehe Seite 247), das Ganze bei Spotify abspielen und abspeichern (siehe nächste Seite) oder sich den Songtext anzeigen lassen ❸.

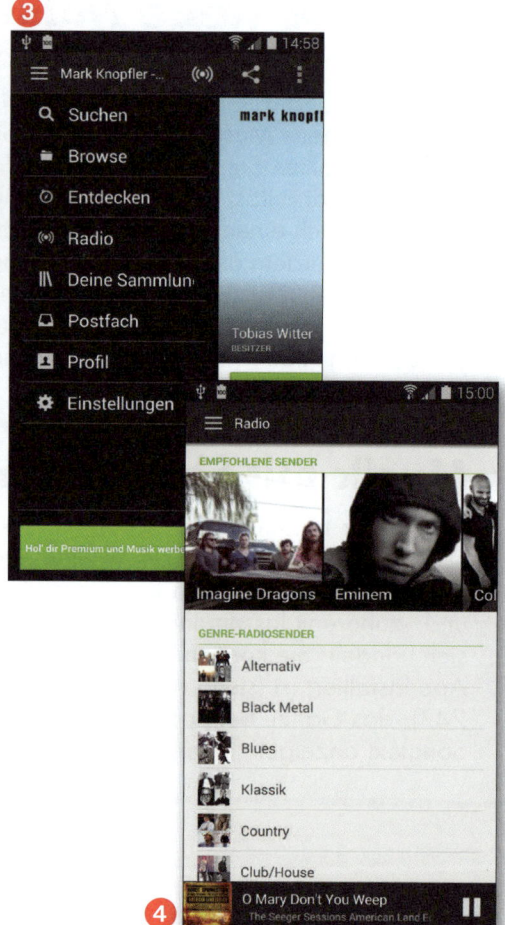

Leihen statt kaufen: Spotify

Wenn Sie öfter mal neue Songs hören möchten oder einfach nicht viel eigene Musik besitzen, ist eventuell Spotify eine Alternative für Sie ❶. Leider gibt es für Android nicht die gleiche kostenlose Variante (mit Werbung) wie für den PC. Nach einem Gratismonat zum Testen müssen Sie eine monatliche Gebühr investieren, wenn Sie diesen Musikdienst nutzen möchten. Spotify funktioniert **plattformübergreifend** unter Android, iOS, Windows, Mac und Linux sowie im Webbrowser. Dazu kommt die **riesige Auswahl** an Songs. Aus allen Genres und von Musikern aus der ganzen Welt ist für jeden Geschmack etwas dabei. Sie können Songs sogar herunterladen, um unterwegs Mobilfunkkosten zu sparen. Oder aber Sie streamen, wonach Ihnen gerade der Sinn steht, wenn Sie sich sowieso in einem WLAN befinden.

Innerhalb der App können Sie sich aktuelle Hits anhören ❷, eigene Playlists erstellen ❸, beobachten, was Facebook-Freunde, die Spotify nutzen, so hören, oder Genre-Radiosender abspielen ❹. Bei Letzteren handelt es sich um Musikzusammenstellungen und nicht um richtige Radiosender.

Die kleinere Alternative: Simfy

Simfy funktioniert nach dem gleichen Prinzip wie Spotify, hat aber, was das Angebot angeht, noch einiges nachzuholen. Auch hier gibt es eine zweiwöchige kostenlose Probezeit und einen Offlinemodus. Darum lohnt es sich, diesen Dienst auch mal auszuprobieren.

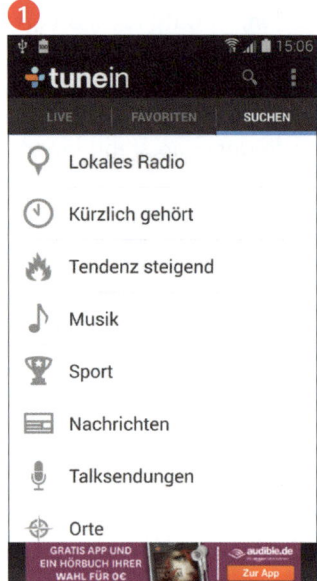

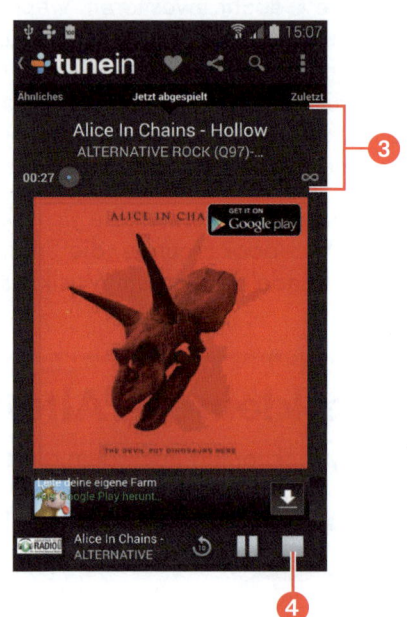

Mit TuneIn Radio das Smartphone als Radio nutzen

Wenn Sie gern Radio hören, werden Sie ebenfalls im Google Play Store fündig. Es gibt hier jede Menge **Radio-Apps**. Ganz vorne dabei: TuneIn Radio. Die App gibt es kostenlos mit Werbung oder kostenpflichtig ohne Werbung und mit einer Aufzeichnen-Funktion.

❶ Sie haben in der App die Möglichkeit, nach Sendern aus aller Welt zu suchen oder die einzelnen Kategorien zu durchforsten.

❷ Alternativ können Sie im Live-Modus auch ein Genre auswählen.

❸ Ihnen wird immer in Echtzeit angezeigt, welcher Song gerade abgespielt wird. Wenn Sie sich ein Konto erstellen oder sich mit Facebook beziehungsweise Twitter anmelden, können Sie Songs und Musiker in Ihren Favoriten abspeichern und mit Freunden teilen (siehe Seite 201).

❹ Sie stoppen die Musik unten rechts mit Tipp auf das große Quadrat.

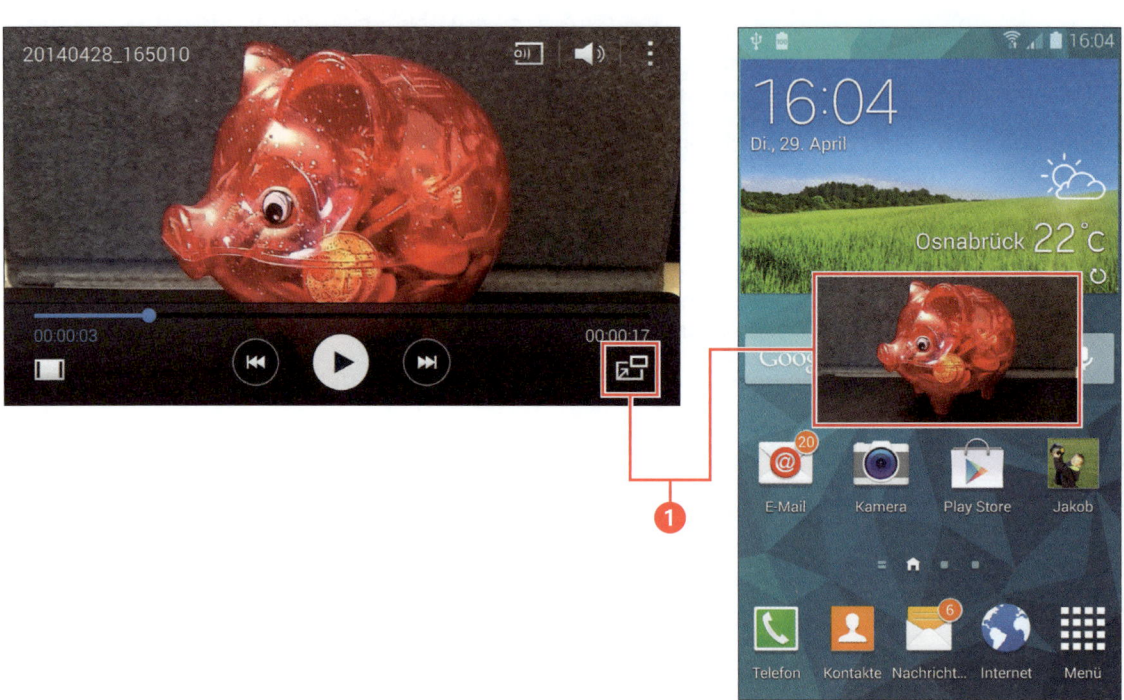

Filme auf dem S5 anschauen

Wenn Sie einen Film anschauen möchten, besteht der schnellste Weg darin, diesen per Samsung Hub oder Google Play Store zu kaufen oder zu leihen. Wie auf Seite 233 bereits beschrieben, sind diese Videos allerdings unverhältnismäßig teuer, und das Angebot ist klein. Nutzen Sie stattdessen gern meine Empfehlungen auf den nächsten Seiten.

Möchten Sie eine Filmdatei vom Rechner **auf Ihr Smartphone kopieren**, gehen Sie so vor, wie auf Seite 101 beschrieben. Gut möglich, dass Sie sogar gefragt werden, ob das Video konvertiert werden soll, damit das Galaxy S5 es abspielt. Alternativ können Sie dafür auch Kies nutzen (siehe Seite 103). In der App **Video** taucht die Datei dann auf, egal wo Sie sie auf dem Smartphone abgelegt haben. Hier werden auch Videos angezeigt, die sich in Ihrer Dropbox befinden. Diese müssen aber erst heruntergeladen werden, und das kann dauern. Auf Seite 271 erfahren Sie, wie Sie Videos vor dem Anschauen per Dropbox herunterladen können. Innerhalb des abspielenden Films können Sie ein kleines Videofenster ❶ aufrufen, das auf dem Home-Screen von der App losgelöst erscheint (siehe Screenshot), wenn Sie das Feld ganz unten rechts antippen. Ansonsten ist der Player sehr rudimentär. HD-Filme werden aber problemlos und gestochen scharf abgespielt.

Mit DVB-T-Empfänger Fernsehen schauen

Wenn Sie einen DVB-T-Empfänger, zum Beispiel von Elgato, besitzen, können Sie das Galaxy S5 als Minifernseher nutzen. Laden Sie dafür die zu dem Gerät gehörende App herunter, und schon kann es losgehen – **ganz ohne Internet**! Zwar sind diese Geräte sehr teuer, dafür aber meistens auch auf Android-Tablets und Android-fähigen-Fernsehern einsetzbar.

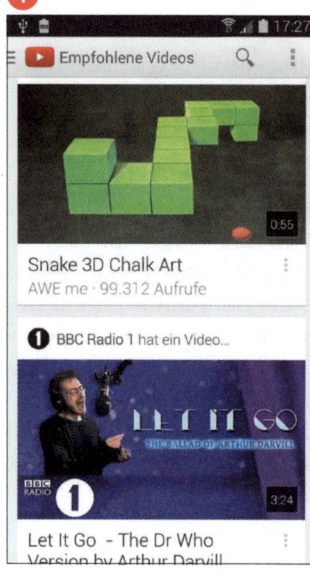

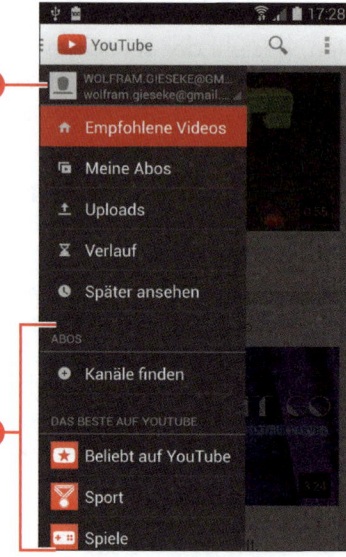

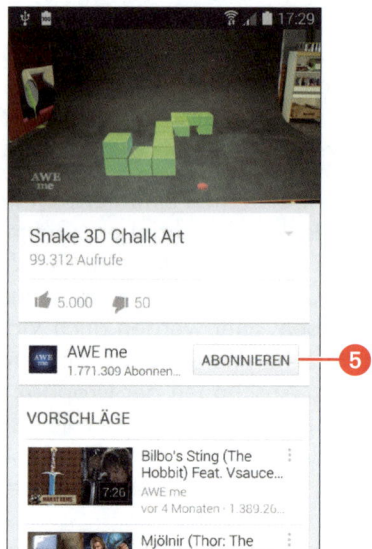

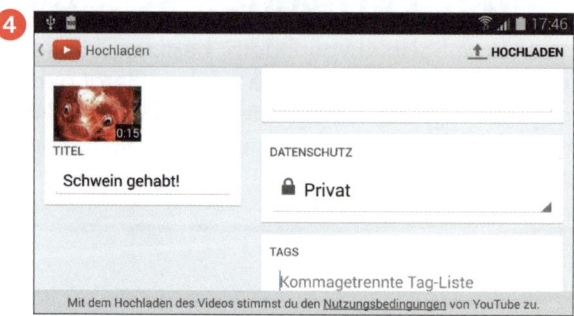

Besser als sein Ruf: YouTube

Wenn Sie YouTube starten, werden Ihnen Trendvideos angezeigt. Die meisten davon sind inhaltlich nicht unbedingt empfehlenswert. Dabei birgt YouTube tolle Filme, Trailer und mehr in seinen schier unendlichen Weiten. Wenn Sie sich mit Ihrem Google-Konto anmelden (alternativ können Sie ein neues YouTube-Konto anlegen, was dann gleichzeitig auch ein Google-Konto ist), Videos suchen, die Ihren Interessen entsprechen, und die jeweiligen **Kanäle abonnieren**, erhalten Sie nach einer Weile eine für Sie gemachte spannende Startseite ❶. Diese beinhaltet dann die neuesten Videos der von Ihnen abonnierten Kanäle sowie passende **Empfehlungen** von YouTube. Wenn Sie vom linken Rand aus nach rechts wischen, öffnen Sie die Übersicht ❷ Ihrer abonnierten Kanäle. Tippen Sie auf Ihren Namen ❸, gelangen Sie zum **Verlauf** angeschauter Videos, zu den **Favoriten**, Ihren **Playlists** und den **Uploads**. Möchten Sie ein neues auf dem Galaxy S5 erstelltes Video hochladen ❹, müssen Sie die Teilen-Funktion (siehe Seite 203) in der Galerie (siehe Seite 217) nutzen. Innerhalb eines Videos können Sie den dazugehörigen Kanal abonnieren ❺ sowie ähnliche Videos anwählen und darunter Kommentare ansehen beziehungsweise verfassen. Halten Sie für den Vollbildmodus das Gerät im Querformat.

Mit TubeMate YouTube-Videos herunterladen

Aus Gründen des Urheberrechts erlaubt YouTube das Herunterladen von Videos nicht, was gerade für unterwegs schade ist. Um Videos herunterladen zu können, folgen Sie der Anleitung auf Seite 173. Installieren Sie sich 1Mobile.com und laden Sie dort die App **TubeMate** herunter.

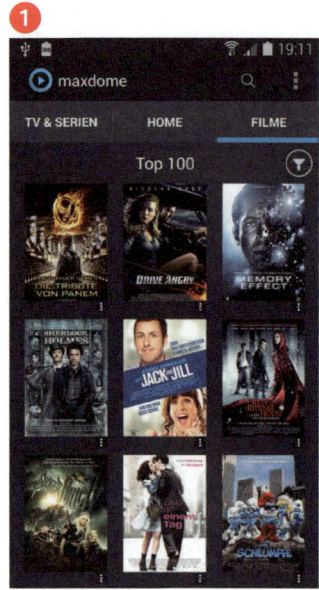

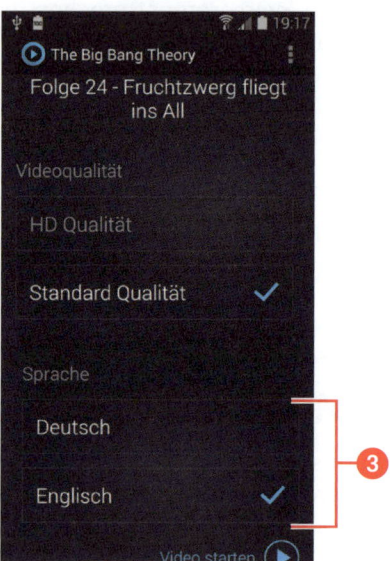

Maxdome – Video-on-Demand

Video-on-Demand ist das neue Zauberwort, wenn es um digitale Filme und Serien geht. Neben Samsung Hub und Google Play können Sie auch bei **Watchever** oder **Maxdome** Videos kaufen oder leihen. Leider sind klassische Pay-per-View-Angebote rar bzw. auf die Nutzung am PC beschränkt. Wer per App schauen will, muss meist ein festes Paket gegen monatliche Gebühr buchen. So auch bei Maxdome, aber hier bekommt man immerhin den ersten Monat als Testzeitraum kostenlos und kann danach monatlich kündigen. Dafür können Sie so viel aus dem Angebot ❶ schauen, wie Sie möchten. Und Sie können Filme und einzelne Serienfolgen auf das Galaxy S5 **herunterladen** ❷, um sie unterwegs offline schauen zu können.

Das Angebot kann sich wirklich sehen lassen. Es gibt viele beliebte Serien (immer ab der ersten Staffel), die meistens auch mit Originaltonspur ❸. Jede Woche kommen neue Inhalte dazu.

Video-on-Demand: die Alternativen

Watchever ist ein ebenbürtiger Mitbewerber, bietet aber leider keinen kostenlosen Testzeitraum für App-Benutzer. Der Video-on-Demand-Dienst **Lovefilm** von Amazon ist auch gut, beinhaltet aber ein kleineres Sortiment und ist auf Android nur auf dem Kindle Fire HD verfügbar. Ansonsten muss man am Rechner schauen. Dann gibt es noch **viewster**, wo Sie pro Film/Folge zahlen, was für Vielgucker weniger attraktiv ist. Ungeschlagen im Bereich Video-on-Demand sind die US-Anbieter **Hulu** und **Netflix**, für die Sie allerdings eine US-amerikanische IP-Adresse benötigen.

Inhalte von ZDF, Arte & Co. abrufen

Wenn Sie Fan öffentlich-rechtlicher Sender sind, kann ich die Apps von ZDF ❶, Arte ❷ und der ARD ❸ wärmstens empfehlen. Sie finden hier nämlich nicht nur Programmübersichten, sondern auch jede Menge Filme, Videos und Clips aus dem Angebot der Sender. Dabei bietet die **ZDF Mediathek** (Sendungen von ZDF, ZDFneo, ZDF.kultur, ZDFinfo, 3sat) die größte Auswahl an. Hier haben Sie Zugriff auf alle Sendungen der letzten sieben Tage des Muttersenders ZDF, und zwar zusätzlich zu weiteren regelmäßigen Sendungen unter A–Z, die teilweise mehrere Monate zurückliegen. Bei **Arte** gibt es ebenfalls den Siebentagesrückblick, allerdings nur mit ausgewählten Sendungen und Filmen. Bei der **ARD** wiederum finden Sie fast nur Eigenproduktionen, dafür aber teilweise schon vor der Ausstrahlung. Alle drei Sender bieten in ihren Apps einen Livestream des derzeitigen Programms an. In der ZDF Mediathek können Sie sogar Ihre aktuelle Internetgeschwindigkeit angeben, und der Stream wird daran angepasst.

IMDB – immer wissen, wer wen wo spielt

Kennen Sie das? Sie sitzen auf dem Sofa, schauen einen Film und kommen einfach nicht darauf, aus welchem Streifen Sie den Hauptdarsteller kennen? Also schnell das Smartphone zücken, in der IMDB-App den Namen des aktuellen Films eingeben und dann den Hauptdarsteller antippen, um eine Übersicht aller seiner Filme (sowie weitere Informationen zum Schauspieler) zu erhalten. Außerdem finden Sie hier Hollywood-News und immer die neuesten Trailer.

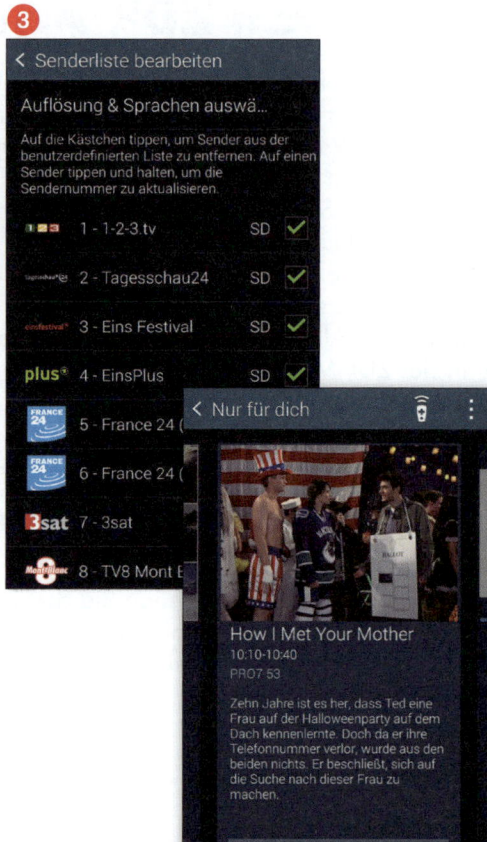

Mit Smart Remote Ihr S5 als Fernbedienung nutzen

Sollten Sie mal wieder die Fernbedienung für Fernseher, DVD-/Blu-Ray-Rekorder & Co. nicht finden, nutzen Sie doch einfach Ihr Galaxy S5. Hier legen Sie zunächst fest, wo Sie wohnen und welchen TV-Anbieter Sie nutzen sowie von welchem Hersteller Ihre Geräte sind ❶ – schon sollte die jeweilige Bedienoberfläche der digitalen Fernbedienung automatisch funktionieren ❷. Für den Fernseher müssen Sie über die Menütaste wahrscheinlich noch die Kanäle richtig einstellen ❸, und dann können Sie sich das Fernsehprogramm, das Ihnen ebenfalls über Smart Remote (inklusive Inhaltsangaben) zur Verfügung gestellt wird, direkt auf dem Fernseher per Antippen anzeigen lassen ❹. Zusätzlich gibt es Erinnerungsoptionen sowie die Möglichkeit, Sendungen als Favoriten abzuspeichern. Diese erscheinen dann in der persönlichen Übersicht. Auf die Weise verpassen Sie nichts mehr.

Das Smartphone als E-Book-Reader verwenden

Digitale E-Books laufen klassischen Papierbüchern zunehmend den Rang ab. Klar bevorzugen viele Leser nach wie vor echtes Papier zwischen den Fingern, und bei bestimmten Arten von Büchern halte ich es auch immer noch so. Aber bei der typischen Zerstreuungslektüre greife ich mittlerweile statt zum Buch nur noch zum Reader, denn E-Books haben nun mal viele Vorteile. So sind sie nicht nur leichter und günstiger, sondern auch schneller und einfacher gekauft. Im Urlaub können Sie innerhalb von Sekunden neuen Lesestoff abrufen, statt schwere Druckprodukte mitzunehmen. Am besten geht das mit einem speziellen E-Books-Reader mit E-Ink-Bildschirm. Aber auch Ihr Galaxy S5 taugt mit seinem fein auflösenden Display für die kleine Lektüre zwischendurch, um eine Reise oder Wartezeit zu verkürzen.

Auf den folgenden Seiten finden Sie meine Tipps rund ums Thema Lesen. Leider kann ich nicht auf jeden Aspekt eingehen, da der Bereich E-Book voller Anbieter, Geräte und Software ist und es ständig neue Entwicklungen gibt. Die einzelnen Anbieter sind sich uneinig, was Vertriebswege und Kopierschutz angeht.

Kostenlose E-Books finden

E-Books beflügeln ja zurzeit den literarischen Markt. Immerhin kann heutzutage jeder sein eigenes Werk in null Komma nichts veröffentlichen. Daher finden Sie bei vielen Anbietern neben den gemeinfreien Klassikern auch kostenlose E-Books von neuen Autoren. Über die Qualität lässt sich streiten, aber Sie werden auf jeden Fall immer etwas zum Lesen finden. Hinter dem QR-Code finden Sie eine Webseite mit weiterführenden Links zu kostenlosen E-Books.

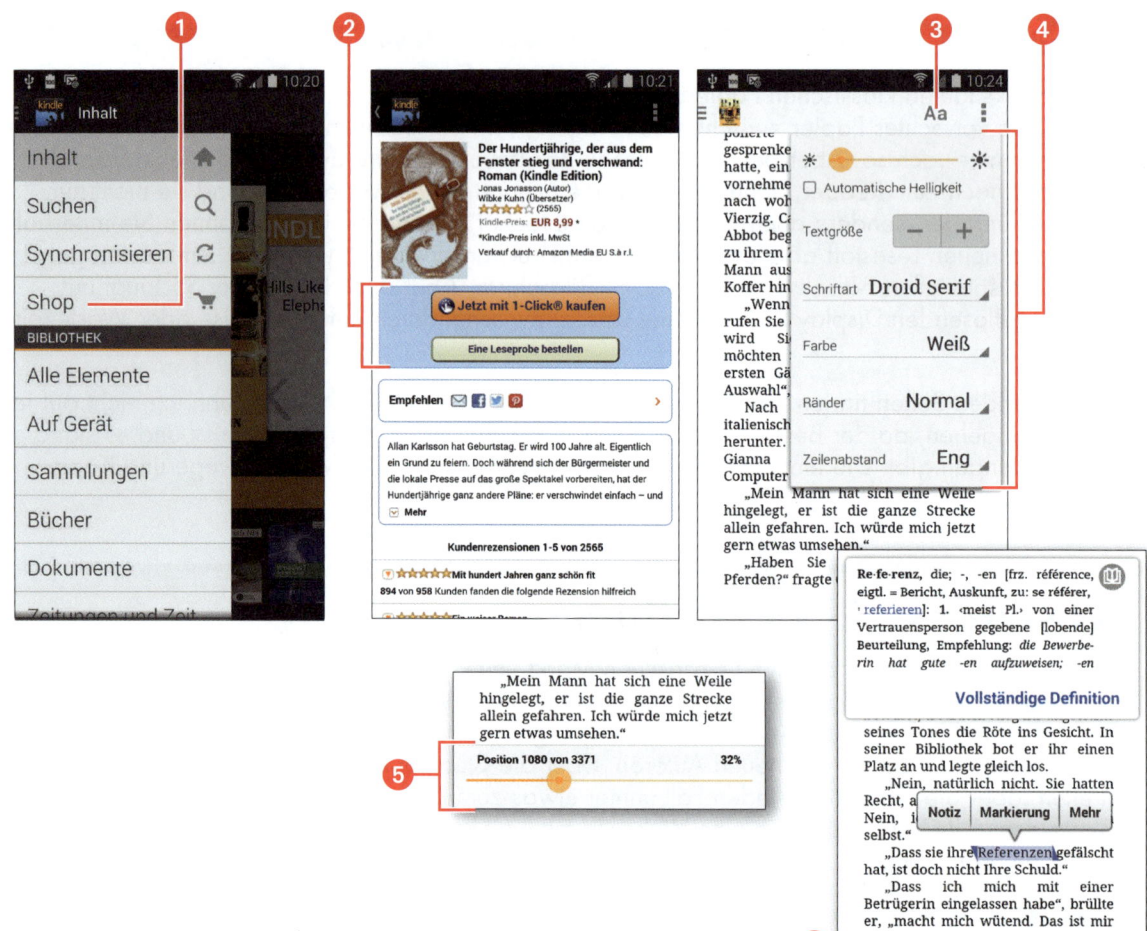

Große Auswahl: die Amazon Kindle App

So groß die Auswahl an E-Book-Anbietern auch sein mag, ich persönlich komme mit der **Amazon Kindle App** am besten zurecht. Sie finden hier nicht nur das größte Angebot an **deutschen** und **fremdsprachigen E-Books**, es gibt auch regelmäßig vergünstigte Titel, und ich kann diese auf meinem Android- und auf iOS-Geräten wie auch auf dem Kindle Paperwhite lesen. Des Weiteren kann man Bücher über die Webseite bei Nichtgefallen sieben Tage nach Kauf zurückgeben.

Aus der App heraus kommt man direkt zum **Kindle-Shop ❶**, in dem man mit nur einem Klick Bücher kaufen oder Leseproben herunterladen kann ❷. Beim Lesen selbst bietet die App alle gängigen Grundfunktionen:

❸ Oben rechts geht es über die Lupe zur Suche, und hinter ᴬᵃ gelangen Sie …

❹ … zu der Schriftgröße, dem Zeilenabstand, der Rahmengröße und der Farbe des Hintergrunds (von oben nach unten). **Tipp:** Ein schwarzer Hintergrund ist besser für die Lesbarkeit bei dunkler Umgebung, und wegen der OLED-Bildschirmtechnologie des S5 belastet er den Akku weniger.

❺ Am Fortschrittsbalken am unteren Rand erkennen Sie stets, wie weit Sie im aktuellen Buch sind.

❻ Wenn Sie ein Wort gedrückt halten, wird es markiert (siehe auch Seite 57), und Sie können eine Notiz hinzufügen, es mit gelber Farbe hinterlegen oder mit Mehr das Wort im Buch, in der Wikipedia oder im Internet suchen. Sie können Markierungen natürlich auch auf mehrere Wörter ausweiten. Bei einem Wort finden Sie oben automatisch Definitionen, nachdem Sie einmal das entsprechende Wörterbuch heruntergeladen haben. Diese gibt es in unterschiedlichen Sprachen. Wenn Sie also ein englisches Buch lesen, finden Sie dort für Wörter, die Sie nicht verstehen, immer eine Beschreibung.

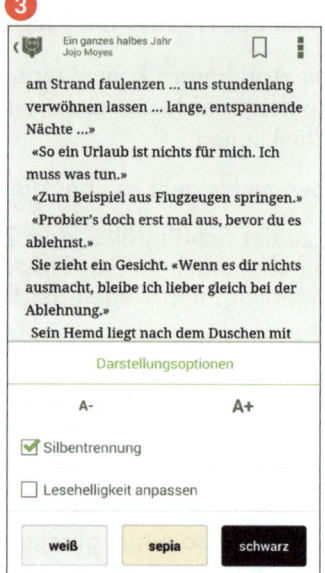

Die digitale Bibliothek: Skoobe

Ein weiterer E-Book-Tipp, ganz besonders für Vielleser, ist Skoobe ❶. Hier zahlen Sie einen monatlichen Grundpreis und können dann so viele Bücher lesen, wie Sie wollen. Die **Abomodelle** gehen von 10 bis 20 Euro im Monat, und davon ist abhängig, auf wie vielen Geräten Sie die App nutzen dürfen, wie viele Bücher Sie gleichzeitig ausleihen können und wie oft Sie zur Nutzung online gehen müssen. Skoobe kann monatlich gekündigt werden. Das Angebot ist zwar nicht riesig, aber es ist für jeden Geschmack genug dabei, und jede Woche kommen **neue Titel** hinzu, oft auch aktuelle Bestseller ❷. Die App ist sowohl **Bibliothek** als auch **Reader** ❸. Der bietet zwar nur die Grundfunktionen wie Lesezeichen, Lesefortschritt und Schriftgröße, aber zum Lesen eines Buchs ist reicht das völlig aus. Zudem erhalten Sie Leseproben. Probieren Sie es einfach mal aus. Die ersten 14 Tage sind kostenlos, danach können Sie per Kreditkarte oder Bankeinzug bezahlen.

Die Alternative: Onleihe

Es gibt inzwischen viele **digitale Bibliotheken**, und wenn man bei einer oder mehreren Mitglied ist, kann man über Onleihe E-Books aus diesen Leihbüchereien ausleihen. Allerdings muss man zusätzlich noch einen Reader wie **Aldiko** (siehe nächste Seite) installieren, um sie auch lesen zu können.

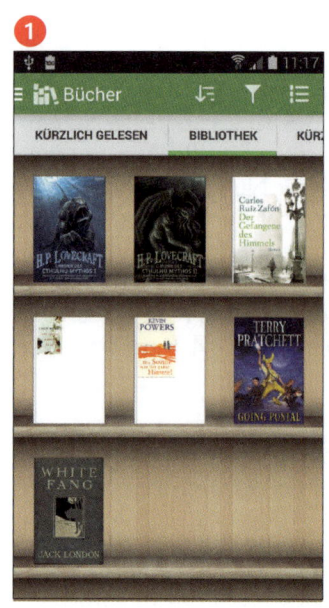

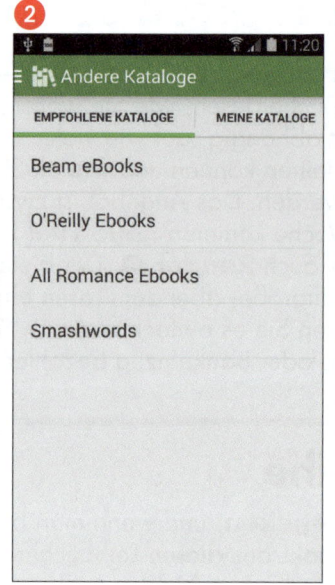

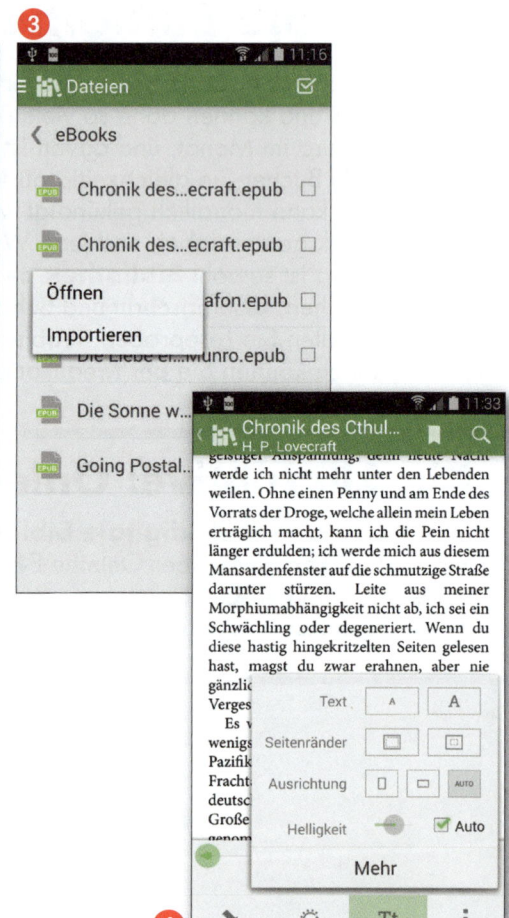

Eine App für alles: Aldiko Book Reader

Wenn Sie Ihre digitalen Bücher aus unterschiedlichen Quellen beziehen und vielleicht schon eine kleine Sammlung als EPUB- oder PDF-Dateien vorliegen haben, ist der Aldiko Book Reader einen Blick wert. Er ist an keine E-Book-Plattform gebunden, sondern bietet Zugang zu verschiedenen Märkten. Außerdem fungiert er als Reader-App für vorhandene E-Books auf Ihrem S5. Es gibt eine **kostenlose Version** mit Werbung sowie eine **Premium-Version**, die kleine zusätzliche Features und nette Widgets sowie schnellere Updates bietet.

❶ In der Buchübersicht finden Sie alle E-Books, die Sie entweder über Aldiko gekauft (siehe **❷**) oder importiert (siehe **❸**) haben.

❷ Zum Kaufen von neuem Lesestoff bietet Aldiko den Zugriff auf unterschiedliche E-Book-Anbieter. Sie müssen sich leider bei jedem neu anmelden, aber dafür ist die Auswahl groß, und es gibt viele DRM-freie Bücher sowie viele englischsprachige Titel. Bei Feedbooks finden Sie außerdem jede Menge Klassiker, die aufgrund des abgelaufenen Copyrights gemeinfrei sind.

❸ Um bereits vorhandene E-Books in Aldiko nutzen zu können, müssen diese einmal unter dem Menüpunkt Dateien importiert werden. Navigieren Sie dann zu dem Ordner im internen Speicher oder auf der SD-Karte, der die gespeicherten Digitalbücher enthält. Einzelne Dateien fügen Sie Ihrer Sammlung durch langes Antippen und dann Importieren hinzu. Sie können auch mit dem Symbol oben rechts alle Dateien eines Ordners auswählen und diese dann in einem Schwung importieren.

❹ Der Reader von Aldiko ist einfach, aber funktional, und lässt sich mit verschiedenen Optionen anpassen. Die wichtigsten finden Sie, wenn Sie unten auf das Buchstabensymbol tippen. Mit Mehr kommen dann noch weitere Einstellungen zum Vorschein.

Matthew Barney and Okwui Enwezor

THESE WEARY TERRITORIES

On a frigid December morning in 2013,
Barney and composer Jonathan Bepler
Fundament—loosely based on Norman
Evenings—was wrapping up, Barney sa
and the editors of Modern Painters for
studio in Long Island City, New York. E
Venice Biennale and the director of Ha
the exhibition "River of Fundament" is

MODERN PAINTERS: How did you come together

OKWUI ENWEZOR: I had v

11, in 2002, but circumstanc

exhibition "DJED" at Gladst

to know more about the dev

had just taken the position

that I said I want to do.

Das S5 zum digitalen Zeitungskiosk machen

Wenn man digitale Bücher auf dem Smartphone lesen kann, sollte das bei **digitalen Magazinen**, die es ebenfalls gedruckt gibt, ja eigentlich auch kein Problem sein. Allerdings tun sich die Verlage noch schwer, was Preise, Vertrieb, Abomodelle und allgemeine Umsetzung angeht. Die meisten Magazine lassen eigene **Apps** entwickeln und verkaufen darüber entweder digitale Versionen ihrer Hefte oder gar nur einfache PDFs. Letztere lassen sich auf dem kleinen Display des Galaxy S5 schwer durchblättern. Schön wäre es, wenn es einen einzigen Kiosk für alle Magazine gäbe. Einige Anbieter haben so etwas bereits umgesetzt. Am besten gefällt mir **Zinio**, allerdings bekommt man hier nicht allzu viele deutsche Hefte ❶. Wer sowieso lieber in anderen Sprachen liest, wird sich freuen. Die Magazine, die Sie dort kaufen, können Sie in Zinio lesen, und sie gehören Ihnen dann auch für immer. Es gibt die normale **Heftseitenansicht** ❷, aber auch eine **Textversion** ❸. Diese wiederum können Sie teilen – also einen vollständigen Artikel zum Beispiel per E-Mail an einen Freund senden. Bezahlen können Sie per Kreditkarte oder PayPal – aber **Achtung:** Die Preise sind ohne Mehrwertsteuer, die wird erst am Ende hinzugefügt. Dafür können Sie Zinio auch am Computer und mit iOS-Geräten nutzen. Zudem gibt es immer spannende, kostenlose Einzelartikel ❹.

Play Kiosk

Diese auf Ihrem Galaxy S5 vorinstallierte Google-App versammelt Inhalte aus verschiedenen Zeitungen und Zeitschriften. Allerdings gibt es dort nicht wie bei Zinio komplette Magazine, sondern nur einzelne Artikel. Diese werden zwar hübsch in Übersichten aufbereitet, wählt man einen aus, landet man aber auch nur auf der Website der entsprechenden Zeitschrift.

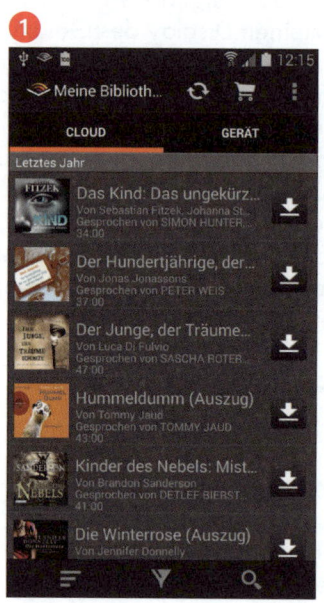

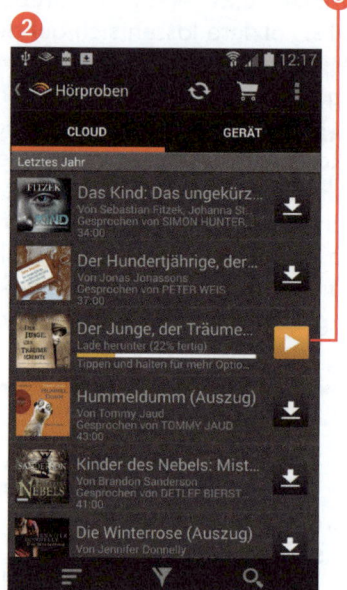

264

Hörbücher mit Audible herunterladen und hören

Sind Sie ein Hörbuchfan? Dann schauen Sie sich unbedingt die **Audible-App** an. Da Audible zu Amazon gehört, können Sie sich hier mit Ihrem Amazon-Account einloggen und die Hörbücher mit den dort hinterlegten Zahlungsdaten direkt in der App kaufen ❶. Bevor Sie etwas kaufen, lauschen Sie aber erst mal in die **Hörprobe** hinein ❷. Ein gekauftes Hörbuch wird auf Ihr Galaxy S5 heruntergeladen, was je nach Umfang und Verbindung etwas dauern kann. Sie müssen aber nicht abwarten, bis der Download vollständig ist. Schon nach kurzer Zeit verwandelt sich das Download- in ein Wiedergabesymbol ❸, und Sie können das Hörbuch abspielen. Gekaufte Hörbücher sind für immer an Ihr Konto gebunden und in Ihrer persönlichen Bibliothek gespeichert. Von dort können Sie sie auch auf andere Geräte herunterladen.

Die Audible-App bringt einen einfachen Audioplayer mit ❹. Er verhält sich wie andere Musikplayer auch, kann also einfach in den Hintergrund verbannt werden und spielt trotzdem weiter. Er merkt sich bei Unterbrechungen, wo Sie aufgehört haben, und setzt das Abspielen dann dort fort. Perfekt für lange Autofahrten, sofern Sie Ihr Galaxy S5 mit dem Autoradio verbunden haben.

Leider sind Hörbücher nicht ganz billig. Für Vielhörer ist deshalb ein **Abo** bei Audible eine echte Alternative. Dann bezahlen Sie eine feste monatliche Gebühr und dürfen dafür pro Monat ein Hörbuch abrufen. Sollten Sie mal länger zum Durchhören brauchen, geht das monatliche Hörbuch nicht verloren, sondern kann später fortgesetzt werden.

Das S5 als tragbare Spielekonsole

Aufgrund der High-End-Hardware in Ihrem Galaxy S5 sollten eigentlich fast alle **Android-Spiele** darauf laufen. Allerdings gibt es einige Spiele, wie das wunderschöne Action-Adventure Horn, die zum Beispiel extra für Geräte mit Nvidias Tegra-Chip programmiert wurden. Diese Spiele sind aber in der Unterzahl. Generell können Sie aus dem riesigen Angebot des Google Play Store jede Menge spannende Titel für zwischendurch (Puzzle, Geschicklichkeit, Gehirntrainer und mehr), aber auch Abenteuerspiele mit Rollenspiel-, Action- oder sogar Horrorelementen herunterladen. Oft gilt: Je umfangreicher das Spiel, desto mehr kostet es. Dafür gibt es vielfach sogenannte **Lite-Versionen**, die nur die ersten Kapitel umfassen und zum Ausprobieren einladen sollen. Zudem kann man Anwendungen aus dem Google Play Store zurückgeben (mehr dazu ab Seite 171).

Achtung: Auch bei Spielen gibt es diverse Anwendungen, die viel versprechen, aber entweder unangemessene **Berechtigungen** (siehe Seite 169) verlangen, **Viren** mitbringen oder einfach so viel **Werbung** enthalten, dass sie mehr oder weniger unspielbar sind. Viele Spiele, die man kostenlos herunterladen kann, bringen sogenannte **In-Game-Käufe** mit, die man nicht pauschal abschalten kann. Oft sind diese nicht eindeutig markiert, und gerade Kinder fallen dann darauf herein, indem sie ungewollt hohe Summen investieren.

Auf Seite 285 finden Sie einen QR-Code, der zu einem Gamepad für Smartphones führt, das man mit Bluetooth verbinden kann. Alternativ gibt es auch sogenannte Joysticks, die man auf das Display heften kann und die bei der Steuerung von Spielen helfen sollen. Diese Joysticks lohnen sich aber eher für Tablets, da das Display des S5 hierfür fast schon zu klein ist.

Kapitel 12 | Das S5 mit Apps und Zubehör noch besser machen

Es gibt unendlich viele Apps und jede Menge Zubehör, mit dem Sie Ihr Galaxy S5 verbessern und auf die eigenen Bedürfnisse anpassen können. Einige davon werde ich Ihnen in diesem letzten Kapitel vorstellen. Das bedeutet aber nicht, dass es da draußen nicht noch mehr Apps und Accessoires gibt, die für Sie und Ihr Smartphone perfekt sind. Durchsuchen Sie daher regelmäßig den Google Play Store (siehe Seite 161), und Amazon ist ebenfalls immer ein guter Anlaufpunkt, um nach Gadgets zu stöbern.

Die Krux mit dem Internet

Viele Funktionen, die ich in diesem Buch beschreibe, **benötigen einen Internetzugang**, um sinnvoll zu funktionieren. So ist es auch mit fast allen Apps, die ich in diesem Kapitel empfehle. Daher ist es wichtig, dass Ihr Galaxy S5 nicht nur zu Hause ins Internet darf, sondern auch unterwegs auf einen Mobilfunkvertrag mit Datenoption zurückgreifen kann (mehr dazu ab Seite 69).

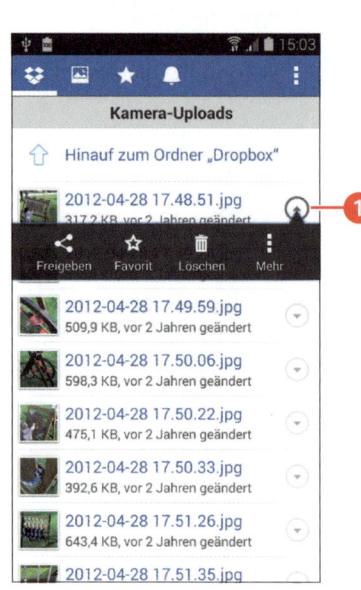

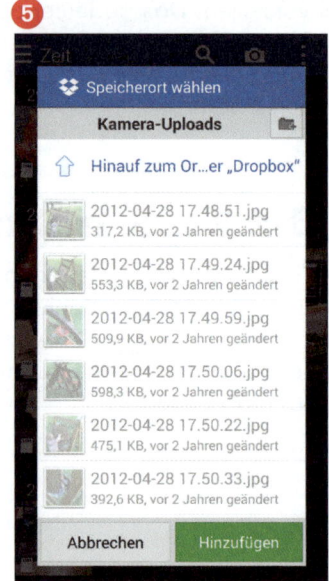

Wichtige Dateien immer dabeihaben: Dropbox

Auf die Cloud-Lösung Dropbox sollten Sie auf keinen Fall verzichten, besonders wenn Sie mit dem Galaxy S5 viele Fotos machen und diese mit Freunden teilen wollen. Dafür eignet sich der **automatische Kamera-Upload**, mit dem jedes Foto direkt hochgeladen wird (mehr dazu auf Seite 227).

Die Dateien, die Sie in Ihrer Dropbox ablegen, sind nicht nur auf dem Galaxy S5, sondern auch über jeden Browser überall auf der Welt zugänglich. Sie können sich zusätzlich auf Ihrem Computer einen Dropbox-Ordner anlegen. Dorthin wird dann – je nach Einstellung – alles synchronisiert. Wenn Sie also den Computer starten, loggt sich die Dropbox ins Internet ein (sobald eine Verbindung besteht) und lädt alle neuen Dateien automatisch auf den Rechner.

❶ Sie können über die Pfeilsymbole rechts ganze Ordner oder einzelne Dateien **freigeben** (Achtung, es werden Webseitenadressen generiert, die für jeden zugänglich sind), löschen, umbenennen oder verschieben.

❷ Über das Menüsymbol oben rechts wiederum **erstellen** Sie neue Ordner oder Textdateien, ändern die Ansicht (**Sortieren**) und öffnen die Einstellungen. Ganz oben können Sie über Hier hochladen aber auch Dateien vom Galaxy S5 aus in die Dropbox legen.

❸ Das Symbol oben links bietet eine **Übersicht** aller neuen Dateien, nach Zeit sortiert.

❹ Daneben finden Sie einzelne Dateien, die Sie als **Favorit** markiert haben. Das bedeutet, dass diese auf das Smartphone heruntergeladen werden und dann immer zur Verfügung stehen, zum Beispiel wenn das Galaxy S5 offline ist. Das empfiehlt sich gerade bei Videos.

❺ Sie können Inhalte auch aus anderen Apps heraus in die Dropbox hochladen. Verwenden Sie dazu die Teilen-Funktion (siehe Seite 203) und wählen Sie als Ziel Zu Dropbox hochladen.

Tipp: Wenn Sie die Dropbox-App herunterladen und auf dem Galaxy S5 installieren, bekommen Sie zu den ersten Gratis-GByte, die jeder erhält, noch 48 GByte für zwei Jahre geschenkt.

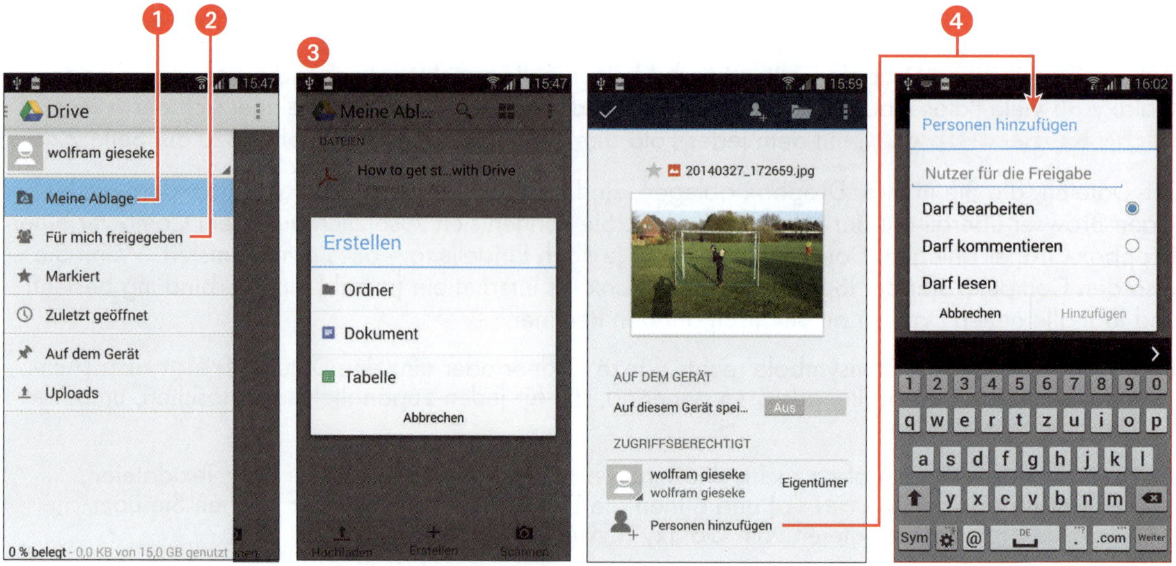

Noch mehr Wolkenspeicher: Google Drive

Auch Google Drive verfolgt in seinen Grundfunktionen das Konzept von Dropbox, hält aber einige praktische Zusatzfunktionen bereit. So bietet es direkte Unterstützung für das Bearbeiten von Bildern, Textdateien und Tabellen. Diese können Sie auch für andere Personen freigeben und so in einer Gruppe gemeinsam an Dokumenten arbeiten. Wenn Sie sowieso schon ein Google-Konto verwenden, gehört Google Drive dazu, und Sie können sofort loslegen. **15 GByte** stehen Ihnen kostenlos zur Verfügung – für wenig Geld gibt es mehr Speicherplatz.

❶ Wenn Sie in der App vom linken Rand aus nach rechts wischen, öffnet sich eine Übersicht der verfügbaren Ordner. Hier sind vor allem die oberen beiden wichtig. Unter **Meine Ablage** finden Sie Ihre eigenen Dateien, und dort können Sie über das Pluszeichen oben rechts auch direkt Ordner und mehr erstellen beziehungsweise ablegen.

❷ Unter **Für mich freigegeben** finden Sie alle Dateien, die andere Drive-Nutzer Ihnen zur Verfügung gestellt haben (siehe ❹).

❸ In beiden Bereichen können Sie Dateien öffnen und betrachten. Einige Standardformate zeigt die App direkt an (siehe ❺). Für andere muss auf Ihrem S5 eine passende App als externer Betrachter installiert sein. Außerdem können Sie zu jeder Datei einen Link senden bzw. gleich die ganze Datei, wozu wiederum die Teilen-Funktion (Seite 203) verwendet wird.

❹ Möchten Sie, dass nur bestimmte Personen darauf zugreifen, nutzen Sie die **Personen hinzufügen**-Funktion ganz unten auf der Seite. Sie können dann bestimmen, ob diese Person die Datei bearbeiten, nur kommentieren oder gar nur lesen darf. Tippen Sie dann den Namen dort ein, wo Nutzer für die Freigabe steht. Dabei wird für die Autovervollständigung auf Ihre Kontakte zugegriffen. Sollte sich die Person nicht darin befinden, müssen Sie die vollständige E-Mail-Adresse desjenigen eintragen und dann auf Hinzufügen tippen. Derjenige erhält eine E-Mail mit einem Link, den er allerdings nur mit einem eigenen Google-Account öffnen kann.

❺ Mit dem Plussymbol unten können Sie jederzeit neue Ordner und Dokumente anlegen. Google Doc bietet die Grundfunktionen für **Text**- und **Tabellendokumente** – und am Rechner sogar noch **Präsentationen**, **Zeichnungen** und **Formulare**. Dort können Sie unter drive.google.com eine entsprechende Software herunterladen und auf Ihrem Rechner nutzen oder direkt über den Browser Dokumente verwalten, erstellen und verändern.

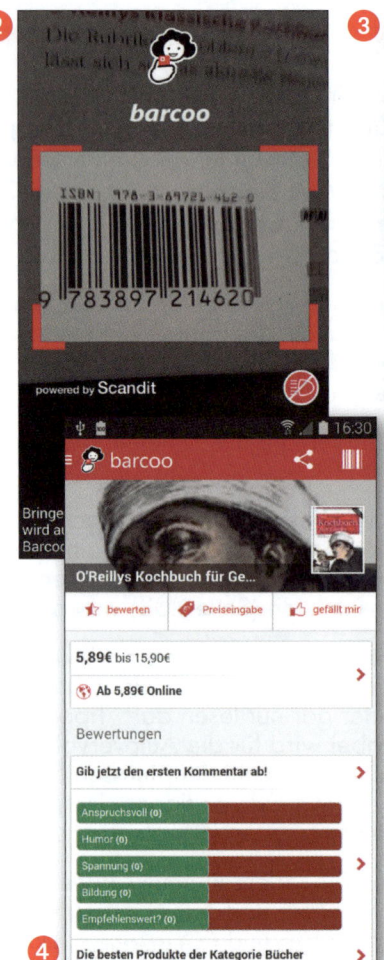

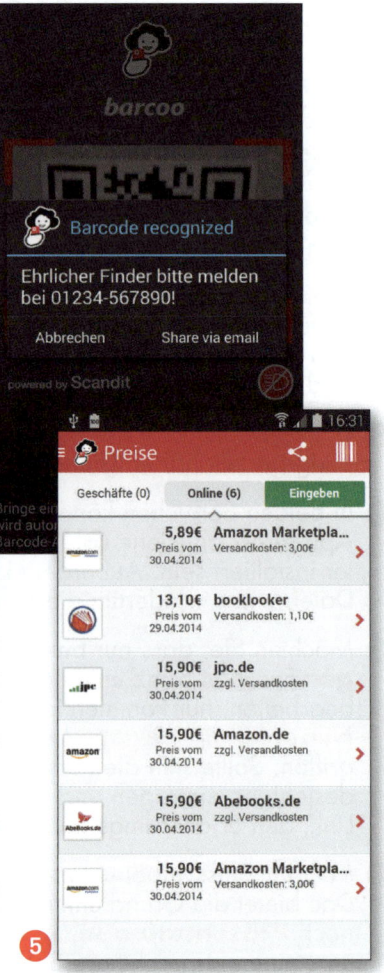

In vielen Situationen nützlich: Barcode-Scanner

Mit der integrierten Rückseitenkamera können Sie nicht nur tolle Fotos und Videos aufnehmen, sondern auch QR- beziehungsweise Bar-/Strichcodes (ISBN, EAN etc.). Barcode-Scanner gibt es viele im Google Play Store. Ein empfehlenswerter mit sinnvollen Zusatzfunktionen ist die App **barcoo**.

1 Auf der Startseite werden Ihnen Angebote von Geschäften in Ihrer Nähe angezeigt, sofern die Standortdienste aktiviert sind (siehe Seite 123). Um etwas einzuscannen, tippen Sie auf das Codesymbol oben rechts, und Sie werden sofort zur Scanfunktion weitergeleitet.

2 Halten Sie Ihr S5 nun so, dass der zu scannende Code im markierten Rechteck der App enthalten ist. Eventuell benötigt der Autofokus einen kurzen Moment, um scharf zu stellen. Dann erhalten Sie sofort ein Ergebnis.

3 Bei QR-Codes wie hier im Screenshot wird Ihnen zum Beispiel der dahinter verborgene Text angezeigt, in diesem Fall eine kurze Nachricht, die man als kleinen Barcode-Aufkleber an wichtigen Gegenständen anbringen kann.

4 Wenn man den Strichcode von Produkten einscannt, erhält man jede Menge Informationen, wie Preisumfang, allgemeine Informationen, gegebenenfalls Nährwerte, Infos darüber, wie sie von anderen barcoo-Nutzern bewertet wurde, sowie weiter unten noch ähnliche Produkte.

5 Wenn Sie auf die Preise tippen, wird Ihnen sogar angezeigt, wo Sie das Produkt im Laden beziehungsweise online kaufen können.

Mögliche **Einsatzorte** von Barcode-Scannern:

* Sie stehen im Laden und interessieren sich für ein Produkt. Sie möchten aber erst einmal wissen, welche Nährwerte enthalten sind und ob Sie es woanders vielleicht günstiger bekommen.

* Sie sind bei Freunden und interessieren sich für etwas, das Sie dort sehen. Scannen Sie den Barcode ein und finden Sie heraus, wo Sie es kaufen können.

* QR-Codes werden nicht nur in der Werbung benutzt, um eine größere Anzahl an Informationen auf kleinem Raum zu verpacken. In diesem Buch finden Sie zum Beispiel viele QR-Codes, die Sie direkt zur erwähnten App oder zu Webseiten mit weiteren Informationen führen.

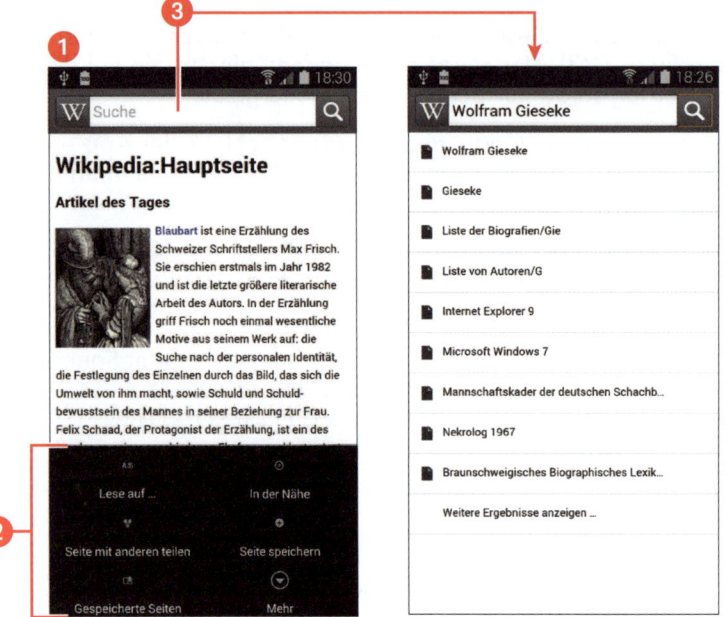
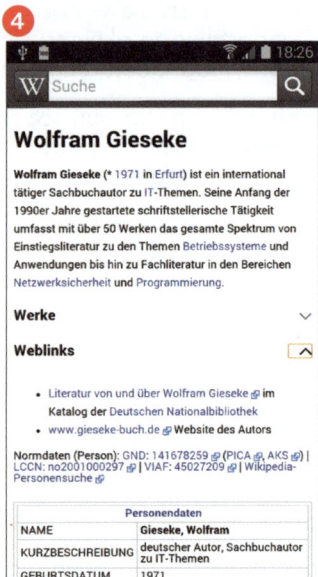

Die tragbare Enzyklopädie: Wikipedia

Wikipedia ist inzwischen zum Inbegriff für Informationen zu beinahe jedem erdenklichen Thema geworden. Für grundlegende Definitionen und wissenschaftlich-technische Themen kann man die Artikel der Wikipedia auch getrost als schnelle Referenz oder Einstieg verwenden. Tagesaktuelle und weltanschauliche Themen sollte man immer mit etwas gesunder Skepsis konsumieren und auch mal andere Quellen dazu befragen. Mit der Wikipedia-App haben Sie diese Informationen immer dabei – sofern Internetzugang besteht.

❶ Auf der Startseite wird jeden Tag ein neuer Eintrag präsentiert. Eine gute Gelegenheit, sich regelmäßig zu bilden.

❷ Wenn Sie lange auf die Anwendungen-Taste tippen (die Wikipedia-App ist bei den Gestaltungsrichtlinien nicht ganz auf der Höhe der Zeit und bietet kein Menüsymbol an), können Sie die Sprache ändern (Lese auf …), Sehenswürdigkeiten mit Wikipedia-Einträgen In der Nähe anzeigen lassen, die aktuelle Seite mit anderen teilen oder die Seite speichern beziehungsweise die Gespeicherten Seiten aufrufen. Über Mehr gelangen Sie zum Verlauf, den Einstellungen und einer Vorblätterfunktion (Weiter). Zurückblättern können Sie hier, wie überall, mit der Zurück-Taste.

❸ Im Suchfeld oben können Sie Begriffe eingeben, für die Sie sich gerade interessieren.

❹ Jeder Artikel ist in mehrere Unterbereiche aufgeteilt und bietet Links (in blauer Schrift) zu Wikipedia-Einträgen, die weitere Hintergrundinformationen liefern. Oft finden Sie auch Bilder und ganz unten dann weiterführende Literatur sowie Webseiten.

Tipp: Die Google-App **Earth** bietet Wikipedia-Einträge direkt im Kartenmaterial an. Dann müssen Sie sich gar nicht mehr direkt vor Ort befinden, um herauszufinden, was es an einem bestimmten Ort der Welt Interessantes zu sehen gibt.

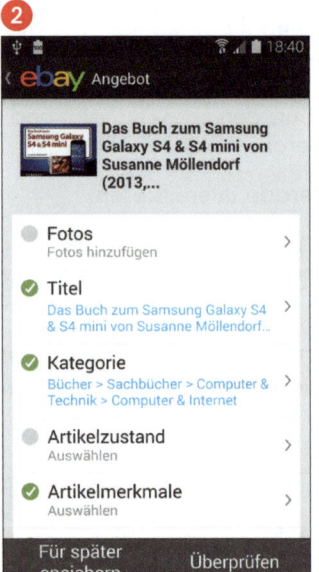

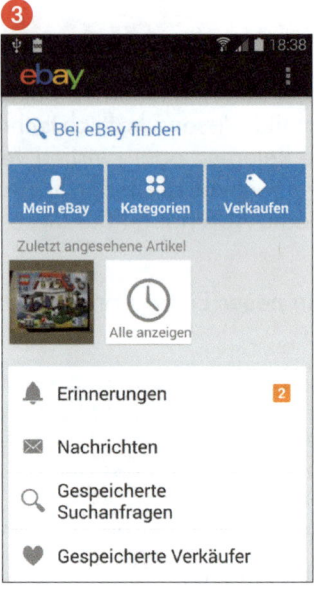

Kompakt und nützlich: eBay

Wenn ich bei eBay etwas verkaufe, mache ich das normalerweise lieber am Computer. Man muss ja doch meistens viel beschreiben, und der große Monitor bietet außerdem den besseren Überblick. Trotzdem kann die eBay-App nützlich sein. Wenn man beispielsweise ein Buch oder eine DVD **verkaufen** möchte, deren Zustand nicht groß beschrieben werden muss, kann man einfach den Strichcode einscannen ❶, und die App füllt in den meisten Fällen automatisch die wichtigsten Felder und das Coverbild aus ❷. Abgesehen davon eignet sich die App aber auch hervorragend zum Stöbern ❸ und zum Kaufen ❹. Darüber hinaus kann man bequem abgespeicherte Auktionen und Suchanfragen beobachten.

Tipp: Neben der normalen eBay-App finden Sie im Google Play Store auch ein **eBay-Widget** ❺, das Sie auf einen Blick immer auf dem Laufenden hält.

Shoppingtour de luxe

Im Internet einkaufen ist ja inzwischen gang und gäbe, und langsam schaffen es auch die großen Versandhäuser, Apps auf den Markt zu werfen, mit denen man auf dem Smartphone bequem einkaufen kann. Ganz vorne dabei ist natürlich Amazon – perfekt, wenn man vergessen hat, ein Geschenk zu kaufen und gerade unterwegs ist. Aber auch H&M, Zara, Zalando, Deichmann, Conrad, Zooplus, Nespresso und viele weitere bieten inzwischen Apps an, mit denen Sie nicht nur das Sortiment durchwühlen, sondern auch Fundstücke direkt bestellen können. Vielleicht sind ja auch Ihre Lieblingsanbieter schon darunter.

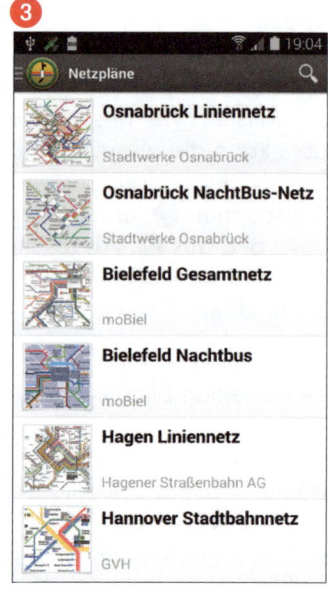

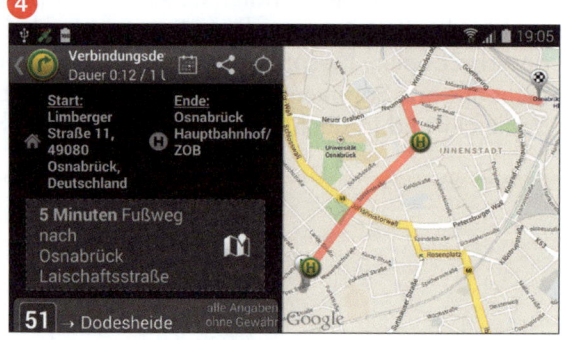

Öffi: Mit öffentlichen Verkehrsmitteln von A nach B

Wenn Sie viel unterwegs sind, ist Öffi unverzichtbar – allerdings brauchen Sie für die Nutzung nicht nur eine Internetverbindung, sondern müssen auch die Standortdienste aktivieren (siehe Seite 123). Die Anwendung besteht aus drei Apps, die Sie aber alle gleichzeitig im Google Play Store herunterladen und installieren:

❶ Öffi Haltestellen: Geben Sie hier zuerst an, in welchem Verkehrsverbund Sie sind. Sie erhalten eine Liste aller sich in der Nähe befindenden Haltestellen.

❷ Tippen Sie eine Haltestelle an, um die nächsten Abfahrten zu sehen. Halten Sie eine Haltestelle gedrückt, um diese auf der Karte anzuzeigen, eine Route zu errechnen, sie den Favoriten hinzuzufügen oder um Verbindungen anzuzeigen (siehe ❺).

❸ Öffi Netzpläne: Alle Netzpläne aus Ihrer nächsten Umgebung. Andere Pläne können über die Suche angezeigt werden. Jeder Plan muss einzeln per Antippen heruntergeladen werden.

❹ Öffi Verbindungen: Lassen Sie sich ausgeben, wie Sie im örtlichen Netz von A nach B kommen. Die Ergebnisse finde ich persönlich nicht so übersichtlich, aber man gewöhnt sich dran, und dann ist es ein sehr hilfreiches Werkzeug.

Mit den Bahn-Apps früher von Verspätungen wissen

Mit der App **DB Navigator** können Sie sich deutschlandweite Verbindungen ausgeben lassen, Sie brauchen aber noch die App **DB Tickets**, um eine Fahrkarte zu kaufen. Dafür werden Sie dann auch benachrichtigt, sollte Ihr Zug mal wieder Verspätung haben.

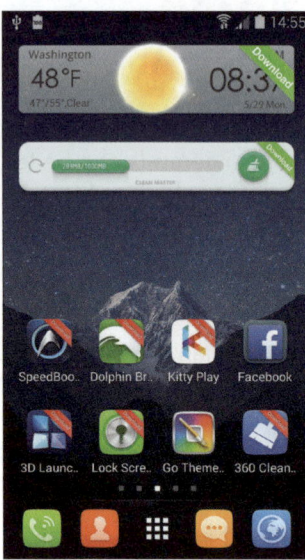

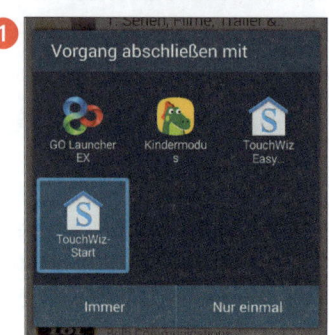

Launcher für alternative Oberflächen nutzen

Bei sogenannten Launchern handelt es sich um die ultimative Form, der Software des Galaxy S5 eine Maske zu verpassen, die zu 100 % Ihrem Geschmack entspricht. Denn mit Launchern greifen Sie zwar nicht in das Betriebssystem selbst ein, aber Sie verändern die Optik. Ich empfehle den **GO Launcher EX**, den es auf Deutsch gibt (das deutsche Sprachpaket muss separat heruntergeladen werden) und der Tausende von **Themen** mitbringt. Eines ist also mindestens dabei, das Ihren besonderen Geschmack widerspiegelt. Abgesehen davon gibt es auch tolle **Widgets**, die meisten sogar kostenlos. Im Endeffekt könnten Sie Ihrem Smartphone jede Woche einen neuen Look verpassen.

Wichtig ist, dass Sie den Launcher als Standardaktion beim Antippen der Home-Taste einstellen, sofern Sie ihn immer nutzen wollen ❶. Wenn Sie das wieder rückgängig machen möchten, folgen Sie den Beschreibungen auf Seite 33. Und das ist auch das Schöne am Launcher. Wenn Sie das Gefühl haben, die App total verstellt zu haben, oder einfach nicht weiterkommen, können Sie sie wieder deinstallieren und haben sofort die gewohnte Samsung-Oberfläche vor sich. Darum trauen Sie sich und probieren Sie mit diesem oder einem der vielen anderen Launcher ein wenig herum

Das Galaxy S5 rooten

Noch tiefer in Betriebssystem und Optik können Sie nur eingreifen, wenn Sie Ihr Galaxy S5 rooten. Das bedeutet, Sie verschaffen sich (und Apps) Zugriff auf Bereiche des Betriebssystems, die normalerweise davor geschützt sind. Das ist aber nur etwas für Experten, und wenn es schiefgeht, sind die Garantie und eventuell auch das Gerät hin. Die Vorteile, die Sie dadurch haben, sind für Einsteiger auch eher gering. Wenn Sie es trotzdem wagen wollen, hilft Ihnen Google mit passenden Links zu Anleitungen garantiert weiter.

Externes Zubehör per Bluetooth verbinden

Auf Seite 95 erkläre ich, wie man Dateien per Bluetooth austauscht. Diese Kabellostechnik eignet sich aber auch sehr gut, um externe Geräte mit dem Galaxy S5 zu verbinden, zum Beispiel **Lautsprecher** oder **Headsets**. Der Ton wird direkt nach erfolgreicher Kopplung automatisch darüber ausgegeben. Von Steel Series gibt es sogar ein Gamepad extra für Smartphones, das Sie per Bluetooth verbinden können (siehe QR-Code).

Am nützlichsten finde ich allerdings das Anschließen einer Bluetooth-**Tastatur**. Es gibt von vielen verschiedenen Herstellern kleine mobile Keyboards, die Sie bequem mit ins Reisegepäck stecken können. Wenn man nun unterwegs mal eine E-Mail schreiben muss, kann man bequem eine ordentliche Tastatur mit richtigen Tasten nutzen. Trotz aller Eingabehilfen ist das für längere Texte einfach sinnvoller als die virtuelle Tastatur auf dem Bildschirm. Es gibt außerdem praktische, zusammenklappbare Universalständer. Darin kann man das Smartphone hineinstellen und die Tastatur davorlegen – der perfekte Mini-Computer.

Die Infrarottastatur von Celluon

Von der Firma Celluon gibt es eine Tastatur mit dem Namen **Magic Cube**, die per Infrarottechnik eine Tastatur auf den Tisch projiziert. Das Gerät selbst ist nur etwa zigarettenschachtelgroß, bietet aber eine ausgewachsene Tastatur. Es wird ebenfalls per Bluetooth verknüpft und ist natürlich ein echter Hingucker. Allerdings kostet dieses Gadget über 100 Euro und lässt sich nicht bei allen Lichtbedingungen uneingeschränkt nutzen.

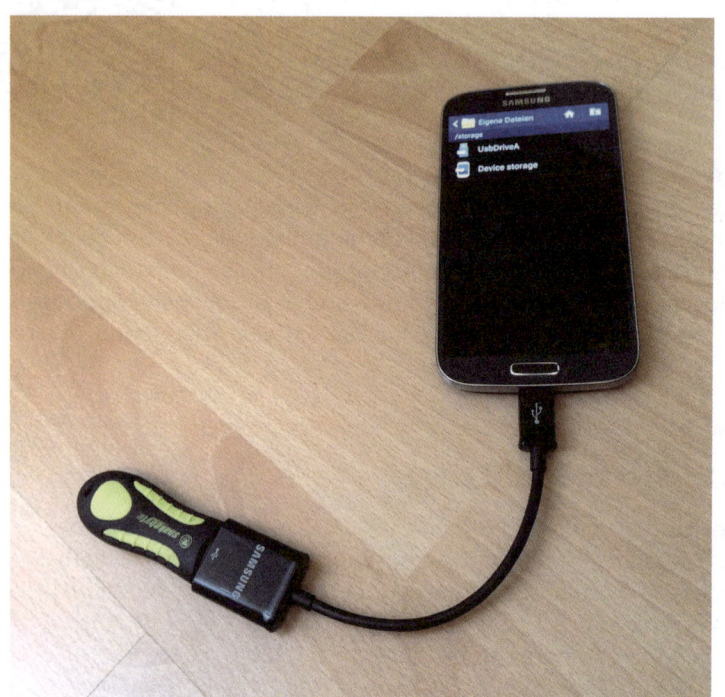

Externes Zubehör per USB anschließen

Bluetooth ist aber nicht die einzige Schnittstelle, die Sie nutzen können, um externe Accessoires mit dem Smartphone zu verbinden. Es ist natürlich auch möglich, dafür eine Verbindung über USB zu nutzen. Zunächst benötigen Sie dafür ein **USB-On-The-Go-Kabel** (USB-OTG), das auf der einen Seite einen USB-3.0-Micro-B-Stecker besitzt (der kommt an das Galaxy S5) und auf der anderen Seite einen normalen USB-Stecker. Dort können Sie dann gängige USB-Sticks einstecken. Die App **Eigene Dateien** (siehe Seite 153) öffnet sich automatisch und zeigt die auf dem Stick vorhandenen Dateien an. Sie können sofort anfangen, Dokumente hin- und herzukopieren.

Außerdem ist es möglich, **USB-Tastaturen** anzuschließen – sowohl solche, die per USB-Kabel verbunden werden, als auch solche, die einen USB-Dongle besitzen. Der sieht oft aus wie ein kleiner USB-Stick und wird ebenfalls einfach an das USB-OTG-Kabel gesteckt. Die Tastatur kann dann kabellos genutzt werden und ist sofort einsatzbereit.

Ebenfalls einsetzbar sind kabellose **Kopfhörer/Lautsprecher**, die ein USB-Dongle mitbringen.

Weitere Einsatzmöglichkeiten für das USB-OTG-Kabel sind **USB-Hubs** (hier können Sie mehrere USB-Geräte einstecken) und **USB-Kartenleser** (für SD-Karten & Co.). Probieren Sie es einfach mal aus. Das Galaxy S5 erkennt zwar nicht jedes Gerät, aber doch sehr viele.

Quelle: *amazon.de*

Taschen, Deckel und Hüllen

Ich finde, wenn man das Galaxy S5 so in den Händen hält, macht es schon einen zerbrechlichen Eindruck. Dabei besteht die Rückseite größtenteils aus Plastik und ist verhältnismäßig robust und leicht ersetzbar. Das Display zerbricht zwar auch nicht so leicht, aber Kratzer kann es durchaus bekommen. Zum Glück gibt es für jeden Geschmack (Leder, Lack, knallbunt, mit Strasssteinen, mit Taschen und mehr) den richtigen Schutz. Von einem Flip-Cover möchte ich allerdings abraten, es sei denn, es bringt einen richtigen Verschluss mit, da diese sonst oft nicht schließen. Zusätzlich zu kompletten Smartphone-Taschen und -Hüllen finden Sie dort auch Schalen, die die abnehmbare Rückseite (siehe Seite 17) des Galaxy S5 durch eine schönere oder robustere Abdeckung ersetzen.

Wenn doch mal was kaputtgeht: Reparatur möglich!

Nur weil das Smartphone einen Riss im Display hat, ist es noch lange nicht für immer futsch. Die meisten Teile können von Profis problemlos ausgetauscht werden. Ich habe gute Erfahrungen mit **fixxoo** gemacht. Dort kann man sich den Preis direkt auf der Webseite ausrechnen lassen. Neue Displays kosten zwar über 200 Euro, aber alle anderen Probleme lassen sich für deutlich unter 100 Euro beheben. Zudem gibt es ein Jahr Garantie, und es fallen keine Versandkosten an.

Externe Akkus, Charger und Festplatten für unterwegs

Ich bin beruflich oft unterwegs, und dabei kann ich mir keine Ausfälle bei meinen technischen Geräten und erst recht nicht beim Smartphone erlauben. Darum habe ich immer einen externen Akku dabei, den ich vorher auflade und bei Bedarf per USB an das Galaxy S5 anschließe. Passende Akkus gibt es wie Sand am Meer, ich nutze meistens den **Power Fort 6600mAh** von Cooler Master zusammen mit dem beim Galaxy S5 mitgelieferten Kabel. Es gibt aber noch kleinere, leichtere und auch günstigere Modelle. Wichtig ist, dass diese mindestens 1,1 Volt Spannung sowie 3.000 mAh leisten.

Damit ich nicht mehrere Stromadapter für meine Geräte mitnehmen muss, habe ich einen USB-Charger dabei. Den stecke ich in eine freie Steckdose und kann dann mehrere Geräte parallel per USB laden (beim gleichzeitigen Laden eines Tablets und eines Smartphones kann es allerdings zu Spannungsproblemen kommen). Der **Charger PRO 4 Rev. 2** von Arctic bringt neben vier Steckplätzen noch austauschbare Stecker für Europa, Amerika, Asien und Afrika mit.

Wer jetzt noch unterwegs viel Musik und Filme dabeihaben möchte, dem empfehle ich als externen Speicher den **Wi-Drive** von Kingston. Der stellt zwischen 32 und 128 GByte zur Verfügung und verbindet sich kabellos mit bis zu drei mobilen Geräten (iOS, Android und Kindle Fire). Mit der dazugehörigen App **Wi-Drive** aus dem Google Play Store oder per Browser haben Sie dann Zugriff auf Ihre extern gespeicherten Daten.

Weiteres Zubehör

Es gibt unglaublich viel Zubehör für Android-Geräte im Allgemeinen und für das Galaxy S5 im Speziellen. Vieles stellte ich schon im Laufe dieses Buchs vor. Aber es gibt noch andere interessante Accessoires, die teilweise noch sehr teuer sind und oft auch sehr speziell – aber vielleicht ist ja etwas Passendes für Sie dabei?

- **Schrittzähler, Pulsmesser und Waagen:** Nicht nur die auf Seite 143 beschriebene App S Health kann Ihnen dabei helfen, fit zu werden. Es gibt für Android zwar nicht so viel Zubehör im Fitnessbereich wie für iOS, aber schon einiges. Mit dabei sind Firmen wie Fitbit (Tracker) und Withings (Waage).

- **Bluetooth Audio Adapter:** Dieses winzige Gerät von Raikko können Sie einfach in den Mikroklinkenanschluss jedes Audioausgabegeräts (Autoradio, Receiver etc.) stecken und es damit Bluetooth-fähig machen.

- **Lampen:** Unter dem Namen hue hat Philips eine Glühbirne herausgebracht, deren Farbe Sie mit Ihrem Smartphone verändern können. Des Weiteren sind Zeitschaltungen möglich und natürlich die Kontrolle von mehreren Birnen. Das Ganze kostet zwar viel Geld, aber andere Anbieter ziehen bereits mit günstigeren Angeboten nach.

- **Babymonitor:** Unter anderem von Medisana gibt es einen Babymonitor, der Ihnen Ton und Bild direkt auf das Smartphone (sowie auf den Computer) liefert: Infrarotnachtsichtmonitor, geräusch- und bewegungsaktivierte Alarmfunktion, steuerbare Kamera und unbegrenzte Reichweite per Internet.

- **Heizung:** Der Heizungshersteller tado° bietet für sein Heizungsmanagementsystem eine App an, die dafür sorgt, dass die Heizung aufgedreht wird, wenn Sie sich auf dem Heimweg befinden, und natürlich Temperaturen anzeigt sowie reguliert.

Es gibt noch viele weitere sogenannte Home-Control-Apps. Wichtig ist natürlich immer, dass Sie zu Hause die passenden Accessoires installiert haben. Noch sind sie meistens sehr teuer, aber die Zukunft des modernen Wohnens beinhaltet definitiv die Bedienung per Smartphone. Schöne neue Welt!

Index